产业集群内创业社会网络对创业企业成长的影响研究

简真强　著

图书在版编目(CIP)数据

产业集群内创业社会网络对创业企业成长的影响研究/简真强著.
—武汉:武汉大学出版社,2023.7(2023.12 重印)
ISBN 978-7-307-23781-0

Ⅰ.产…　Ⅱ.简…　Ⅲ.社会网络—影响—企业管理—研究
Ⅳ.F272

中国国家版本馆 CIP 数据核字(2023)第 095678 号

责任编辑:范绪泉　　责任校对:鄢春梅　　版式设计:马　佳

出版发行:**武汉大学出版社**　(430072　武昌　珞珈山)
(电子邮箱:cbs22@ whu.edu.cn 网址:www.wdp.com.cn)
印刷:湖北云景数字印刷有限公司
开本:720×1000　1/16　印张:13.75　字数:223 千字　插页:1
版次:2023 年 7 月第 1 版　2023 年 12 月第 2 次印刷
ISBN 978-7-307-23781-0　定价:68.00 元

目　录

第1章 绪　　论

1.1 研究背景

1.1.1 中小企业创业是推动经济发展的动力源泉

21世纪的全球现象是创业，创业具有推动各国经济增长的力量（Vallier and Peterson，2009），在全球范围内已成为一种社会和经济现象。创业在经济增长中发挥着关键作用（Davidson et al.，2006；Mason and Brown，2013）。高增长创业企业因其创新新产品和服务、增加财富、提高生活水平以及为社区做出贡献的能力而备受赞誉（Uyarra and Ramlogan，2016）。因此，世界各地的政治机构和政府将创业视为任何国家经济增长和恢复议程的基石①。许多政策制定者与研究者一致认为，创业应该受到鼓励（Acs et al.，2009；Acs and Stough，2008；Morris et al.，2013）。新企业有助于提高竞争水平，为客户创造价值，雇佣员工，纳税，并以其他方式促进社会经济福祉（Thurik and Wennekers，2004）。因此，让更多的人创业是一个有价值的目标。创业能够创造就业机会，减少失业，提高市场竞争力，促进经济增长。鼓励更多创业公司是社会未来经济活力的关键，或者是消除停滞或衰退的经济区域的关键（Shane，2009）。

创业作为经济增长驱动力的作用在熊彼特的长波理论中找到了最明确的基础。熊彼特认为当一个人真正进行新的组合时，他就是一个企业家。寻找新的生产要素组合是一个企业家发现的过程，将成为推动经济发展的引擎。这些“新组

---

① Scott S，Hughes M，Ribeiro-Soriano D. 2022. Towards a network-based view of effective entrepreneurial ecosystems. Review of Managerial Science，16：157-187.

合”构成了更好的方式来满足现有需求或创造新产品，通常会使现有技术和产品在创造性破坏过程中过时。因此，创新企业家的公司将通过从现有供应商获得市场份额和增加市场上提供的产品的总体需求的双重过程来增长。创造性破坏的过程建立在动态的、深思熟虑的企业家努力的基础上，以改变市场结构，并有利于额外的创新和利润机会。基于创造性破坏的概念，熊彼特提出了商业周期和经济增长的长波理论。商业周期被视为创新的结果，创新包括新思想的产生及其在新产品、流程或服务中的实施，从而导致国民经济的动态增长、就业的增加，以及为创新企业创造纯利润（Schumpeter，1911，1942；Dejardin，2000；Thurik and Wennekers 2001）。在发达工业经济体中，增长是由企业研发努力带来的技术进步和知识积累过程驱动的（Peretto，1999）。Schmitz（1989）提出了一个模型，其中创业活动是生产力增长的关键决定因素。在他的模型中，他特别关注企业家的模仿活动在经济增长中的作用。①

20世纪80年代和90年代，人们重新评估了中小企业的作用，并重新关注创业精神（Wennekers and Thurik，1999）。创业通常被定义为一种活动，涉及发现、评估和利用机会，通过组织以前不存在的努力引入新的商品和服务，组织市场、生产过程和原材料的方式。在许多研究中，中小企业、创业精神和经济增长之间的联系被视为理所当然，并被视为一项官方政策（OECD，1998）。中小企业对区域增长的重要作用已被广泛接受（Henrekson and Johnson，2008；Felsenstein，2013）。中小企业是每个经济体商业环境的重点（Hossain and Al Sheq，2019），它们是推动经济发展和进步的重要力量（Qamruzzaman and Jianguo，2018）。由于中小企业对国民收入、创造新的就业机会和为企业创造额外金融资本的贡献，发达经济体和新兴经济体的大多数商业组织都发生了动态变化（Hossain&al-Sheq，2019）。研究表明，中小企业对发达经济体和发展中经济体做出了重大贡献。Keskin et al.（2010）提供的数据显示，中小企业对国内生产总值（GDP）的贡献率超过55%和95%，对高收入和中等收入经济体的就业贡献率超过65%和70%。最近的研究表明，中小企业约占企业的90%，为全球50%以上的就业做出

---

① Saikou E，Sanyang Wen-Chi，Huang. 2010. Entrepreneurship and economic development：the EMPRETEC showcase. International Entrepreneurship & Management Journal.

了贡献。在发展中经济体，正规中小企业约占国民生产总值的40%（世界银行，2021）。①

创业创新是区域竞争力、发展和恢复力的重要资源。企业家通过启动创业机会发现过程在创造这种资源方面发挥着关键作用，创业机会发现过程是开发新的创新商业想法的自发过程，也是创业实验的试错过程（Komlósi，2021）。在当今数字化时代，创业的需求比以往任何时候都要大。数字创业被视为一种全新的思维方式，涵盖组织的所有过程，包括沟通和服务提供。如果我们成功地“数字化思考”，例如在各级整合数字流程支持，我们可以体验长期的成功，并阻止崛起的竞争对手。数据、信息和知识是新的成功因素，通过它们与运营绩效和服务提供的智能结合和联网，带来了新的市场机遇和商业模式（Soltanifar et al.，2021）。因此，创业已成为跨行业组织持续增长和经济高质量发展的必要条件。

1.1.2 产业集群是创业企业成长的有效载体

在全球范围内，中小型企业面临着以不确定性、复杂性和快速技术变化为特征的竞争性全球环境的挑战，这需要创业探索和开发（Foreby et al.，2016）。企业家要在动态环境中取得成功，需要学习如何探索和利用机会。主体可以同时执行探索和开发任务的可能性给企业带来了许多挑战，这需要企业在创业过程中加以解决（Yeganegi et al.，2019）②。20世纪90年代，许多研究文献表明，产业集群发展促进了地方经济增长，因为产业集群强调发展中国家工业区中小企业的利益。加入集群似乎可以帮助中小企业降低与经营业务相关的交易成本，使其更容易获得专业供应商、当地支持机构、培训机构与熟练劳动力等多种支持，从而帮助其业务增长。它们与在相同或相关行业中运营的其他中小企业的接近程度也将促进横向（中小企业之间）和纵向（主要中小企业及其供应链网络之间）的知识交流（Posthuma and Nathan，2010）。有些研究认为，地方商业协会和公私合作伙伴关系可以推动提升集群中当地中小企业的生产、流程和营销能力（Bazan

① Ogbolu G. 2021. The impact on entrepreneurial orientation on SMEs' performance in Nigeria: the moderating role played by entrepreneurial ecosystems. Northumbria University.

② Mayanja S, Omeke M, Tibamwenda J V, Mutebi H, Mufta F. 2021. The mediating role of the novelty ecosystem between personality traits, entrepreneurial networks and entrepreneurial ambidexterity among small and medium enterprises. Journal of Global Entrepreneurship Research.

and NavasAleman, 2004)，如果集群型中小企业中没有一家中小企业能够独自应对共同外部挑战，这将至关重要①。

产业集群作为促进世界各国区域经济增长和产业发展的重要模式，其作用已经得到了广大理论研究者和实践者的认同。比如意大利产业区、印度的班加罗尔软件园、我国台湾新竹科学工业园等，它们的成功均表明了产业集群是一种有效促进经济发展的产业组织形式。但并不是所有地区的实践都是成功的，有些地方的产业集群经历短期繁荣后也出现了衰退的状况，此种现象的出现引起了人们的沉思，学者们把此种原因归结为各地区创业活动的差异，因此，在这种区域经济发展背景下，创业成为了一种新的企业发展模式，产业集群和创业自然成了各学科众多学者所研究的对象。对现实集群的研究结果也的确表明，产业集群的动态演化离不开企业创业活动的进行，而产业集群的不断发展为企业进行创业活动提供了良好的创新环境。产业集群不仅有利于组织创新的实现，而且产业集群具备的竞争优势对创业企业更加具有吸引力。

企业创业需要各种资源，创业活动中可能会出现各种资源短缺，比如初创企业可能会遇到资金不足的问题，新产品开发可能面临技术资源短缺，而成长型企业可能面临管理资源短缺。Barney（1991）将资源分为一般资源和战略资源。能否填补战略资源短缺是创业企业实现可持续竞争优势的关键因素（王任飞，2006)。同时，随着信息技术的飞速发展，在经济全球化背景下，我国中小创业企业所面临的竞争环境已变得更加激烈。在此竞争压力下，创业企业为克服自身资源的缺乏与能力的不足，必须对外寻求专业分工与资源互补的合作方式，创业企业之间通过建立自己的人际交往圈来获取发展机会，交换对自身发展有利的各种优势资源，以实现与其他创业企业的资源共享，从而促进自身企业的可持续发展。因此，创业企业必须通过高效的渠道来优化自身企业的资源配置，以获得核心竞争优势及企业的成长，而这一高效渠道必须依赖各企业自身建立的社会关系网络。诸多学者研究也表明，创业企业社会网络的确对其行为和绩效产生非常重要的影响，特别是在资源创生与聚集、创业企业间的合作信任关系的变化以及集

① Thomsen P L, Lindgreen Adam, Vanhamme J. 2016. Industrial Clusters and Corporate Social Responsibility in Developing Countries: What We Know, What We Do Not Know, and What We Need to Know. J Bus Ethics, 133: 9-24.

群组织间学习等方面。

产业集群是一种新的网络资源获取方式。嵌入产业集群的企业可以获得集群外企业难以获得的资源，例如隐性知识、强化的集群网络渠道、集群内企业之间的高层信任以及产业集群的品牌。虽然上述资源因素的形成可能涉及长时间的演化，但对于集群企业而言，这些资源是一种可以廉价高效地获得的公共物品。产业集群为获取隐性知识提供了独特的平台。首先，产业集群中存在着大量共享的隐性知识，产业集群领域的人们可以在不知不觉中获取行业的知识、技术诀窍、市场信息。其次，集群中存在大量的供应商、客户和相关支持机构。集群企业与集群机构之间频繁的面对面接触使集群企业能够获得重要的隐性知识。最后，产业集群中存在许多非正式网络。同一地区的企业主相互了解，他们将在这些高密度的非正式交流中获得大量的隐性知识。隐性知识具有黏性和区域嵌入性的特点，不太可能流出区域，从而成为外部企业无法获得的特征性内部资源。因此，产业集群中的隐性知识被认为是集群企业竞争优势的来源（Tallman et al.，2004）。由于长期的血缘关系、地理关系和商业关系，聚集在同一地区的集群企业形成了复杂的集群网络渠道。与其他网络相比，这种网络在许多方面具有明显的优势。首先，在产业集群内部，几乎每个企业都是一个网络节点。通过集群网络的渠道，集群企业能够比非集群企业更快地感知到客户和供应商的变化（Porter，2000）。其次，通过产业集群网络，集群企业可以有效地获取所需的设备、技术知识、市场信息等要素。集群网络渠道是企业各主体共同参与的长期演进的结果。它是产业集群中一种独特的战略资源，可以提高集群企业的绩效。①

1.1.3 产业集群内创业社会网络积极影响创业企业成长

成功的创新取决于几个关键参与者之间的各种关联和合作（Callon，1986；Latour，1991）。随着各种行动者在网络中的承诺和合作，机会、联系和生产可能性也随之出现，使创业过程在进行过程中更加高效和有效。网络已被确定为一种关键的创业行为，这有助于解释为什么某些新创企业会成功或失败（Honig et

① Xianguo Y，Weixiang W，Zhouqi R. 2009. Corporate entrepreneurship in the enterprise clusters environment—influence of network resources and entrepreneurial orientation on firm performance. Frontiers of Business Research in China，3（4）：566-582.

al., 2005)。Tello et al.（2012）认为企业家网络可能与企业的发展有关，但不一定与企业的成功有关。无论是哪种方式，促进和支持有效的网络活动都是培育创业企业最有价值的方式之一，由于创业初期的特殊需求，这对创业者来说尤为重要（Davidson and Honig，2003）。网络在影响创业过程和结果方面发挥着重要作用（Hoang and Antoncic，2003）。他们被认为在新生企业家中发挥着特别重要的作用（Aaboen et al.，2013；La Rocca et al.，2013）。事实上，拥有广泛、多样和支持性社会网络的企业家更为成功，他们的企业有更大的生存和增长机会。因此，创业绩效取决于新生企业家培育和发展社会网络的能力（Baron and Tang，2009）。

对于那些处于创业早期阶段的人来说，网络不仅仅是为了形成战略联盟，确保获得必要的技能、专业知识和资源，还包括了解商业机会，提高新企业的知名度，并对其进行适当定位，以便能够影响未来的行业发展（Karatas et al.，2010）。当今复杂环境中的创业成长需要活跃在社会中的众多参与者的凝聚力支持。早期的创业研究强调了人类创业因素，主要是人格特征和技能（Frank et al.，2007；Lehner and Harler，2019），忽略了外部领域，即创业社会网络。随着时间的推移，学者们对社会网络理论的关注范围不断扩大，不仅包括人群之间的关系，还包括非社会关系（Brand et al.，2012）。这种对行动者的全面看法已扩展到创业研究。Johnnisson（2011）认为创业是一种新的连接和集合形式，其中包括人类和非人类元素，以形成世界发展的轨迹。因此，全面理解创业社会网络需要进一步分析异质行动者之间的联系和关联（Hernes，2007）。尽管有大量研究探讨了网络对创业结果的影响，但明显缺乏以过程为导向的研究（Lamine et al.，2015）①。然而，创业社会网络对新企业可能实现的前景的评估有着积极的影响（Mujahid et al.，2019）。因此，加深对新创企业社会网络的理解并学习如何最好地促进网络的构建与发展是未来创业研究的一项重要活动（Davidson and Honig，2003）。Lamine et al.（2019）认为实证分析人际网络的动态及其对战略成果的重要性的文献不多，尤其是在创业领域。因此，针对创业社会网络对创业企业成长的研究较为缺乏。

① Lamine W, Fayolle A, Jack S, et al. The role of materially heterogeneous entities in the entrepreneurial network. Industrial Marketing Management, 2019 (80): 99-114.

由于创业者的创业活动本身嵌入其构建的社会网络内，其行为和创业活动均会受到社会网络结构的影响，因而基于社会网络观的创业研究已经引起了学者们的广泛关注和重视。学者们普遍认为创业社会网络对于创业企业发展具有重要的影响。如 MacMillan（1983）研究表明通过社会网络活动后，可以增强创业企业间的信任关系，从而更好地促进彼此间的合作。Jorillo（1989）认为创业社会网络是创业企业从外部获取其创新所需各种优质资源的有效路径，从而促进企业快速发展和成长。Chetty and Campbellhunt（2003）认为创业企业通过与社会网络内的竞争对手的合作可以迅速获取相关技能，从而促进企业的成长。Made 等（2008）认为通过社会网络关系可以为网络中的各行为主体提供可靠的信息，进而对创业企业成长过程产生影响。显然，现有研究对于创业社会网络的动态演化关注不够，尚未对创业企业自身变化所引起的创业社会网络结构特征的改变对其成长所产生的影响进行研究。正如 Jack 等（2008）认为的，创业社会网络的功能性已被学者进行了深入研究，而对于创业社会网络本身的动态演化却较少涉及。另外，现有研究对创业社会网络与企业绩效之间的关系进行了研究，但并没有深入分析创业社会网络对企业成长的影响机制是怎样的。

然而，在产业集群背景下，创业社会网络是动态变化的，那么，这种网络的动态性究竟会对创业企业成长产生怎样的影响？以及这种创业社会网络是通过什么样的机制来对创业企业成长产生影响的呢？因此，本书尝试基于产业集群背景，研究创业社会网络的形成机理及其在创业企业成长过程中的动态演化和功能；研究创业社会网络对创业企业成长过程的作用机制，包括资源聚集与创生、组织学习效率、信任关系，以及这些机制对创业企业成长产生怎样的影响等方面，希望能够进一步丰富创业相关研究的理论视角，为创业者实践提供指导和帮助。

1.2 研究目的及意义

1.2.1 研究目的

本书通过研究主要达到以下两个目的：

（1）理论目标

在创业研究领域，国内外大量学者均进行了研究，成果较丰富，同时也有学者从社会网络的角度对创业相关问题进行了研究。但现有研究对于创业社会网络自身的动态演化问题关注度不够，尚未关注创业企业的变化而引起的创业社会网络结构变化，以及这种网络结构的动态演化对创业企业成长会产生怎样的影响。因此，从理论上考究产业集群背景下创业社会网络的形成，以及创业社会网络对创业企业成长的影响机制无疑是一个有益的理论尝试。

（2）应用目标

通过从微观定量角度来考察创业社会网络对创业企业成长过程中资源聚集及创生、组织学习效率、信任关系的影响机制，并通过实证分析予以检验，为创业企业在创业过程中提供指导和建议，并由此提升创业企业的成长绩效。

1.2.2 研究意义

本研究深入探讨产业集群背景下创业社会网络的形成机理及其在创业企业成长过程中的动态演进，以及创业社会网络对创业企业成长的作用机制等问题，不仅可以丰富创业研究的理论基础，同时有助于为创业者进行创业活动提供帮助，因而该选题具有重要的理论和实践意义。

1.2.2.1 理论意义

（1）本研究考察了产业集群内创业社会网络的构建过程、创业社会网络的层次结构模型，以及在企业成长过程中创业社会网络的演化与功能，有助于拓展社会网络理论在创业研究领域的应用。

（2）本研究从资源聚集与创生、组织学习、信任关系三个方面深入考察了创业社会网络对创业企业成长的作用机制，以及这些机制对创业企业成长产生什么样的影响，因而从理论上解释了创业社会网络对于创业活动的重要意义。

（3）本研究实证过程中主要选取武汉实际集群内的创业者为代表，因而获得的相关结果更符合现实集群内创业者的行为活动规律。

1.2.2.2 实践意义

（1）通过揭示产业集群内创业社会网络的形成及其对创业企业成长的影响，

可以为现实创业企业进行创业提供帮助，提高创业企业的创新能力。

（2）通过分析集群内创业社会网络的构建过程，可以帮助创业者更加有效地建立和维护创业社会网络，以及提升他们在创业社会网络中的地位，从而提升创业绩效。

（3）通过对产业集群内创业社会网络如何影响创业企业成长的分析，帮助创业者通过构建创业社会网络来获取其创新所需的各种资本，以提升创业企业的绩效。

1.3 国内外研究现状

1.3.1 产业集群内的创业研究

1.3.1.1 产业集群研究

产业集群是每个国家国民经济、区域经济发展的一个显著特征，其发展的好坏程度体现了一个国家或地区竞争力之所在。因此，产业集群所表现出的竞争优势与经济效益在理论界与学术界均引起了学者们的高度重视，他们对此种经济现象产生了浓厚的研究兴趣，因而产业集群领域相关问题的研究取得了较快发展。

（1）产业集群概念

一直以来，随着研究者对产业集群的理论研究不断深化，产业集群的真正内涵得到了很大程度的拓展。学者们对此研究对象的研究背景与研究目的存在差异，导致了对产业集群的理解和表达也是各有不同。

对集群最早进行研究的是亚当·斯密（1776年），他在《国富论》中就已涉及了与产业集群有关的理念。马歇尔（1890）通过对集群现象系统的观察，从地理空间集聚的视角对集群概念进行了阐述，并提出了“产业区”这一术语，认为产业区是相关产业的中小企业在特定地理位置上集中的一种产业组织模式。对产业集群提出最具代表性和最系统完善的概念的是迈克尔·波特（1998），他认为产业集群是指特定区域中在地理位置上集中的、具有竞争与合作关系的相关企业、供应商、客商、大学或科研机构及其他中介机构等组成的群体。20世纪90年代，国际经济合作与发展组织（OECD）认为集群就是由强烈地相互依赖的企业通过一条增值的生产链联结而成的生产网络。Hill（2000）将产业集群定位为企业，大学、科研院所等知识资本机构与相关中介机构为获得互补性资源，降低交易成本，获取合作联盟的经济效益，通过分工协作而形成的网络系统。Rosenfeld（2002）认为产业集群是生产相关或相似产品的企业在有限空间上积聚的一种行为，而产生聚集的区域，能够从集群外部不断吸引其他供应商或中介机构的投入，进而为集群的发展提供更多的社会资本和创新知识等。Feldman 和 Francis（2005）等认为集群是在某个特定区域通过不断输出各种服务而获取财富的一系列相关工业的体系。

在此基础上，国内学者对产业集群概念的理解也提出了自己的看法。王缉慈（2001）将产业集群定义为地理位置上相互接近的生产相同或相似产品的企业与相关支撑机构聚集在一起形成的群落。徐康宁（2001）将产业集群看作是同类产业高度聚集于某个特定地理位置上的产业发展现象。刘友金、黄鲁成（2001）认为产业集群指相同或相似行业中的企业与相关关联企业、互补企业以及辅助机构在某特定地理位置上的相对集聚。慕继丰（2001）从社会网络的视角对产业集群进行了分析，他指出产业集群是由相关企业与其辅助机构在某些特定区域上的聚集而形成的网络。林竞君（2004）从经济社会学的视角对产业集群进行了分析，认为产业集群是聚集于某个特定地理位置上的经营领域相关的企业和辅助机构基于专业化分工而形成的一种关系网络和社会经济系统。唐华（2005）认为集群是在一个适当大的区域范围内，生产某种产品的若干个同类企业、为这些企业配套的上下游企业，以及相关的服务业和公共机构，高密度地聚集在一起。

综合上述观点，可以看出目前学者们对产业集群的认识有以下共识：一是地理上的集中，即集群是在某一地域接近位置上的集聚；二是集群内的企业之间相互联系、频繁互动，从而带动了知识在集群内快速传播与扩散；三是产业集群具有群聚性的特征，即产业集群是由大量生产相似或相关产品的企业组成。因此，本书将产业集群定义为生产相同或相似产品的相关企业与辅助组织机构聚集在某一特定区域上围绕某个产业而形成的一个网络，而企业积聚的地区不仅能够有效地吸引其他的中介咨询机构、供应商的进入，同时还能促进集群内各种资源的共享，以及各种创新知识在集群内的快速流动与扩散。

（2）产业集群的分类

对产业集群的分类研究一直是国内外学者在产业集群理论研究当中的一个热点问题，主要原因在于不同类型的产业集群在不同的发展阶段所呈现出的特点也会不一样。

在国外学者对产业集群的分类中，Anderson（1994）认为产业集群是一群彼此在个体效率与竞争力上具有密切关系的企业组合。Bergman 和 Feser（1999）则从产业集群的聚集原因、区域集中度、集群的生命周期阶段三个角度出发，认为集群可以按照联系维度、地理维度与时间维度来进行划分。Hoen（2002）基于理论研究的视角将集群划分为微观、中观和宏观三个层面。McCann 等（2003）从交易费用的角度，将产业集群划分为纯粹型产业集群、产业共同体型产业集群以及社会网络型产业集群。Gereffi（2005）从产业集群内价值链的治理结构出发，认为可以将产业集群划分成三种类型：标准型产业集群、关联型产业集群和俘获型产业集群。

在国内学者的研究中，王缉慈（2001）基于集群的发展道路的视角，将集群分为创新型产业集群和低成本型产业集群两种类型，而且在发展比较成熟的区域往往容易出现更多的是创新型产业集群，而在发展中的区域更多涌现出的是低成本产业集群。李新春（2004）基于对广东省产业集群的分析，将产业集群划分为特定历史条件下所形成的产业集群、接轨全球价值链的产业集群和创新网络型产业集群 3 种类型。吴德进（2006）认为从产业集群的产业性质出发，可以将产业集群划分为传统产业集群、高科技产业集群以及资本与一般技术相结合的产业集群。从集群发展的驱动力的角度，可以将集群分为“原生型”产业集群和“嵌入型”产业集群。另外，基于产业内企业组织和关联结构的角度，可以将集群划分为马歇尔式产业集群、轮轴式产业集群和卫星平台式产业集群三种类型。

综合上述研究，可以看出产业集群的划分注重集群内企业的结合类型。尽管目前对集群的类型划分尚未形成一个统一的标准，产业集群类型划分的依据也各有不同，但从各位研究者所划分产业集群类型的内容来看并不存在本质上的差别。

1.3.1.2 产业集群内的创业研究

对区域的兴趣在经济发展政策议程和学术研究中占据了前沿地位。集群概念是各国政府追求区域经济发展最广泛采用的工具，在培育企业创业能力方面日益成为学术界关注的焦点。然而，由于概念、理论和方法的局限性，对产业集群的研究主要集中在宏观和中观层面的地理集聚维度或投入产出，未能解决集群中单个企业的动态创业能力问题。在过去几十年中，社会学家和组织理论家使用社会网络理论（SNT）来研究产业集群，并提出了产业集群的定义，研究了它的运作。然而，基于关系视角的创业研究是零散的，实证研究也很少（Li et al.，2015）。

（1）产业集群对创业活动的影响

国内外关于产业集群对创业活动的影响研究主要集中于产业集群对企业创业活动的吸引力、集群发展阶段与创业活动关系、集群创业环境对创业活动的影响以及产业集群背景下创业者的行为等方面。

在国外的研究中，Sorenson and Audia（2000）认为产业集群所产生的聚集经济效应有利于创业者获得各种资源和信息，与集群外企业相比，产业集群内企业的创业成功率更高；Fomahl（2003）认为产业集群提供的特殊社会环境对集群内企业的创业活动产生了很大的影响。Michael（2003）认为新企业加入产业集群的重要原因在于集群为其所带来的规模经济效益与范围经济效益；Gabe（2003）认为企业选择在产业集群内创业的原因在于集群能提供更多创业的市场机会，并通过集群内部资源的共享获得比集群外部更低的交易成本与服务成本。

在国内的研究中，李新春（2004）通过对我国50多个开发区企业创业环境的分析，发现集群文化、集群内创业环境以及集群组织学习等因素对企业创业产生重要影响；赵晓东、王重鸣（2006）研究了产业集群内创业社会网络对企业在各个发展阶段的影响，研究表明创业社会网络因素对各个发展阶段的企业都会产生不同程度的影响。赵树宽、王亮（2007）基于资源配置方式角度来考察产业集群对创业活动的影响，研究表明集群的资源配置方式有效地降低了企业交易成本与管理成本，更有利于集群内企业的创立。姚先国、温伟祥等（2008）从集群网络资源出发，结果表明集群网络资源与集群企业绩效之间呈正相关性。赵晓东、王重鸣（2008）认为创业者行为对集群内社会网络关系产生影响，而社会网络关系的动态变化反过来对创业活动也产生一定的影响；邢孝兵、明娟（2010）基于集群租金角度分析了集群企业的创业动机，研究表明企业选择在产业集群中创业的主要原因在于可以获得集群中的租金。

从上述文献可以看出，学者们在产业集群对创业活动的影响方面做了一些有意义的探索，这些探索性的研究从理论和实证方面检验了创业活动和产业集群发展之间的路径依赖关系，这为国内外学者们的后续研究提供了广阔的空间与动力。

（2）创业活动对产业集群的影响

创业活动不仅对各国的经济发展起着基础性的作用，而且对各区域产业集群的发展和促进当地就业都起着非常重要的作用，新创企业不断涌现会导致产业集群不断升级与演化，它也是产业集群不断发展成熟的重要影响因素。因此，长久以来，各政府部门一直都把促进创业活动的产生作为其主要的公共政策目标。

在国外的研究中，Stalk 和 Evans（2001）认为先行创业活动的涌现是集聚体形成的重要源泉，先行创业者的成功往往会引起众多跟随创业者，而他们之间所构成的网络系统本质上就可以看作一个中小企业在某特定地理位置上的积聚。Best（2001）认为产业集群竞争优势主要在于能不断地从外部吸收新的企业并培育出大量新创企业，而这些创业者的素质与技能对集群规模的扩张与演化也会产生重要影响。Myint、Vyakamam 和 New（2004）通过对英国剑桥高技术产业集群的分析，也证实了创业者在产业集群的演化中发挥了非常重要的作用。Hobday 和 Davies（2005）认为产业集群能够为集群内部企业提供创业机会，而创业者通过产业集群环境能够识别出新的创业机会，促使集群不断发展成熟，因而对产业集群的成长与演化也产生了非常重要的影响。Feldman 等（2005）认为创业者的成功创业能激发其他创业者的跟随与模仿，并吸引大量的新创业者加入产业集群中来，使得产业集群规模不断扩大，从而促进了集群的不断演化。

在国内的研究中，李新春（2004）认为产业集群的形成过程实质上可以看作是创业者在某特定地理位置上的聚集过程。杨静文（2004）认为新创企业在产业集群形成与发展过程中起到了非常重要的作用，产业集群的形成与成长过程实质上是众多的新企业在空间上不断创生与演化的过程。郑风田和程郁（2006）认为创业活动是集群形成与发展过程中的一个重要因素，是产业集群由低级形态不断向高级形态演化的关键驱动力。李超（2007）认为创业者是推动产业集群形成、成长、升级和演化的主要驱动力，并从“组织域”角度对创业型产业集群的发展与升级进行了分析。

从上述文献研究可以看出，产业集群是创业者群体的产业聚集组织，跟随创业者是依赖规模收益递增效应而进入特定区域，并通过累积性因果联系，强化了该区域的产业集聚，因此，产业集群的形成和演化可以看作先导创业者的创业活动和行为激发后进创业者的群体模仿效应的过程。

1.3.2 创业中的社会网络研究

近几十年来，创业成为研究人员和政治领导人议程上的核心话题（Carlsson et al.，2013；Ferreira et al.，2019）。虽然政治领导人将创业活动视为创新、竞争力和经济发展的来源，但研究人员开始深化我们对这一主题的理解，并进行多层次分析（Acs et al.，2016a，b，2018；Frank and Landström，2016）。因此，由于在该领域进行了多次调查，创业领域经历了不断演变（Ferreira et al.，2019；Frank and Landström，2016）。正如Ferreira et al.（2019）所指出的，揭示创业研究基础的作者，在此范围内进行的研究的多样性有助于拓宽这一研究领域。因此，创业研究现在代表了一个由不同视角和理论组成的混合领域。

创业是一种社会努力，在这种努力中，主体与他人互动，以帮助启动、壮大和维持新兴企业（Ruef，2010）。创业是建立和获得可持续竞争优势的关键概念（Baert et al.，2016；Miller and Le BretonMiller，2017），因为创业与企业业绩、增长、创新和网络之间存在着重要关系，（Fadda and Sørensen，2017；Kallmunezer，2018；de Lange and Dodds，2017；Schuckerts et al.，2018；Servantie et al.，2016）。实证工作和理论思考中的研究结果为以下前提提供了充分的支持：社会网络关系有利于创业，包括机会发现（Anderson，2008）、提高风险绩效（Vissa，2012）以及企业生存（Honig and Samuelsson，2014）。因此，在创业研究中，社会网络为个体企业家提供关键优势（Greve and Salaff，2003）。社会网络视角已应用于创业，以解释和预测诸如创业激情（Ho and Pollack，2014）、创新（Schott and Sedaghat，2014）、投资伙伴（Hallen and Eisenhardt，2012）和机会发现（Shu et al.，2018）等主题。尽管可能对创业者不利的环境存在争议（Burt，2019a），但这项研究总体上表明，网络是创业的重要资源。企业家在很大程度上依赖网络关系来获取资源、获取新信息和安全融资（Slotte Kock and Coviello，2010）。然而，从创业网络中获得的利益可能会因个体企业家的特征而异。Klyver and Arenius（2020）研究发现，与密切联系的网络互动会增加或减少创业的可能性，这取决于企业家的社交技能。由于其在社会战略和竞争方面的概念基础，结构洞理论（Burt，1992）是实证社会网络创业研究中一个特别突出的网络视角（Burt，2019a，2019b）。①

1.3.2.1 创业网络类型与影响因素

（1）创业网络内涵与类型

网络是创业社会过程中的一个重要元素（Drakopoulou Dodd et al.，2006；Hoang and Antoncic，2003）。多年来，创业学者一直试图解释什么是网络，以及网络在促进创业行为中扮演什么角色。网络扩大了主体获取他人资源的范围和能力，从而提高了创业的有效性（Ozcan and Eisenhardt，2009；Slotte Kock and Coviello，2010）。因此，创业网络通常指企业家在创建和塑造网络关系方面所做的事情，包括关系形成和维护行为，以及将此类行为组合成独特的网络风格、策略或过程（Bensaou et al.，2014；Porter and Woo，2015）。作为对企业家网络过度结构化描述的回应，这种将个体行动者视为网络变化驱动因素的观点推动了社会网络作为动态实体的研究（Slotte-Kock and Coviello，2010）。

鉴于社会网络在创业过程的各个方面都具有公认的首要地位，从机会发现和创造，到风险合法化和资源动员，再到风险增长，企业家何时以及如何参与网络已经成为一个主要的研究重点（Stuart and Sorenson，2007；Tasselli et al.，2015）。因此，Vissa（2011，2012）、Hallen and Eisenhardt（2012）、Vissa and Bhagavatula（2012）等学者特别关注企业家作为积极主体的中心假设下的网络行为。在这些研究中，关系形成被理解为一个战略问题，企业家必须为此采取行动并深思熟虑地操纵其社会环境，这些研究为后续研究提供了很重要的方向指引。② 虽然网络在创业中的作用已经确立（Hite and Hesterly，2001），但我们对网络如何运作以

① Yates V A. 2022. Getting ahead and getting along in entrepreneurial networks：network effects of the "dark" and "light" sides of personality in new venture performance. Mississippi State University.

② Engel Y，Kaandorp M，Elfring T. 2017. Toward a dynamic process model of entrepreneurial networking under uncertainty. Journal of Business Venturing，32（1）：35-51.

及创业企业在创业后的变化知之甚少。Drakopoulou- Dodd et al.（2006）认为企业家如何建立网络，以及与谁建立网络，在创业过程的各个阶段都有所不同，大多研究主要集中在新兴和初创企业的创业网络上。

Brockhaus Sr（1980）认为，企业家成功的关键在于他们能够利用自己的个人网络和专业网络获得资源，并比竞争对手更好地提高自己的能力。Birley（1985）认为，正规网络很少被小企业使用，它们大多依赖非正式网络，这对初创企业和老企业的生存同样重要，因为它们都依赖网络来获取信息。Lang et al.（1997）认为，企业依靠非正式网络获取有关环境威胁和机遇的信息。Rahatullah（2010）认为创业企业之间的网络导致了倡议的成功。与银行和商业伙伴的关系网被称为正式关系网，而与朋友和以前的雇主的关系网被称为非正式关系网。此外，网络创造了一种非正式的社会关系，有助于提高集体学习能力，这创造了企业家制定全球战略竞争的能力，同时有助于企业的创新和增长。Elfring and Hulsink（2003）也认为，不同层次和领域的网络通过跟踪机会和资源利用来影响企业的创建和增长。Johannisson（2017）将网络分为三种类型，即识别机会的信息网络；为了获取资源，需要交换网络；以及建立可接受性的影响力网络，使企业能够掌握竞争优势。①

（2）创业网络的影响因素

以前关于创业网络的研究使用了不同的视角。Correa et al.（2010）将主体的人格特征和情绪稳定性与创业网络的使用相关联。同样，情绪智力（EI）具有检测、使用、理解和管理情绪的能力，在创业网络中越来越重要（Torres Coronas et al.，2015）。根据 Ahmetoglu et al.（2011）的研究结果，情绪智力更高的人更有可能参与创新创业活动，并且通常具有更高的创造性人格。在一个高度竞争的经济中，成功的企业家将有效地管理他们的网络并建立牢固的关系（Bhattacharyya，2010）。Muscanell and Guadagno（2012）以及 Wolff and Kim（2012）发现，创业网络受到外向性、随和性、经验开放性等人格维度的影响。Torres Coronas and Vidal Blasco（2017）认为，社会经济和管理状况可以解释企业家网络行为水平的重要部分，但其他因素也发挥了作用，如技能和动机。此外，

① Mujahid S，Mubarik S，Naghavi N. 2019. Prioritizing dimensions of entrepreneurial ecosystem：a proposed framework. Journal of Global Entrepreneurship Research，9.

他们的研究结果表明，政治技能水平高的主体会发现社交行为不那么困难，也更有回报。①

（3）创业网络的动态性

多年来，Larson and Starr（1993）的阶段模型被视为创业背景下网络发展的最完整理论之一（Jack，2010；Slotte Kock and Coviello，2010）。然而，最近对网络研究所处位置的审查清楚地表明，围绕网络变化以及网络如何响应创业需求而进化，需要做更多的工作（Gedajlovic et al.，2013；Jack，2010；Jonsson，2015；Slotte Kock and Coviello，2010）。研究网络很复杂，是一个很难掌握的主题，由许多不同的元素组成，可能会产生数据收集偏差。网络可以用很多方式来衡量，比如关系的大小、类型和质量。然而，特别是在对个人网络及其变化进行整体和纵向观察的研究中，这种方法往往具有一定的局限性。对研究网络结构及其可能随时间变化的方式，研究人员面临着相当大的挑战，因为个体如何发展其网络是一个详细的过程，并且变化的模式不容易识别。网络研究中流行的方法是使用传统的定量或定性数据收集方法（Hite，2005；MacAdam and Marlow，2008）。然而，由于常用的研究方法不足以解决记忆偏差问题和捕捉网络的动态性质，因此呼吁在这些方面开展更具创新性的工作（Gedajlovic et al.，2013）。

网络不是静态的，而是动态的，其内容和结构可以根据特定时间点的创业需求而变化（Burt，1992，2000；Hite，2005；Ibarra et al.，2005）。Birley（1985）回顾了在网络变化研究中开展的工作，探讨了网络从非正式到正式关系的变化，以及在为新企业的发展提供关键要素时这些变化是如何发生的。Davidson and Honig（2003）跟踪了新生企业家的发展过程，确定了企业家网络的变化与市场进入和成功概率之间的联系。同样，Jack（2005）、Elfring and Hulsink（2007）、Hite（2008）、Gedajlovic et al.（2013）等学者阐述了网络的作用以及网络的动态性质如何影响企业的进化、增长和发展。虽然对网络变化的研究通常支持网络对创业的重要作用，但目前对网络如何随时间变化的理解仍然没有定论。学者们开发了不同的实证模型来理解影响变化的因素。尽管如此，网络特征的变化以及与

① Mayanja S，Ntayi J M，Munene J C，Balunywa W，Sserwanga A，Kagaari J R K，et al. 2020. Informational differences and entrepreneurial networking among small and medium enterprises in kampala，uganda：the mediating role of ecologies of innovation. Cogent Business & Management，6.

创业环境的关系尚未明确探讨。Slotte Kock and Coviello（2010）确定了他们认为对发展网络变化的知识和理解至关重要的具体问题。更具体地说，这些问题涉及哪些变化、如何变化以及为什么网络发生变化。他们认为，虽然这些问题提供了对网络发展理解方式的综合概述，但在一项研究中回答这些问题即使不是不可能，也是一个巨大的挑战（Slotte Kock and Coviello，2010）。其他网络学者（Gedajlovic et al.，2013；Jonsson，2015）也反思了这一需求，认为研究网络变化的方式和原因将有助于进一步理解。①

1.3.2.2 创业网络的作用

（1）创业网络在创业中的作用

许多学者强调，有经验的企业家通过相关接触获得了宝贵的知识。这种知识使他们受益，并使其更容易发现和利用创业机会（Shepherd et al.，2000）。社会资本提供了促进发现机会的网络，例如识别、收集和定位稀缺资源（Uzzi，1999）。同样，社会联系为开发机会提供了关键资源，比如更好地获得融资来源、商业化渠道、生产系统等。关于社会资本与创业之间相互作用的大多数相关研究都集中在社会网络对企业创造和增长的重要性上（Hoang and Antoncic，2003）。Johannisson（1988）认为，企业家之间的一个重要区别在于他们是否拥有多样化的个人网络。Fafchamps and Minten（1999）认为，参与社会网络可以增加信息的可用性和可访问性，并降低其成本。获得更准确的信息也可以提高现有企业家的经营业绩和利润率。Anderson and Jack（2002）认为，网络对个体和企业都是有益的。网络不仅有助于投资者识别新的融资企业，通过建立信任降低成本，还可以通过网络获得一批有才华的工人、供应商、客户和新市场（Spigel，2017）。Alder and Kwon（2002）认为，社会资本为企业家提供了从信息和影响力到团结的各种利益。Davidson and Honig（2003）认为在自己的社区中拥有网络的企业家可以利用他们的社会资本，发现那些没有这种联系的人无法发现的成功活动。De Carolis and Saparito（2006）描绘了与企业家相关的社会资本的两个效应：信息和影响力。他们认为接触创业组织有助于获得与企业或部门有关的信息。有关影响

① Soetanto，D.（2018）. Examining change in entrepreneurial networks：using visualisation as an alternative approach. European Management Journal，37（2）：139-150.

的结果来自与他人累积的义务以及这些义务随时间推移的效力。

尽管创业成长和网络成长被视为创业行为的一个基本特征（Sadler et al., 2003），但实际的成长过程被认为是复杂的，需要进一步研究，尤其是在理论方面（Shepherd and Wiklund, 2009）。Dutta and Thornhill（2007）认为，大多数关于增长的研究与企业特征和风险增长之间的关系有关，很少有研究真正试图理解增长本身的现象。理解增长现象的一种方法是考虑网络活动与增长之间的联系（Chell and Baines, 2000；Huggins, 2000；Lechner and Dowling, 2003）。尽管网络视角越来越多地被视为考虑创建和发展新企业的一种机制，但尚未广泛探讨网络与增长之间的关系（Lechner and Dowling, 2003；Slotte Kock and Coviello, 2010）。网络内和通过社会互动创造的社会资本与新企业和小型企业的增长有关（Manolova et al., 2006）。事实上，创业团队的社会资本禀赋已被发现在初创时期对创业企业有益（Packalen, 2007）。Hite（2005）认为，企业家与其网络之间发生的社会互动的性质、程度和类型是建立和发展组织的基础。Klyver and Grant（2010）提出，网络是企业成长的必要工具。因此，企业家所处的网络成为增长的一个重要方面。①

（2）网络结构与创业

研究人员早已认识到，网络关系的结构可以在增强企业创业行为方面发挥关键作用（Simsek et al., 2003）。尽管承认了这一点，但实证研究尚未就哪种形式的网络结构更有利于创业结果达成明确共识（Bhagavatula et al., 2010；Stam et al., 2014；Tan et al., 2015）。Starr and MacMillan（1990）认为，强大网络提供的注意力在初创阶段或新企业的成长中可能更为重要。Butler and Hansen（1991）认为，在创业前阶段，在很大程度上依赖与网络的紧密联系，而在后期，网络变得更加面向商业。Singh et al.（1999）发现，被识别的机会数量与网络成员之间存在弱联系之间存在关系。Greve and Salaff（2003）提到社会网络的规模、位置和关系结构是对企业家有三个有用的属性。在商业发展的不同阶段，网络和创业关系在性质上可能有所不同（Elfring and Hulsink, 2007）。Greve and Salaff（2003）认为社会网络不是固定的，它取决于参与者和环境，每个创业阶段可能

① Anderson A R, Dodd S D, Jack S. 2010. Network practices and entrepreneurial growth. Scandinavian Journal of Management, 26（2）：121-133.

需要特定的社会资源组合。根据创业需求，人们可以通过将近距离和远距离的网络带到自己的企业来激活不同类型的社会网络。Batjargal（2003）和Jack（2005）也发现，牢固而紧密的关系在创业的出现阶段发挥着更重要的作用。在研究创业活动与社会网络的互动时，有人进一步试图区分创业活动的各个阶段。Welter（2012）认为，在创业的早期阶段，企业家主要依赖强大的个人网络联系和合同。拥有更遥远网络和民间参与的主体将处于中心地位，以获取必要的资源，并为创业过程的后期利用有价值的信息。Gedajlovic et al.（2013）认为，社会网络并不总是在创业方面产生积极的结果。社会网络的某些配置也可能由于与关系的获取和管理相关的成本而导致负面结果（Riordion，2004）。①

网络的规模和强度是两个主要变量，它们对信息流的影响一直是争论的主题。网络的规模很重要，因为与其他人的每一个连接都代表着一个信息通道。那些拥有更广泛网络的人可以获得更多或更少的冗余信息，这使得他们更有可能利用新机会或新想法的出现、组合或重组（Burt，2004）。强度表示沟通或互动的频率以及情感强度或关系的亲密程度（Reagans and McEvily，2003）。因此，牢固的关系有助于详细的信息交流，因为它们具有频繁互动、共同历史和相互信任的特点。这意味着它们需要更多的维护，但提供更高质量的信息。在这种关系中，人们倾向于转移私人知识，并致力于探索性学习（Uzzi and Lancaster，2003），这有助于开发和利用从环境中抓住的机会。Ozgen and Baron（2007）分析了社会信息来源对识别机会的影响，发现信任对非正式行业网络、参与专业论坛和识别机会有积极影响。机会的利用涉及如何组织和调动资源以实现所选择的机会（Baker et al.，2005）。当与其他企业家、管理者和企业家协会的网络关系很强时，从网络中获得的信息质量会更高，感知风险或不确定性会更小。网络的更大强度降低了对关键资源的外部依赖所产生的不确定性水平，因为企业家在某些情况下可以在更有利的条件下获得这些资源，或者只是确定将提供这些资源。其次，强大的联系使人们能够获得来自其他企业的利益、运营或议程的第一手信息和战略机遇。最后，与其他企业家和管理者的紧密联系赋予了他们更大的合法性并改善了他们的地位（Lechner et al.，2006）。良好的人脉关系是管理质量的标志，可以提

① Elvin Afandi，Majid Kermani，Mammadov F. 2017. Social capital and entrepreneurial process. International Entrepreneurship and Management Journal.

高企业对许多企业关键利益群体的吸引力，如客户、员工或供应商。①

另外，Ahuja（2000）认为，一个封闭的网络，即网络伙伴相互互动的网络更为有益，因为社会凝聚力促进了网络伙伴之间的沟通，减少了机会主义行为。Burt（1992，2005）则认为开放或丰富的结构洞网络产生更好的结果，因为网络结构洞为核心参与者提供了新的非冗余信息，以及时间和控制优势。我们认为，这些相互矛盾的发现可能反映了这样一个事实，即在对网络结构效应的研究中，现有研究在很大程度上忽略了网络内容，这反映了网络伙伴之间交换的资源（Jack，2010）。迄今为止的研究倾向于将不同类型的网络视为等效网络（Kilduff and Brass，2010），因此，网络结构的好处在不同类型的网络中是否不同以及如何不同的问题基本上没有答案。解决这个问题对于理解网络对企业创业行为的影响至关重要，因为众所周知，创业成果的产生需要不同类型的资源及其组合（Gruber et al.，2013；Gruber and Tal，2017），此外，此类资源通常通过网络关系获得（Adams et al.，2019；Santoro et al.，2018）。②

1.3.3 创业社会网络对创业绩效的影响

1.3.3.1 对创业绩效含义的理解

（1）企业绩效

中小企业及其绩效因其在经济发展中的作用而受到全球企业家、经济学家、研究人员、政府、组织和金融机构的极大关注（Eniola and Ektebang，2016）。绩效管理包括根据所用方法的有效性，对照预设目标评估已实现的目标，并就个体和企业行动提供反馈。对于中小企业而言，需要监测财务绩效指标，不是因为它们缺乏资金渠道，而是因为它们能够产生回报（Wen et al.，2017）。中小企业的绩效测量，是一种相对较新的工具，因为大多数中小企业没有明确的科学方法来

① Fuentes F A M, Arroyo R M, Bojica, A M, et al. 2010. Prior knowledge and social networks in the exploitation of entrepreneurial opportunities. International Entrepreneurship and Management Journal.

② Nikiforou A I, Lioukas S, Voudouris I. 2020. Network structure and firm-level entrepreneurial behavior: the role of market and technological knowledge networks. Journal of Business Research, 106: 129-138.

进行人员管理和目标设定（Jakhotial，2019）。许多中小企业最初可以实现快速增长，但仍可能面临各种问题，如不专业的评估人员、缺乏经验的绩效指标和缺乏反馈机制（Na Nan et al.，2017）。为了提升绩效管理水平，中小企业必须培训绩效管理人员，建立实证绩效指标，并建立双向绩效反馈机制（Wickramasinghe，2016；Na Nan et al.，2017；Jakhotial，2019）。

衡量企业绩效对企业管理至关重要，通常与多年保持的平均回报率有关（Mackey et al.，2007）。Pfeffer and Salancik（2003）将平均回报率视为以不同方式运营、衡量和观察的企业产生的可接受行动和回报。资产回报率（ROA）和股本回报率（ROE）是最常用的财务指标（Wen et al.，2017）。ROA 是评估企业盈利能力的基本方法，它确定了企业利用其资产的能力，评估了企业如何有效地利用其资产产生收入流（Tangen，2003）。ROE 是一种衡量企业在股东投资资本方面表现如何的度量工具。从本质上讲，净资产收益率显示了股东投资于企业的每一笔股权产生的回报（Ross et al.，2010）。Watson（2007）以及 Agyapong and Attram（2019）使用增长、利润率、成本效率和市场份额来衡量中小企业的业绩。Beheshti and Beheshti（2010）从企业生产力的角度衡量绩效。Abiodun and Harry（2016）认为，感知成功、实现并超越预定目标、企业增长和财务回报三种不同的角度可以用来衡量企业绩效。Ipinaiye et al.（2017）的研究将离职率、就业指数和生产率这三个指标用作爱尔兰中小企业的增长指标。

财务业绩衡量是在目标法（基于投资回报率“ROI”）、系统资源法（能够控制所需资源以获得竞争优势，不限于原材料和人力）（Alexy et al.，2018）、利益相关者方法（基于企业在资产回报方面的表现和利益相关者对鼓励更大投资的满意度）（Bosse et al.，2009）和竞争价值方法（Ansong and Agyemang，2016）四种不同方法的理论框架内进行的。目标法允许中小企业所有者或管理者将注意力集中在收入、回报和盈利能力等指标上，这些指标通常被用作中小企业业绩的指南；关注这些指标可以帮助中小企业推动未来的增长和扩张（Salloum et al.，2016）。由于目标方法简单、易于理解，且以内部为中心，因而通常用于衡量中小企业的绩效衡量（Chong et al.，2018）。Ansong and Agyemang（2016）强调，在中小企业进行大规模投资的情况下，短期内实现其内部目标可能不现实。虽然目标方法强调实现预先确定的目标，但考虑投资收入实现的时间框架可能是必要的。因此，了解基于中小企业活动绩效测量的时间序列至关重要（Richard et al.，2008）。①

（2）创业绩效

近年来，创业实践的研究引起了国内外学者的极大关注，但对创业绩效内涵的理解尚未达成一致共识，还有待下一步继续探讨。目前，对创业绩效理论的研究主要还是以绩效理论作为理论基础，国内外学者对于绩效都持有不同的理解。

Campbell（1977）认为对绩效的理解必须基于组织绩效的理论模型来进行释义。Bernadin（1995）和Kane（1996）等认为绩效反映的是主体通过采取一系列措施来从事经营活动后所获得的回报或报酬；而Murphy（1990）和Campbell（1990）认为绩效是由行为主体控制下的与目标相关的行为组成，绩效能够反映各行为主体的技能水平。

在国内的研究中，柳燕（2002）认为绩效不仅反映某一时期内企业经营效果与效率，同时也反映企业所有者与企业领导者的经营业绩。马璐（2004）认为绩效由两个维度构成：经营绩效与管理效率。经营绩效体现领导者在企业发展过程中所创造的产出和付出的努力；而管理效率反映的是企业创造经营绩效的过程中所体现出的盈利水平。沈超红（2006）基于合约视角的创业绩效理论，认为可以从合约的数量与质量水平这一角度来衡量创业的绩效。李良成（2007）认为可以从企业活动过程的效率与活动产生的效果两个方面来理解绩效的含义。马鸿佳（2008）认为新创企业的绩效是创业者为实现其创业预期目标，通过实施一系列的创业活动而取得的体现新创企业发展的各种结果。

从上述研究可以看出，关于绩效的定义，国内外学者从不同的理论视角进行了解释，而且对创业绩效的理解主要也是建基于组织绩效理论；而在创业研究领域的研究，学者们并没有过多关注创业绩效本身的内涵。

1.3.3.2 创业绩效的衡量指标

企业的经营绩效是目前学者们的重点关注对象，但学者们对具体采用什么指标来衡量企业绩效尚未达成共识。因此，大量学者都各自提出了自己对绩效衡量

① Ogbolu G. 2021. The impact on entrepreneurial orientation on SMEs' performance in Nigeria: the moderating role played by entrepreneurial ecosystems. Northumbria University.

指标的看法。根据目前的研究情况来看，对组织绩效指标的研究可以分成三种，即主观指标与客观指标、财务指标与非财务指标、单维度指标与多维度指标。

（1）主观指标与客观指标

一般来讲，衡量绩效的指标可以从主观指标与客观指标角度来进行划分。主观指标主要从创业者的主观评价来对创业绩效进行衡量，比如长期盈利性、年销售收入增长率、销售市场占有率以及员工工作满意度等；客观指标是利用客观数据来衡量创业绩效，比如销售增长百分比或盈利等确切的数据。学者们往往认为客观指标使用实际数据在说话，而主观指标更多地是注重个人的主观评价，因而客观指标比主观指标更加合理，但在实际操作中客观指标数据的收集比较困难。同时随着研究的不断深入，学者们同样发现在衡量组织绩效的过程中，存在很多无法量化的指标，所以组织绩效的主观衡量也逐渐受到学术界的关注，但如何选择合理适当的主观衡量指标则存在很大的争议。

（2）财务指标与非财务指标

对创业企业来讲，常用的财务指标较多，财务指标是最基础和简单的绩效测度方法，这些指标主要反映创业企业的成长性与盈利性，如投资收益率、销售收入以及利润率等指标均属于财务指标。学者们在实际研究过程中，均运用到了上述财务指标，如 Hurley 等（1998）运用财务指标来探讨创新、市场导向以及组织学习三者之间的关系，Siguaw 等（1998）运用财务指标来分析市场导向在供应商与分销商之间关系中所起到的调节作用，Garbarino（1999）和 Matsuno（2000）运用财务指标来分析客户的信任、满意以及承诺的创业导向角色，薛红志（2005）运用财务指标来对创业绩效进行测度。非财务指标一般主要是从市场的角度来对企业的经营绩效进行衡量，如消费者满意度、雇员的数量、公司声誉以及员工承诺等指标。

（3）单维度指标与多维度指标

运用单维度指标对绩效进行测度的优势在于实际操作中能更容易获取所需数据，同时对指标的数据处理也较为简单，因而单维度绩效衡量方式还是比较受大家欢迎的。Capon、Farley and Hoening（1990）通过对学者们在 1921 至 1987 年所作研究进行分析与总结后，发现单维度绩效指标是在实际的绩效测度中大家比较一致的选择，对于企业来讲更是如此，其生存与发展的最终目标就是利润最大化，因而常常会采用投入产出效益、利润率等单维度指标来衡量企业的经营绩效。Zahra and Covin（1995）也认为在企业既定的经营战略下，以销售利润率作为绩效测度的指标能够产生很好的绩效测度效果。

当然，也有很多学者认为，创业绩效并不是一个单一的维度概念，而是由多个维度所组成。Brush（1992）在对成长绩效进行衡量时所采用的指标就有销售额增长、公司利润的增长、资产规模的增长、员工规模的增长等。Covin 和 Slevin（1993）在对创业绩效进行研究的过程中，将其划分为成长性与获利性两个维度。Zahra and Covin（1995）在对成长绩效进行测量时所运用到的指标就包括销售额增长、员工发展以及公司获利能力。Homburg and Pflesser（2000）在研究企业文化与企业绩效之间的关系时，就将企业绩效划分成财务绩效与市场绩效。Maksoud 等（2005）在研究制造业企业的非财务性绩效指标时，就运用了客户满意度、产品质量、产品供给的时效性等指标。李良成（2007）在研究创业战略选择与创业绩效之间的关系时，就运用了未来发展情景、公司成长能力以及对员工的吸引力等指标。张炜和袁晓璐（2008）在研究技术和人力资源管理行为对创业绩效的影响时，提出成长性绩效、竞争性绩效与潜力绩效三个方面来衡量创业绩效。

在目前已有的研究文献中，学者们对绩效的研究较多，但是针对创业领域的绩效研究在国内还较少。而且从现有对创业绩效衡量指标的研究文献来看，研究人员从不同的角度和层面提出了各种指标，这也促进了创业绩效的测量理论的进一步发展。

1.3.3.3 创业社会网络对创业绩效的影响

随着社会网络理论的发展，社会网络已经成为广大学者们研究创业领域相关问题时必不可少的一种分析工具，社会网络对创业活动发挥着特殊的作用，社会网络对创业绩效产生了非常重要的影响，这一结论得到了国内外研究者的证实。在许多研究中（Birley，1985；Aldrich and Zimmer，1986；Johannisson，1987），研究了网络对初创企业发展的贡献。企业家网络在寻找新机会和寻求资源方面发挥着重要作用。就创新企业而言，网络有助于提高绩效和获得合法性（Baum et al.，2000）。也有人认为，获得资源是网络的主要作用之一，因为有限的资源是创业企业的主要瓶颈。总的来说，就联系的数量和质量而言，更发达的网络比欠发达的网络更有利于初创企业。虽然网络作为解释创业成功不可或缺的一部分的价值已得到广泛承认，但仍有一些尚未解决的问题。① 许多研究强调了社会网络结构对创业绩效的强烈影响。一般来说，企业家所处网络的特征（如规模、密度、多样性、中心性等）被认为对企业绩效有重要影响。

（1）国外学者的研究现状

在国外学者的研究中，Aldrich and Zimmer（1986）认为，这些一般属性可以捕捉个人网络的能力和潜力，为企业家提供资源，但无法对企业家从他们的社会互动中获得多少支持提供合理的衡量。Jarillo（1989）的研究首次提供了支持积极网络效应存在的证据，该研究发现，密集利用网络资源的企业比仅使用内部资源的企业增长更多。Burt（1992）认为，有效的网络，即具有最少冗余联系的网络，可以提高初创企业的绩效。Hagedoom and Schakenraad（1994）从社会网络的角度分析网络互动关系对绩效的影响，结果表明社会网络对绩效产生了正向的积极作用。Hansen（1995）通过对44位创业者的结构化访谈发现，创业者通过社会网络可以获取所需的信息和资源。同时，创业社会网络与创业企业成长绩效之间具有较强的因果关系。Ostgaard and Birley（1996）探讨了英国管理者个人网络的有效性，并确认了网络对企业绩效和发展的重要性。Human and Provan（1996）通过对现实案例的分析发现，社会网络有利于企业从网络中获取各种资源，从而提高企业的成长绩效。Lerner（1997）通过研究表明创业者的社会网络联系与企业的收益之间存在显著相关性。Bruderl and Preisendorfer（1998）针对德国1700家新企业开发并测试了“网络成功假说”，该假说假设企业家的网络活动与其创业成功之间存在正相关关系。Pennings et al.（1998）将社会资本定义为企业成员和潜在客户之间的联系，表明企业层面的社会资本可能是其竞争优势的最重要来源，尤其是当资本具有特定性和独特性时。Honig（1998）以牙买加的215个中小企业为对象进行了相关研究，结果表明社会网络有利于企业获取社会资本，从而促进了企业利润的增长。Banm、Calabrese and Silverman（2000）对加拿大产业进行了实证研究，结果表明新创企业利用网络可以提高其创新能力，

① Elfring T, Hulsink W. Networks in Entrepreneurship: The Case of High-technology Firms. Small Business Economics, 2003, 21 (4): 409-422.

降低创新风险与创新成本，从而提升其创新绩效。Francis and Sandberg（2000）研究表明创业团队中各成员间的联系强度能促使各成员在创业初期投入更多的财产，从而有利于增加创业资本。Collinson（2000）以苏格兰小型软件公司为例进行了相关研究，结果表明各成员间建立的各种非正式网络促进了彼此间各种技术与知识的交流，同时各成员还可以利用这种非正式网络从外部获得更多的金融支持和各种潜在资源。Lee and Pennings（2001）以韩国科技公司为例，探讨了企业外部网络对公司绩效产生的影响，结果表明公司建立的各种外部网络关系有利于增加企业的销售量，从而提高公司绩效。Lechner（2003）等通过研究表明，创业者所建立的网络关系随着企业的发展也在不断发生变化，而且企业不同阶段建立的网络关系所起的作用也大为不同。Madsen（2004）认为社会网络是创业者的社会资本。

一些研究人员建议采用 Granovetter（1973）模型，在该模型中，网络伙伴按照“强联系”和“弱联系”进行分类。强 \ 弱的社会关系是指情绪依恋程度高 \ 低的关系，包括企业家的家人、亲戚和朋友。Bruderl and Preisendorfer（1998）声称，来自强联系的支持比来自弱联系的支持更重要。在社会资本文献中，强联系不仅与绩效呈正相关，而且在某些情况下，它们被认为对绩效有害（Gargiulo and Benassi，1999）。Rowley et al.（2000）认为，强联系和弱联系都对公司有利，但条件不同——目的不同、时间不同。在半导体行业的高度动态环境中，弱联系与企业绩效呈正相关，而在钢铁行业中，强联系似乎与绩效呈正相关。Littunen（2000）认为，对于家庭创业公司来说，内部网络似乎比外部网络更重要。Davidson and Honig（2003）认为，在创业初期，牢固关系的存在似乎影响了新生企业家创业的持续性。Greve and Salaff（2003）认为，在建立企业的所有阶段，家庭成员都存在于创业网络中。家庭中有企业家可以弥补财务和管理方面的限制。此外，来自企业家家庭成员的情感支持可能非常有助于维持情绪稳定。①

（2）国内学者的研究现状

在国内的研究中，杨俊和边燕杰等（2000）通过研究发现，企业通过自身建

① Santarelli E, Tran H T. 2013. The interplay of human and social capital in shaping entrepreneurial performance: the case of vietnam. Small Business Economics, 40 (2): 435-458.

立的各种网络联系是其从外部获取各种所需资源的一种社会资本，而且这种社会资本可以改善企业的经营能力和提高企业的效益。晏文胜和彭华涛（2006）探讨了高科技创业企业社会网络绩效的测度。骆骏（2006）通过研究发现，企业建立的各种社会网络关系对其获利能力与企业机会把握能力存在显著正向的影响，从而对创业绩效产生了重要影响。谢振东（2007）以实际案例为对象，探讨了社会网络的网络动态性、网络联系强度、网络异质性与企业成长绩效之间的关系，研究结果表明，这个变量对企业的成长绩效产生了积极显著的作用。徐进（2008）通过研究表明，社会网络为创业企业间的互动学习提供了便利，而创业者能力提升和组织学习对创业绩效有显著的正向作用。蔡莉和单标安（2010）分析了创业企业在不同的发展阶段，其自身所构建的创业社会网络类型对创业过程所产生的影响，结果表明，正式创业社会网络与非正式创业社会网络对创业绩效产生的影响程度存在差异。关家诚（2010）通过研究表明，创业企业社会网络能显著地影响创业绩效，而嵌入型创业资源在其中起了中介作用。隐性知识、资源交换与整合渠道、高度互信这些集群特有的嵌入型创业资源能通过创业企业社会网络获取，并对创业绩效产生显著的正向影响。

然而，其他实证研究没有发现积极的网络效应。Yoon（1991）发现，就芝加哥的韩国移民企业而言，作为社会资本收益的种族资源在企业的初始阶段很重要，但在人力资本占主导地位的后期，种族资源变得无关紧要或不足。Aldrich and Reese（1993）还认为，企业初创企业中涉及的网络对随后的企业绩效没有影响。Bates（1994）通过观察亚洲移民在美国拥有的小企业对社会资本的使用，质疑了其对自营职业成功的有效性。Littunen（2000）调查了芬兰129家创业企业之间的合作对其在关键运营阶段（4~6年）之后生存的影响，他发现网络与创业成功之间没有显著的相关性。

综合学者的观点来看，学者们对企业社会网络与组织绩效的关系已经做了一定的研究，主要是考虑创业社会网络的结构特征、网络动态性等方面对企业绩效（包括生存绩效与成长绩效）的影响，但对于创业社会网络与新创企业绩效之间关系的研究刚刚起步，还有很大的空间值得我们去探讨。

1.3.4 研究述评

通上以上的文献回顾我们可以发现，以往对产业集群及其创业问题、基于社会网络观的创业问题、创业绩效问题都进行了较多的研究，取得了显著的研究进展，本书对此简单概括为：

（1）以往对产业集群及其创业问题、基于社会网络观的创业问题、创业绩效问题都进行了较多的研究，取得了显著的研究进展。

（2）在对创业过程进行研究的过程当中，将创业社会网络作为因变量的文献不多，而且现有关于创业社会网络动态演化的研究文献有限，明显要少于对创业社会网络的静态研究。

（3）关于创业社会网络起到的作用方面，学者们的观点均比较一致，都认为创业社会网络是创业企业生存和发展过程中必不可少的重要支柱。

（4）学者们对企业社会网络与组织绩效的关系已经做了一定的研究，主要是考虑创业社会网络的结构特征、网络动态性等方面对企业绩效（包括生存绩效与成长绩效）的影响，但对于创业社会网络与新创企业绩效之间关系的研究刚刚起步，还有很大的空间值得我们去探讨。

（5）在以往的研究文献中，关于创业社会网络与创业企业绩效关系的研究文献较多，但研究创业社会网络的动态性与创业绩效的关系方面还远不够。而且以往的研究文献较多地集中于创业社会网络与创业绩效之间的简单关系，而并没有深入分析创业社会网络如何对创业绩效产生作用。

（6）关于绩效的定义，国内外学者从不同的理论视角进行了解释，而且对创业绩效的理解主要也是基于组织绩效理论；而在创业研究领域，学者们并没有过多地去关注创业绩效本身的内涵。

（7）在目前已有的研究文献中，学者们对绩效的研究较多，但是针对创业领域的绩效研究在国内还较少。而且从现有对创业绩效衡量指标的研究文献来看，研究人员从不同的角度和层面提出了各种指标，这也促进了创业绩效的测量理论的进一步发展。

同时，纵观以往研究，本书认为在创业社会网络与创业企业成长研究领域，有以下问题值得进一步探讨：

（1）现有研究对于创业社会网络的动态演化研究不够，尚未涉及创业企业自身的发展变化对创业社会网络的影响以及创业社会网络结构的变化对企业成长的影响方面的研究。因此，产业集群内创业社会网络是如何演化的以及创业社会网络对创业企业成长产生怎样的作用等问题值得我们进一步探讨。

（2）现有研究已分析了创业网络中资源的获取与整合问题，但并没有分析创业社会网络中行为主体对资源聚集会产生怎样的影响以及创业社会网络结构本身的变化对资源的利用效率会产生怎样的影响。

（3）现有研究已分析了创业组织学习对创业绩效之间的关系，但并没有从社会网络的角度来分析创业社会网络内各层次之间的行为主体是如何互动学习的，也没有考虑创业社会网络对学习过程中知识的转移与扩散速度会产生怎样的影响。

（4）现有研究认为创业企业间的信任关系对企业成长产生重要影响，但并没有从定量的角度考虑创业社会网络中各行为主体之间信任关系是如何发生动态转变的，也没有考虑创业社会网络结构本身对创业社会网络中的信任机制产生怎样的影响。

1.4 研究思路与主要研究方法

1.4.1 研究思路

本书基于产业集群背景，利用产业集群理论、创业理论、社会网络分析理论等方法与技术，对集群内创业社会网络的构建、创业社会网络对创业企业成长过程中资源聚集及创生、组织学习效率以及企业间信任关系影响机制进行分析，并分析上述三个因素对创业企业成长绩效会产生怎样的影响；同时，抽样选取武汉东湖新技术开发区激光产业集群、武汉市蔡甸区电子产业集群、武汉市汉南区包装印务产业集群、武汉江夏区重工机械产业集群、武汉新洲区钢铁制品产业集群，并在相应产业集群中选择企业年限介于3至10年，公司人数介于5至200的创业企业为样本，将资源、学习和信任作为三个中间变量，考察创业社会网络对创业企业成长绩效的影响，以对前文的研究结论进行论证与检验。

1.4.2 研究方法

（1）文献研究法

本书在对国内外相关文献进行收集并梳理的基础上，探究国内外关于产业集群中的创业问题、基于社会网络观的创业问题以及创业绩效等相关的最新理论研究成果，并借助社会网络理论、计算经济学理论、产业经济学等相关学科理论视角，确定了本研究选题，即从社会网络理论的角度，探讨产业集群背景下创业社会网络对创业企业成长的影响机制方面的相关论题。

（2）多学科交叉研究法

本书以产业集群背景下创业社会网络对创业企业成长的影响机制为研究主线，以社会网络理论、计算经济学理论、产业经济学、回归分析、多目标决策等多学科交叉的理论为研究基础，综合运用理论分析、仿真分析、实证分析的方法对本书所提出的科学问题展开研究，从而为创业者提供决策支持依据，以实现有效促进创业企业发展的目标。

（3）数理模型与仿真研究法

由于影响创企业成长绩效的因素复杂多变，而要考察哪些要素起主要作用这一问题需要借助于定量分析方法，因此，本书基于社会网络分析技术，构建了产业集群内创业社会网络对创业企业成长的影响机制方面的相关模型：

1）考虑到创业社会网络内组织学习的特殊性，构建创业社会网络中的知识扩散模型，并利用 Matlab 仿真技术从以下三个方面进行分析：一是创业社会网络结构对网络中知识扩散的效率和扩散速度会产生怎样的影响；二是知识扩散过程中创业社会网络中主体的行为表现出怎样的特征；三是创业社会网络的社会影响对知识扩散会产生怎样的影响。

2）考虑到创业社会网络内信任机制的特殊性，利用状态转移方程来建立创业社会网络内创业企业间信任关系状态转移模型，并采用 Matlab 仿真技术来分析创业社会网络的结构特性对网络内创业企业间信任关系状态的影响。

（4）实证研究：问卷调研与统计分析

在运用数理模型分析创业社会网络对创业企业成长的影响机制后，本书接下来运用实证的方法来对上述过程进行检验。

1）问卷调研

本书实证研究所采用的数据是通过问卷调研的方式来获取。为确保模型所采用变量测量的信度与效度，本书在进行测量量表设计时查阅了国内外相关学者的研究成果，并数次咨询相关领域的研究专家、创业者以及创业企业高层管理人员的建议，最终确定调研问卷，再根据此问卷进行正式抽样调研。

在正式大规模调研时，本研究主要抽样选取武汉东湖新技术开发区激光产业集群、武汉市蔡甸区电子产业集群、武汉市汉南区包装印务产业集群、武汉江夏区重工机械产业集群、武汉新洲区钢铁制品产业集群，并在相应产业集群中选择企业年限介于3至10年，公司人数介于5至200的创业企业为样本。

2）统计分析

为保证本选题研究的规范性与科学性，在对本书建立的理论模型进行验证之前，我们首先对通过调研获取的样本数据进行描述性统计分析，以此说明所调查的样本企业特征；其次，对本书所设计的量表进行信度和效度检验；最后，利用相关性分析来说明所建立模型各变量之间的相关程度。

3）结构方程模型构建

根据上述相关分析的研究结果，针对创业社会网络对创业企业成长绩效的影响进行结构方程建模，综合分析各变量之间的相互影响，并将所获结果与前文的数理模型结果进行比较，以验证数理模型分析结果的准确性和合理性。

1.5 研究框架与主要研究内容

本书按照图1.1所示的研究框架来展开论述与研究：

本书的主要研究内容如下：

（1）产业集群内创业社会网络的构建及其在创业企业成长中的作用

首先对集群内创业社会网络构建的动力因素进行分析；其次，在此基础上提出集群内创业社会网络结构模型，并对结构模型中的各行为主体及其连接模式进行分析；然后对集群内创业社会网络演化的动因及其演化过程进行了分析；最后从资源聚集及创生、组织学习效率、信任关系三个方面来对集群内创业社会网络在创业企业成长过程中的作用进行分析。

（2）产业集群内创业社会网络对创业企业成长过程中资源的聚集和创生能力的影响

首先阐述集群内创业社会网络中资源的主要表现形式；然后分析创业社会网络对创业企业成长过程中资源的聚集和创生能力的影响，并分析集群内创业社会

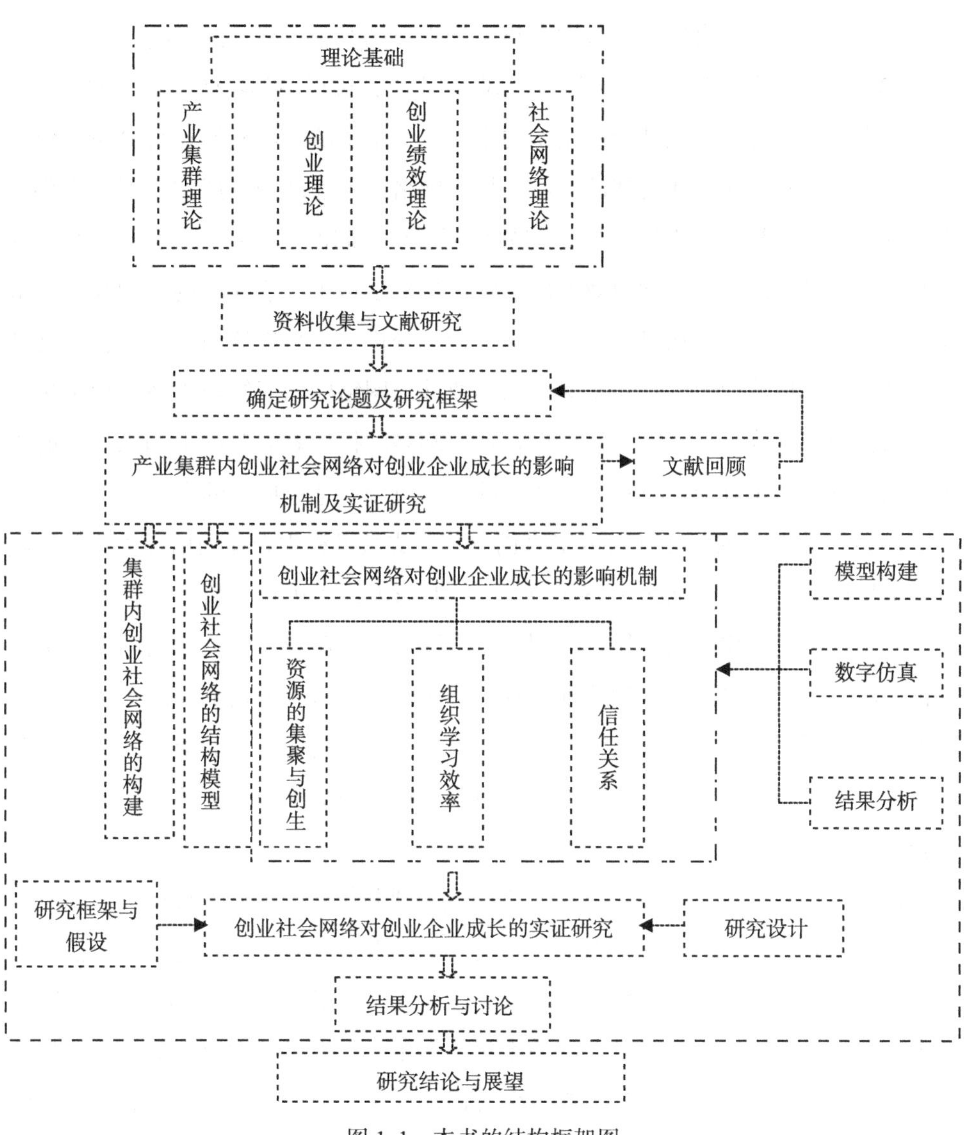

图 1.1　本书的结构框架图

网络对资源聚集与创生的影响，主要包括三个方面：一是集群内创业社会网络中的行为主体对资源聚集与创生的影响；二是从集群内创业社会网络的网络密度、集群内创业社会网络的网络中心性、集群内创业社会网络的结构洞三个方面来分析集群内创业社会网络结构对资源聚集与创生的影响；三是从集群内创业社会网络平均最短路径长度、集群内创业社会网络聚集程度、集群内创业社会网络的度分布三个方面来分析集群内创业社会网络结构特征对资源利用效率的影响；最后分析了集群内创业社会网络中资源聚集及创生对创业企业成长的影响。

（3）产业集群内创业社会网络对创业企业成长过程中学习效率的影响

首先，对集群内创业社会网络结构中各行为主体的学习机制进行分析，包括核心网络层中各行为主体之间的学习、核心网络层与辅助网络层的学习、内部网络层（核心网络层和辅助网络层）与外部网络层之间的学习；然后分析了集群内创业社会网络对创业企业学习效率的影响，构建了基于创业社会网络的知识扩散模型，并利用仿真手段从以下三个方面进行了分析：一是集群内创业社会网络结构对创新知识扩散的影响；二是集群内创业社会网络中创新知识扩散过程中集群主体的行为特征分析；三是集群内创业社会网络的社会效应对创新知识扩散的影响。最后分析了集群内创业社会网络中的学习对创业企业成长的影响。

（4）产业集群内创业社会网络对创业企业成长过程中企业间信任关系的影响

对集群内创业社会网络中信任的产生及其影响因素进行分析，并基于集群内创业社会网络的演化阶段对集群内创业社会网络中企业间信任关系的动态性进行分析，然后基于衡量集群内创业社会网络结构的度分布、平均最短路径长度、聚集系数三个因素，构建集群内创业社会网络中企业间信任关系的演化模型，并利用仿真手段进行分析；最后，分析集群内创业社会网络中企业间的信任关系对创业企业成长过程中所产生的影响。

（5）产业集群内创业社会网络对创业企业成长绩效影响的实证研究

基于创业社会网络→资源聚集及创生、集群组织学习效率、企业间的信任关系→创业企业成长绩效的逻辑链条，构建实证研究的理论模型，并在此基础上，提出创业社会网络、中介变量（资源聚集及创生、集群组织学习效率、企业间的信任关系）以及创业企业成长绩效三大方面相互影响的研究假设。然后，阐述问卷的基本结构，并提出创业社会网络、成长绩效以及中介变量的测量问题，同时对所调研的企业样本进行统计描述；最后根据调研所获得数据，运用 SPASS 对创业社会网络、成长绩效以及中介变量进行因子分析，对涉及的相关变量进行效度和信度的验证，并对自变量创业社会网络、中介变量和因变量成长绩效进行两两相关分析，同时运用结构方程模型对前文假设关系进行验证，以分析变量之间的关系。

1.6 本书的技术难点与创新之处

1.6.1 关键技术与难点

本书运用的关键技术与难点主要体现在以下几个方面：

(1) 仿真技术与数据分析技术相结合。本书的研究过程中会涉及一些定量模型，而这些定量模型的分析需借助于仿真手段，同时本书研究内容还涉及实证分析，同样需要使用数据分析软件。

(2) 基于社会网络分析理论构建集群内创业社会网络结构层次模型。创业社会网络作为一个复杂系统，同样具备复杂网络结构特征，因此，如何构建创业社会网络的结构层次模型是一个难点问题。

(3) 基于社会网络的角度考察创业社会网络对创业企业成长的影响机制。在分析创业社会网络对资源利用的效率影响时，应该考虑哪些网络结构特征？在分析创业社会网络对组织学习效率的影响时，如何构建基于创业社会网络的知识扩散模型？在分析创业社会网络对企业间信任关系的影响时，如何构建创业社会网络内企业间的信任关系状态转移的非线性动态模型？上述三个问题都是需要考虑的难点问题。

(4) 数据收集来源的真实性和完整性。由于本书研究对象的特殊性，数据的获取具有一定的难度。因此，如何设置合理的调查问卷和访谈提纲以及如何选择合适的调查样本也是本研究的一个难点。

1.6.2 本书创新之处

本书的创新之处主要包括：

(1) 研究创业社会网络结构中的行为主体及其结构特征对创业企业成长过程中资源的聚集和创生的影响。本书在对创业企业成长过程中资源的聚集和创生能力进行分析的基础上，揭示创业社会网络中的行为主体对企业成长过程中资源聚集会产生怎么样的影响，以及创业社会网络结构特征对资源利用效率会产生怎样的影响。

(2) 研究创业社会网络对创业企业成长过程中组织学习效率的影响，构建基于创业社会网络的知识扩散模型。本书基于对创业社会网络各个层次结构模型中各行为主体的学习机制的分析，研究创业社会网络对创业企业学习过程中知识扩散效率的影响，构建基于创业社会网络的知识扩散模型，并通过仿真的手段进行分析。

（3）研究创业社会网络结构对创业企业成长过程中企业间信任关系状态的影响，构建企业间信任关系状态转移模型，并利用仿真手段分析创业社会网络的结构特性对网络内企业间信任关系变化的影响。

第 2 章　相关理论概述

2.1　社会网络理论

创业企业返回的证据表明，创新和高增长的创业活动是在各自创业企业范围内发展的多重相互依存和关系的结果，因此，社会网络是创业企业固有的（Acs et al.，2017；Spigel，2017；Spigel and Harrison，2018）。创业社会网络的本质促进了合作竞争的氛围（Bouncken et al.，2018；Roig Tierno et al.，2018），一方面，多个参与者需要合作以实现他们的利益和抱负，但另一方面，由于相同的利益追求，也需要竞争以获得有限的有形和无形资源。因此，由于在创业环境范围内多个利益相关者之间建立的关系的重要性，网络分析构成了一个常见的创业环境研究中的实践。正如 Stuart and Sorenson（2005）所解释的那样，为了符合创业活动的性质，分析企业家的社会网络具有核心重要性。此外，企业家建立的网络不仅是他们成功的唯一决定因素，而且能够最大限度地减少他们可能表现出的任何潜在弱点，比如缺乏经验或资源（Motoyama and Knowlton，2017；Theodoraki et al.，2018；McAdam et al.，2019）。因此，网络理论提供了一个理论基础，能够通过系统和严格的方法分析这些无形的互动，从而能够彻底了解构成此类网络的多个参与者之间正在进行的多重互动（Carter et al.，2015）。①

2.1.1　社会网络的核心理论

网络理论的基础是主体、团体和企业存在于相互关联的社会关系网中的概

① Fernandes A J，Ferreira J J. 2022. Entrepreneurial ecosystems and networks：a literature review and research agenda. Review of Managerial Science，16：189-247.

念。这种关系网的模式构成了社会网络的结构。社会网络塑造了主体、团体和企业如何体验世界、解释这些经验、告知决策行为和获取资源（Salancik，1995）。社会网络可以描述为类似网络的图像，可以通过二分法或有值数据矩阵对其进行量化和实证分析。对社会网络的探究来源于人类学家对个体间社会关系的研究，而到 20 世纪 60 年代后期，社会网络理论才逐渐被广大学者接纳，并开始将其运用于研究社会科学。社会网络的另一个研究视角则来自生态学的理论，虽然社会网络来源于社会学和生态学领域，但社会网络理论的发展成熟却更多地是其在经济管理领域中的应用。随着学者们在经济管理领域对社会网络的关注，企业的社会网络也逐渐引起广泛关注，并涌现出了大量的社会网络理论，进一步丰富了社会网络理论的内涵。

关于社会网络的定义，学者均给出了不同程度的理解。Barnes（1954）最早提出对社会网络的定义，认为社会网络是表征个体间真实存在的各种非正式关系。在此基础上，Mitchell（1969）认为社会网络代表某一部落中个体间存在各种特定的关系，包括各种正式与非正式的关系。Pattison（1993）认为社会网络代表社会组织中各组织间或个体间彼此相互连接所组成的关系集合。总体来讲，社会网络是指因组织间或个体间存在的各种联系而形成的网络，既包括亲戚关系、同事关系、朋友关系等各种非正式关系，也包括市场上的各种契约关系，这些关系的集合就构成了一种社会网络。

社会网络由节点和连接各节点间的关系所组成，网络节点既可以代表某个单个个体，也可表示某个组织，而网络节点间存在的各种关系为其从社会网络中获各种信息、技术与知识等资源提供了渠道。Aldich 和 Zimmer（1986）认为社会网络为各行为主体获取各种资源，以及社会支持提供了便利。Coleman（1988）认为社会网络通过各种关系增加各行为主体的人力资本。从社会网络角度来看，考察各主体的经济行为必须考虑到该社会网络的结构特性，因为嵌入网络中的经济行为往往会受到其结构特征的影响。

许多观点已经被发展来解释如何与网络结构相互作用的机制和过程，从而形成网络嵌入主体的经验（Hoang and Antoncic，2003）。例如，弱联系强度理论（Granovetter，1973）将两个参与者网络的重叠量与他们之间的社会联系强度之间的直接关系理论化。结构洞理论（Burt，1992）解释了网络中中介权力角色的重要性，当网络参与者将原本是两个不同的网络群体连接起来时，就会出现这种情况。在组织研究中，社会资本被理解为嵌入网络中的社会资源，为主体、团体和企业提供竞争优势（Lin，1999；Nahapiet and Goshal，1998），这表明网络社会资本是竞争优势和主体成功的关键先决条件。网络结构决定了嵌入实体获取社会资本的程度。例如，科尔曼（1988）认为，社会资本是通过社会规范、相互义务和依存关系以及这种结构固有的信任，从密集、内聚的网络中产生的。①

2.2.1.1 强联系与弱联系

关系可以定义为同一网络中的主体、企业、管理层或企业家之间相互联系的程度。它们可以是强的，也可以是弱的。主体、企业家和具有相似兴趣的企业之间的频繁互动描述了紧密的关系，这往往会加强和发展见解和新想法。然而，弱联系的特点是偶然相识者之间的互动不频繁（Barringer and Ireland，2016）。可以说，强大的网络联系促进了沟通、合作、频繁的信息交流和组织内知识的传播。这显著降低了总成本，并促进了创新（Goes and Park，1997）。对强弱联系的研究起始于格兰杰特 1973 年在《美国社会学杂志》发表的社会网络研究文章，他将社会联系网络分为强联系和弱联系（Granovetter，1973），并提出通过互动频率、感情力量、亲密程度以及互惠交换等四个维度来界定强联系与弱联系。在社会领域里，强联系通常建立在种族、收入、学历、地位相似的行为主体之间。强联系网络较为稳定，知识转移和信息流动量较大。主体间信任度较高、合作稳定，一些重要的隐性知识和复杂的信息可以在这类网络中迅速传递。

根据 Lee et al.（2009）的研究，牢固的关系是由友谊感、舒适感和安全感触发的，是多层次战略关系的一部分。强联系往往能促使相似的人维持更长久、更紧密的关系。与亲密的朋友和家庭成员之间的情感联系可能会提供一条捷径，甚至阻碍人们寻找有用的知识和获取关键资源。换句话说，强联系有助于“时间经济”，即快速利用市场机会的能力。强联系还将减少监管和谈判协议的时间，不鼓励搭便车，降低交易成本。在高度不确定和不安全的情况下，例如在激进的

① Yates V A. 2022. Getting ahead and getting along in entrepreneurial networks: network effects of the “dark” and “light” sides of personality in new venture performance. Mississippi State University.

革新中，强联系更可能对个人有用。在这种复杂的环境中，个体依靠亲密的朋友和家庭成员来保护自己，减少不确定性和增进相互学习。组织内的承诺、忠诚和友谊对组织处理重大危机的能力至关重要。因此，基于强联系的关系治理结构将促进信任的发展、信息和隐性知识的传递以及共同解决问题（Elfring and Hulsink, 2003）。强联系的缺点在于交流的频率高而且容易出现信息过度交流，从而产生信息资源冗余。强联系也存在过度嵌入的风险，即抑制经济表现。企业内部和企业之间的密切联系容易受到外部冲击的影响，并可能使这种承诺与存在于其网络之外的信息绝缘。有可能无视新发展或被“锁定”。

弱联系指的是一组不同背景的人或组织在不同的环境中有一些商业联系，不频繁或不规律的接触。这些松散的、非情感性的接触增加了多样性，可能提供各种新信息的来源，并提供结识新朋友的机会。弱联系代表了连接到社会网络中不同部分的本地桥梁，这些部分在其他方面是不相连的，并可能为新的选择打开大门。① 弱联系理论的核心在于拥有强联系的节点之间属性具有相似性，所以往往具有类似的资源、信息。从信息与资源获取的角度出发，用很高成本所维持的强联系所带来的资源与信息是相对有限的；而用较低成本维系的弱联系因为节点之间的属性的不同而具有更大的资源与信息的获取价值。因此，弱联系能带来丰富的异质性信息，它是获取社会资源的有效途径。

简言之，强联系和弱联系都是有用的，都有助于公司的出现和成长，尽管它们在公司发展的不同阶段以不同的方式带来好处。尽管弱联系提供了获取新行业信息和新的业务联系的途径，但强联系是一种无论在顺境还是逆境都可以依赖的关系。网络联系可以从商业或社会关系的角度来看待。创业企业利用商业网络作为工具，与其他同行建立更多联系，以提高运营效率（Barringer and Ireland, 2016）。商业网络关系被认为是企业战略导向活动有效性和效率的关键促进者，以捕捉新兴商业机会（Barringer and Ireland，2016；Li and Zhou，2010）。正如 Menor and Roth（2008）所强调的那样，世界级组织能够通过强大的网络联系创建动态流程，促进加速的信息流，以及在全球市场中提供可持续竞争地位。正如

---

① Elfring T，Hulsink W. 2003. Networks in Entrepreneurship：The Case of High-technology Firms. Small Business Economics，21（4）：409-422.

Lien and Cao（2014）所报告的那样，利用社会联系也可以使组织提高业务绩效。①

2.2.1.2 社会资本

社会资本理论的研究起源于美国经济学家罗瑞和法国社会学家布尔迪厄的著作（Loury，1977；Bourdieu，1985）。该理论认为资源完全可以通过网络关系来间接获取，而不一定都靠占有而获取。正如 Nan Lin（1986）指出的，网络成员社会地位的高低、网络异质性与社会资源数量和质量呈正相关，而网络关系力量与社会资源数量和质量的负相关性。法国社会学家皮埃尔·布尔迪厄认为社会资本存在于社会网络之中，社会资本的价值需要通过网络关系来体现，网络获取的社会资本可能受到网络的规模、异质性以及资源数的重要影响。布尔迪厄将资本划分为经济资本与文化资本，认为社会的空间结构取决于经济资本与文化资本，从而团体与个人的机遇和轨迹也受其主宰。社会资本是一个由许多不同的社会科学发展或采用的概念（Batt，2008），因此，作者之间经常会遇到分歧，即什么是社会资本，什么不是社会资本，它的分析单位是什么（主体、群体或社会），什么变量（如信任或资源交换）是前因、后果或社会资本本身（Gedajlovic et al.，2013），以及如何衡量（Narayan and Cassidy，2001）。王缉慈（2001）认为，社会资本是一种无形的社会资源，它是通过社会经济制度或互信、互动关系所形成的"资本"。它可能存在于社会关系网络中，通过认识某些关键人物或具备某些影响力来获得具体的资源与协助；它也可能存在于社会契约中；它甚至可能存在于一个无形的社会信任关系中。在对布迪厄思想进行理解的基础上，学者们提出社会网络资本是不同于经济资本和文化资本的另外一种资本，并将社会网络资本定义为嵌入社会关系网络中的资源的总和。Hernández-Carrión（2019）认为，企业家社会资本是指企业家通过工作进入关系网络的能力，这种关系网络可以为他们提供必要的资源。在建立关系网络时产生的社会资本，因而成为一种战略资源和从关系中衍生的无形资本形式，也是资源的进一步来源和真正竞争优势

① Tajeddini K，Martin E，Ali A. 2020. Enhancing hospitality business performance：the role of entrepreneurial orientation and networking ties in a dynamic environment. International Journal of Hospitality Management，90.

的基础。

社会资本内在的多维性使其成为一种价值无法直接衡量的结构，而只能通过其潜在维度来衡量（Sabatini，2009）。Nahapiet and Ghoshal（1998）区分了三个维度：结构（联系和关系配置）、关系（信任、互惠和规范）和认知（共享价值观）。Hernández-Carrión（2019）认为网络的结构、认知和关系特征（社会资本的结构、认知和关系维度）是社会资本资源的来源。社会资本的结构维度是指主体或企业关系网络的结构或一般结构（Butler and Purchase，2008；Partanen et al.，2008）。结构性社会资本的特征可能是网络的规模（Burt，2000）及其内聚性和多样性（Burt，2004）。规模是由构成关系网络的个体数量来衡量的。多样性被视为网络的异质性（Stone and Hughes，2002），被视为关系网络包含不同主体或来自不同群体的人的程度。内聚性反映了网络成员之间直接联系的程度（密度）以及作为一个群体的能力。认知维度反映了一组主体共享的语言和符号、历史和行为准则的存在，使他们能够相互识别并作为一个群体行事（Tsai and Ghoshal，1998）。因此，我们认为认知社会资本是网络衔接水平的进一步指标。社会资本的关系维度包含了网络中个体之间的关系特征。为了描述关系社会资本，文献重点关注了信任或合作等变量（Chetty and Agndal，2007；Cousins et al.，2006），尽管其他变量也有助于改善网络成员之间关系质量的衡量方式（Butler and Purchase，2008；Sasi and Arenius，2008）。特别是，关系营销基于信任、相互尊重、承诺和互惠、双向流动沟通以及合作和功能冲突解决的关系原则，对网络的关系质量进行了更准确和全面的描述（Camarero et al.，2008）。最后，社会资本资源维度是指位于给定网络中并可通过该网络访问的资源（Van Der Gaag and Snijders，2005）。因此，网络中资源的数量、多样性和可互换性是资源的关键要素，反过来，也是个体从其关系网络中提取有用资源的程度的决定因素。①

2.2.1.3　结构洞

在对社会网络的理论做了更加深入的研究后，Burt（1992）提出“结构洞理

① C Hernández-Carrión，Camarero-Izquierdo C，Gutiérrez-Cillán J. 2019. The internal mechanisms of entrepreneur's social capital：A multi-network analysis. Brq Business Research Quarterly.

论”，认为不论是人际中、组织内或是整个市场的网络结构中，并非所有行为者都相互联系在一起，即使联系在一起也未必具组织效率性。所以，行为者会利用这样不完整的结构，也就是不同群体之间的联系的间隔点，从成员间彼此的交互关系和交易过程取得较佳的获利地位。这种所谓的“不完整”结构，Burt（1992）称之为“结构洞”。结构洞是由于远端群体之间缺乏联系而形成的网络结构，占据网络结构洞的主体拥有非冗余的社会联系，可以获得各种社会资本来源。结构洞提供了战略优势，对在竞争环境中运营的主体尤其有利。结构洞网络理论表明，竞争性社会过程如创业，是由对资源和信息的社会谈判支撑的。占据结构洞的能力“决定了参与者在谈判中竞争优势的程度和性质”（Burt，1992）。因此，结构洞通过增强主体控制关系的能力、对网络他人的权力以及对信息和资源流的控制来提供获取网络社会资本的途径。

结构洞表示的是任意发生直接连接的个体之间的一种关系，它是凝聚网络的力量，使网络保持结构上的同等性。结构洞就像电路中的绝缘体一样，在网络中的各连接主体之间起到缓冲作用。从广义上讲，结构洞为主体提供了更多获取网络社会资本的渠道，从而促进了竞争优势。占据结构洞的个体能够战略性地将信息和资源传播给远端网络组。这些控制优势还允许主体从战略上与远端主体建立社会关系。从本质上讲，占据结构洞的主体受益于经纪人角色，这些角色提高了他们谈判网络资源和社会资本的能力（Burt，2007；Soda et al.，2018）。总之，结构洞赋予主体在竞争领域的战略优势。占据许多结构洞的主体，其人力、社会和金融资本的投资回报率更高。结构洞使主体能够更好地了解和控制盈利机会。此外，这些信息和控制效益是复合的；例如，主体可以利用通过一种关系获得的信息优势来提高他们在另一种关系中的谈判地位（Burt，1992）。中小企业集群内部的网络如果存在较多的结构洞，网络结构就更适合创新的发生。密度过高会导致整个网络主体趋同，减少差异性的存在。驱同会使主体间交流缺乏动力，整个集群气氛不利于创新的发生。

结构洞理论（Burt，1992）表明，创业是由对资源和信息的社会谈判支撑的。这些社会谈判导致了被称为结构洞的战略性社会关系形成。从社会分析的角度来看，结构洞的占用取决于超前行为；结构洞占用表示对关系项的控制，对网络其他项的权力，以及对信息和资源流的控制。企业家通过战略性地与有价值的其他人建立独特的、非冗余的关系，努力获得强大的社会基础，从而通过竞争获得结构洞占用（Borgatti and Halgin，2011）。因此，结构洞很可能为网络嵌入式企业家提供显著的竞争优势。①

2.1.2　社会网络的统计性质

（1）度分布

一个结点的度是指与此结点连接的边的数量。因此，结点 i 的度为

$$k_i = \sum_{j=1}^{N} g_{ij} \tag{2.1}$$

即矩阵 $G=(g_{ij})_{N\times N}$ 第 i 行元素的和。如果任意两个结点之间以概率 p 存在边，则 $g_{ij}(i \neq j)$ 服从参数为 p 的 0−1 分布，因此由（2.1）式并注意到 $g_{ii}=0$ 可知，每一个结点的度均服从二项分布。如果随机选择网络中的一个结点，其度数 k 的概率分布 $P(k)$ 称为网络的度分布，$P(k)$ 给出了一个随机选取的结点有确切的 k 条连接的概率。

网络的度分布刻画了网络内每个结点与其他结点联结数量分布规律，是网络结构的重要几何特征。它衡量的是所有网络结点拥有联结的分布规律。企业网络中的度分布显示了产业集群中各企业的联结数量的分布情况。集群网络主体的结点度的大小及其联结数量决定了其在网络中的位置，反映了结点在网络中的影响力。

（2）平均路径长度

平均路径长度 L 是指结点与结点之间的路径平均长度。网络中的任意两点间有一条最短的路径，L 表示网络中所有的结点对之间的最短路径上边数的平均值。任意两点的最短路径 l_{ij} 定义为所有连通结点 i 与 j 的通路中，所经过的其他顶点最少的一条或几条路径，记 i 与 j 之间的最短路径的集合为 S_{ij}，相应的路径长度为 $d_{ij}=|l_{ij}|$。如果（i，j）之间不存在通路，那么记 $d_{ij}=N$。于是我们可以得到一个 $N\times N$ 的矩阵 $(d_{ij})_{N\times N}$，L 表示网络中所有的结点对之间的最短路径上边数的平均值：

---

① Yates V A. 2022. Getting ahead and getting along in entrepreneurial networks: network effects of the "dark" and "light" sides of personality in new venture performance. Mississippi State University.

$$L = \frac{2}{n(n-1)} d_{ij} \tag{2.2}$$

n 为网络结点数。

Watts 和 Pandit 认为小世界网络的平均路径长度 L 下降的原因在于两个结点间出现了最短路径（Watts D J，1998，1999），每一条最短路径都是随机产生的，都有把网络中分散部分连接起来的趋势。

网络的平均路径长度衡量的是网络结点之间产生连接所需要经过“路程”的远近，在集群网络中表示的是集群主体之间进行产品、技术、知识以及其他各类信息交流所需经过“路程”的长短，小的最短路径表示经过的“路程”比较短，反映了演化速度快的特征。

（3）聚集系数

聚集系数 C 定义为与某一点相连的点也彼此相连的平均概率，它描述了网络中点与点集结成群的趋势。聚集系数 C 用来描述网络中结点的聚集情况，即网络有多紧密。更准确地说，可以把聚集系数 C 定义为一个结点的相邻结点也可能是彼此的相邻结点，即朋友的朋友之间也相互是朋友的概率。

聚集系数 C 的计算方法为：对于每一个结点 i，所有与结点 i 有边直接相连的结点的集合称为结点 i 近邻集合 N_i，记 $n_i = | N_i |$，E 为网络中所有边组成的集合，N_i 中存在的边的数量为：

$$M = \sum_{l \in E;\ x,\ y \in N_i} \delta_l^x \delta_l^y \tag{2.3}$$

其中 $$\delta_l^i = \begin{cases} 1，如果边\ l\ 包含定点\ i \\ 0.\ 否则 \end{cases}$$

显然，近邻集合 N_i 中的 n_i 个结点所有可能的边共有 n_i（n_i-1）/2 条，而网络中结点的聚集系数则可表示为：

$$C_i = \frac{2M}{k_i(k_i - 1)} \tag{2.4}$$

网络聚集系数是网络研究中应用最广泛的描述网络结构属性的变量之一，它反映了网络中联结的疏密情况，以及通过联结的疏密所反映出来的是产业集群内社会网络中拥有社会资本的多少。

2.2 产业集群理论

2.2.1 产业集群的定义与特征

（1）产业集群的定义

随着工业化的不断发展，产业达到一定水平或阶段后必然会形成集聚效应（Liu et al.，2014）。当产业集聚效应出现时，将刺激产业的发展，并进行进一步的优化升级，从而吸引产业链中的相关产业链，实现产业的规模和效率，最终形成产业集群现象（Cheng et al.，2014）。产业集群理论源于阿尔弗雷德·马歇尔（1890—1920）关于专业化企业副作用的理论，但可以说，对这一现象的研究和探索始于1990年，当时迈克尔·波特研究了各国的竞争优势，从那时起，集群理论一直在不断发展。波特理论是建立在19世纪李嘉图的比较优势理论基础上的。对集群的现代兴趣可以追溯到19世纪图宁（1826）和马歇尔（1890）著作中的经典区位理论，后来由经济地理学家和新古典经济学家霍特林（1931）、伊萨德（1951）、波特（1990）和克鲁格曼（1991）做出了重大贡献。20世纪90年代，地理经济学家、主流经济学家、商业和发展经济学研究人员以及决策者已经认识到集群的重要性。波特从改善商业环境的角度看待集群，并将产业集群描述为一个地理和社会上接近的集团，由专门从事特定领域经营和环境相互关联的企业和关联机构组成，它们通过共同性和互补性联系在一起（Babkin et al.，2013）。过去的文献中没有公认的产业集群定义。如今，集群已成为一种动态现象，文献中对产业集群的定义存在很大差异，因为它们植根于商业经济学、发展经济学、创新研究和主流经济学等不同学派。Burt（1990）将集群定义为“特定领域内相互关联的企业和机构的地理集中”。Swann等人（1998）将集群定义为“位于特定位置的相关行业中的一大集团企业”。Schmitz and Nadvi（1999）将产业集群定义为“企业的部门和空间集中”。Morosini（2004）将其定义为“一个社会经济实体，其特征是由位于特定地理区域内的人和经济主体组成的社会社区”。最新的发展经济学家将集群定义为“产业集群是指在一个小区域内生产类似或密切相关商品的企业的地理集中或本地化”。因此，这些定义强调空间邻近性、地理范围和社会基础设施。① Lin et al.（2006）认为产业集群是一个地理区域内的合作群体，包括供应商、消费者、外围产业、政府和大学等支持机构。Porter（2000）表明，与垂直整合和与外国企业联合或从遥远的地方进口投入相比，集群参与可以提供廉价且更容易获得的专业投入，如机器和设备、组件和商业服务。此外，当企业在一个地区相互联系以交换信息和技术、专业服务和劳动力时，它们比单独运作的企业更具竞争力和创新性。随着时间的推移，这些条件和联系提高了地区的国内能力（Carpenter et al.，2003）。

产业集群的相关研究也起步较早（Daddi et al.，2016）。19 世纪末，国外学者马歇尔开始关注产业集聚效应，提出具有相似生产特征的小型企业可以通过优化某些地区的分工来提高生产效率（Singh et al.，2017）。经过一个多世纪的发展，国外产业集群的相关研究已经取得了相当的成果，并开始向更深的方向发展。从目前的研究来看，产业集群的空间经济、创新和知识溢出已经成为国外产业集群研究的主要方向（Yuan and Zhang，2017）。对产业集群绩效评价体系和评价方法的研究日趋成熟。与国外关于产业集群的研究成果相比，国内相关研究因经济发展而滞后（Dezfoulian et al.，2017）。相关内容主要集中于绩效形成机制和绩效衡量与评价（Denisiamd Murphy，2017）。进入 21 世纪后，我国经济的快速发展产生了大量的产业集群，这促使国内相关研究开始朝着产业集群竞争优势和集群绩效形成机制的方向发展，并取得了一定的成果。从整体上看，我国对产业集群的研究还有很长的路要走。②

（2）产业集群的特征

维持位于类似产业位置的集群内企业之间的竞争是集群的一个重要特征（Babkin et al.，2013）。集群为企业提供了一些机会，以提高生产力、降低成本、创新、形成新业务和获取有竞争力的资源（Teekasap，2009），以及提高就业率和 GDP 等（Norman and Venables，2004）。事实上，集群是创造竞争优势的合适方法，不仅适用于同一集群的企业，也适用于集群所在的国家（Teekasap，2009）。

① Ullah S，Majeed M T，Arif B W. 2021. The evolution of an electrical fittings industrial cluster in pakistan. GeoJournal，86：2657-2670.

② Lan J，Chengjun W，Wei Z. 2019. Investigation of the evaluation system of SMES' industrial cluster management performance based on wireless network development. EURASIP Journal on Wireless Communications and Networking，1.

产业集群相对于产业竞争的优势在于集群中产业经济的效益，对集群及周边地区的经济发展有着良好的影响。因此，世界各国都非常关注产业集群的发展和研究（Mayangsari et al.，2015）。信息化技术对社会生产各个领域的影响是当前社会发展的主要现象（Novani et al.，2014）。它在通信、管理和生产中的应用进一步提高了生产效率，并对产业集群的出现产生了更积极的影响。此外，在信息化技术基础上发展起来的相关产业，在信息技术发展水平和巨大社会需求的双重刺激下，也经历了产业集聚。这种产业集聚主要集中在小型中小企业（Chi-Han et al.，2016）。因此，工业发展的重要性促使一些国家将集群的形成和加强作为一项区域工业发展战略。它还可以将产业集群作为提高企业竞争力和增加出口的一种就业战略。集群准备熟练和专业劳动力，存在中间产品制造商和支持机构，促进信息流动和技术溢出，鼓励形成金融服务、保险、营销、培训、咨询等公共服务，在称为集群的局部聚集中，集群导致专业化和成本降低，从而使集群形成合理（Danesh Shakib et al.，2017）。①

如今，中小企业在大多数国家发挥着至关重要的作用，涉及经济的各个方面，包括制造业和服务业。事实上，这些企业是就业和创新的主要提供者，也是新技术发明的先驱（Babkin et al.，2013）。因此，中小企业的发展促进了国家的国内发展，并加速了工业增长。产业集群是中小企业成功的组织模式之一，它消除了中小企业的弱点，增强了小企业的各种优势，如灵活性和多样化。尽管产业集群具有持续经济增长的高潜力，但其发展仍然是一个重大挑战（Karaev et al.，2007）。通常，企业受到集群内部发生的进化的影响。然而，在集群的发展计划中应考虑许多因素的影响，确定这些因素或变量很重要（Danesh Shakib et al.，2017）。

2.2.2 产业集群战略资源：基于社会网络视角

产业集群研究的纯集聚和产业复合视角源于经济地理学和新古典经济学，社会学家和组织理论家批评经济地理学和新古典经济学忽视了基于信任的正式和非正式企业间地理集中维度（Granovetter，1985）。Gordon and McCann（2000）区

① Shakib M D. 2020. Using system dynamics to evaluate policies for industrial clusters development. Computers & Industrial Engineering，106637.

分了三种集群模型：纯集聚模型、产业复合体模型和社会网络模型。Rocha and Sternberg（2005）一致认为，产业集群的现代概念不仅仅是地理集中，还包括企业和企业机构之间的社会网络。然而，关于集群内社会网络视角的研究相当零散，缺乏实证检验来证明理论论点。将 RBV 应用于集群中的单个企业表明，基于集群关系的区域资源，如合作、信任和当地支持组织，对知识溢出和集体学习有显著贡献（Turner 2010；Díez-Vial and Fernandez Olmos，2012）。此外，Li et al.（2013）和 Grapher（2006）等研究人员认为，局部网络嵌入存在网络紧密性的风险，并导致知识“熵退化”“锁定效应”，并最终将集群转移到“盲点”。因此，集群有必要通过引入新知识、见解、视角和最新技术信息，揭示市场需求变化和调整产品组成来消除局部嵌入的副作用（Parker，2010；Li et al.，2013）。我们认为，在集群环境中，企业层面的优势在于集群企业将外部战略资源转化为价值创造战略的能力。通过优化资源配置，集群环境中的企业可以通过最大化企业与集群战略资源的外部联系来创造更多的价值。换言之，企业无形资产的战略管理是企业绩效的关键（Hurwitz et al.，2002），在特定战略资源随时可用的产业集群背景下更是如此。

集群的战略资源是由领土集中、部门专业化、集群成员的特定治理体系、独特的历史条件和社会复杂性或关系租金产生的。这些资源被视为集群的战略资源和集群内企业竞争力的来源（Hoffmann et al.，2011）。Peteraf（1993a，b）认为，企业层面的战略资源必须满足四个条件：异质性、事后限制竞争、事前限制竞争和不完全流动。Barney（1991）提出了与 Peteraf（1993a，b）相似的观点，但进一步将战略资源概念细化为一个四维结构，该结构考虑了资源的价值、稀有性、独特性和组织（VRIO）。从这个角度来看，虽然集群资源在竞争企业之间共享，但在某种程度上，特定企业组织和利用这些共享资源中有价值的资源的能力可能是罕见和无与伦比的。这一观点与战略管理和创业文献相一致，这些文献强调组织和资源与能力的协调（Barney et al.，2001）是竞争优势的关键。这表明企业从共享集群资源中获取竞争优势的能力因企业的创业网络能力而异。

集群的嵌入视角和 RBV 强调了政府和机构在企业创业过程中的支持作用，地方机构和网络是有助于企业业绩的共享战略资源。同样，Herva's-Oliver and Albors Garrigo（2007）指出，基于本地网络的价值链是集群企业共享的战略资源。一些学者认为，来自政府和机构的支持被集群企业以同样的方式和目的使用，它们通常不是集群企业的战略资源。然而，研究一致表明，这些支持对于培育企业能力和为企业构建战略资源至关重要（Lee et al.，2001；Feldman，2001）。此外，缺乏它们可能导致竞争劣势。与传统静态网络治理视角相比，网络进化视角表明，在行业-政府-机构三螺旋模型中，创业网络能力使企业能够从简单的地理邻近驱动到复杂的市场战略驱动选择网络（Kim et al.，2014）。在这种情况下，创业网络能力可以利用集群成员专有的资源和外部链接提供的资源来提高绩效和建立竞争优势。与政府和机构的联系代表了知识、信息和技术传播途径（Giuliani，2006），是新机会的来源。Giuliani（2006）的研究表明，公共研究组织（PRO）在选择合作企业时具有选择性。PRO倾向于与能够将获得的资源或机会转化为绩效的企业合作。为了充分利用机会，企业需要在集群外建立联系，以获取与当地可用资源互补的资源。

集群的一个显著特征是支持知识共享和协作创新的广泛企业间联系网络。企业间网络构建了一个合作和创新的环境（Polenske，2004），促进了信息流（Biggiero，2006），构建了结构漏洞（Burt，2000），并建立了集群企业的信任和共同声誉（Morosini，2004；Cooke et al.，2005）。基于信任的集群企业网络提供了对关键资源（Li and Geng，2012）、隐性知识和规范、行为标准或惯例以及先进信息和技术的访问，这些只有集群成员才能获得，这些优势促进了集群企业的绩效（Lechner and Leyronas，2012）。由于可信的企业间网络加速了丰富的资源组合和交换，环境模糊性旨在加速更多业务交流，从而提高业务绩效（Julien，2007）。

本地化和专业化使外部联系更加突出和重要，因为需要专业劳动力、投入、与买家或消费者的互动、与企业和组织的合作与竞争、集体学习和创造力（Doloreux，2004）。最近的研究表明，局部网络对集群发展的影响被高估（Waters and Smith，2008）。这些研究发现，通过非局部联系获得的知识正在取代保守的基于局部的集体学习（Turner，2010）。因此，封闭的本地集群网络不利于集群的可持续发展，于是研究者们提出了集群外部网络的思想。集群外部网络使集群企业接触到新的想法、愿景和其他知识丰富的外部集群，刺激集群转型，并促进集群创业活动。此外，全球化和跨国企业在全球的存在在很大程度上使得产业集群不可避免地参与全球价值链。全球化和本地化融合在一起是一种常见现象（Wolfe and Lucas，2005）。具有外部集群网络的集群企业面临更多的商业机会和资源，以提高企业绩效（Li et al.，2013）。①

2.3 创业社会网络理论

2.3.1 对创业社会网络的理解

2.3.1.1 创业社会网络

目前，创业社会网络最近成为学术界最感兴趣的主题之一，并成为创业研究中最有前途的研究方法之一（Acs et al.，2017；Colombo et al.，2019；Kang et al.，2019；Malecki，2018；Maroufkhani et al.，2018；Spigel and Harrison，2018）。由于构成每个创业社会网络的多个属性都显示出不同的特征，并且它们之间存在着各种各样的关系，因此在其中建立的社会网络至关重要。许多学者证明了多个参与者之间建立基于信任和合作的社会网络的重要性（Motoyama and Knowlton，2017；Muldoon et al.，2018；Spigel，2017；Spigel and Harrison 2018）。因此，社会网络分析构成了创业研究中应用的一种流行且有用的实践。② 创业社会网络概念在一系列以创业和创新为重点的学科中得到了广泛的关注（Russell and Smorodinskaya，2018；Spigel，2017）。借用生物学研究的原理，创业社会网络概念可以广泛地描述为复杂的交互系统。

Vasconcelos et al.（2007）强调，社会嵌入在创业领域得到了广泛应用，在新企业的创建和发展过程中，创业者倾向于调动他们的关系网络来获取资源。他们将创业理解为一个进化过程，观察到在企业初创和发展过程中，关系更经常被用来获取简单和复杂的资源。这些关系的调动取决于相关资源的复杂程度。在创业之初，社会网络是企业家在竞争激烈的市场中努力取得一席之地的关键资产。

---

① Li H，Zubielqui G C D，O'Connor A. 2015. Entrepreneurial networking capacity of cluster firms：a social network perspective on how shared resources enhance firm performance. Small Business Economics，45（3）：523-541.

② Fernandes A J，Ferreira J J. 2022. Entrepreneurial ecosystems and networks：a literature review and research agenda. Review of Managerial Science，16：189-247.

换言之，在创建企业的过程中，主体调动其个人网络以获取资源（物质资源、信息、情感支持、资本和商业联系），帮助将其商业愿景和计划转化为现实。根据 Brush et al.（2001）的观点，吸引合适的资源到新企业是企业家面临的最大挑战之一。一个没有声誉或业绩记录的未建立的企业鼓励潜在供应商意识到更大的风险可能性。调动主体关系涉及活动的社会建构和主体依赖其网络获取资源。① 网络被定义为"一组定义的行动者之间的一组特定联系，其特征是这些联系作为一个整体可以用来解释所涉行动者的社会行为"（Lechner et al.，2006），在创业成功中起着至关重要的作用。因此，越来越多的企业家参与正式的创业网络团队，目标是增加商业收入成员。

Pollack et al.（2015a）将创业社会网络定义为"建立新的社会关系，从而产生信息和资源，并最终增加企业的价值创造"，代表了一种行为，对识别、探索和利用机会的创业过程至关重要（Gielnik et al.，2012；Rauch et al.，2016）。② Hoang and Yi（2015）认为创业社会网络是企业家作为主体与其中小企业之间的社会关系。Venkatesh et al.（2017）认为创业社会网络将企业家与社会资源（社会支持、信息）联系起来，并创建和维护中小企业关系以提高竞争力。尽管企业家可以连接到许多网络，但尚不清楚哪种类型的企业家网络可以提供对发现和利用机会以促进企业家成功至关重要的资源（Czernek Marszałek，2020）。然而，重要的是要认识到，企业家需要了解所需的关键资源，以及如何在不失去重点的情况下从创业网络中调动这些资源。创业网络是解决与不同商业生命周期阶段、决策和所需资源类型相关的资源依赖性的关键方面（Sullivan and Ford，2014）。③

① Teixeira R M，Andreassi T，MA Köseoglu，Okumus F. 2019. How do hospitality entrepreneurs use their social networks to access resources? evidence from the lifecycle of small hospitality enterprises. International Journal of Hospitality Management，79：158-167.

② Pollack J M，Rutherford M W，Seers A，Coy A E，Hanson S. 2016. Exploring entrepreneurs' social network ties：quantity versus quality. Journal of Business Venturing Insights，6：28-35.

③ Mayanja S，Omeke M，Tibamwenda J V，Mutebi H，Mufta F. 2021. The mediating role of the novelty ecosystem between personality traits，entrepreneurial networks and entrepreneurial ambidexterity among small and medium enterprises. Journal of Global Entrepreneurship Research.

2.3.1.2 创业社会网络的特征

（1）网络多样性

网络联系的多样性是指网络联系中代表的不同来源、行业、地理位置和功能的范围或多样性。正如 Bhushan et al.（1993）所述，新兴企业往往利用个人关系以及与创业家庭成员和朋友的关系，获取一些创业的关键资源。似乎随着组织间网络变得更加多样化，其组织结构变得更加难以整合（Goerzen，2005）。因此，随着企业的发展，网络变得更加多样化，以满足其在多样化资源方面日益增长的需求。

（2）网络惯性

网络惯性是指当组织试图化解旧关系并形成新的网络联系时，组织对改变组织间网络联系或面临困难的持续阻力（Kim et al.，2006）。测量惯性的维度基于网络属性（如年龄、大小和联系数量）的变化阻力。既有的网络文献认为，联系的数量越多，网络的惯性就越大。当不存在或无法观察到明确的质量指标时，组织间的交换关系可以起到认可的作用，影响人们对年轻组织质量的看法（Stuart et al.，1999）；Stuart（2000）认为，地位较高的交易所合作伙伴对创业企业的认可减少了围绕这些企业未来前景的不确定性，从而促进了调动资源的过程，并最终促进了这些企业的成功。因此，参与者的认可起着至关重要的作用，在企业成长阶段，交换伙伴的数量和地位可能会发生变化。①

2.3.2 创业社会网络中的资源与信任理论

2.3.2.1 创业社会网络中的资源理论

近年来，资源基础观被用作指导创业前因研究的主要范式（Li，2019）。基于资源的观点（RBV）理论认为，企业的竞争优势和卓越绩效来自企业特定的资源和能力（Kiyabo and Isaga，2020）。该理论着眼于如何利用企业的资源来维持企业的竞争优势。RBV 识别企业的资源，如有形资源（如实物资产）和无形资

① Bhushan B，Pandey S. 2015. Exploring the dynamics of network characteristics for indian high technology entrepreneurial firms. Journal of Global Entrepreneurship Research，5.

源（如知识、技能和能力）。无形资源也是推动盈利能力、增长以及最终企业生存的因素（Agyapong and Attram，2019）。这种观点认为，这些资源稀缺、有价值且可被竞争对手模仿（Barney et al. , 2001）。企业管理者需要分析资源，选择战略和资源，然后评估与其他企业相比取得竞争优势的能力。

RBV 战略资源是那些有价值、不可替代和稀有的资源，被确定为与那些没有优势的企业相比具有优势的企业之间的关键区别（Kellermanns et al. , 2016）。因此，RBV 方法强调企业的资源是决定其市场竞争优势水平的关键因素。资源依赖理论（RDT）基于这样一个原则，即企业必须与在其环境中运营的其他人进行交易，以获取其所需的资源，从而使自己与竞争对手区别开来（Orakwue and Iguisi, 2020）。该理论认为，企业试图与利益相关者建立关系的动机之一是需要获得这些利益相关者拥有的资源（Frączkiewicz-Wronka and Szymaniec, 2012）。与 RBV 和 RDT 类似，社会资本理论强调中小企业获取和保留宝贵稀有资源以获得竞争优势的重要性。社会资本是创业活动的重要组成部分，受到企业进入创业网络的程度的严重影响（Kanini and Muathe, 2019）。因此，RBV、RDT 和社会资本都提出，为了让中小企业成功获得所需的关键资源，网络能力是关键（Tehseen and Sajilan, 2016）。①

基于网络的关系可以提供资源和知识，通过提供进一步的资源和能力（Clarysse et al. , 2014），产生的知识资源可以帮助企业通过建立合法性和市场经验来缓解典型的创业风险（Laursen and Salter，2014；Yang and Su，2014）。然而，随着网络的发展，创业网络的有效性取决于人力资源和市场资源的协调和重组（Freytag and Young, 2014；Nambisan and Sawhney, 2011）。这些动态环境需要非正式的自我监管过程来确保协作工作（Nambisan and Baron, 2013）。创业企业是创新网络的关键参与者，因为它们为创新提供知识和投入，并增加创新系统的创业倾向，这丰富了生产过程和创新开发过程（Aarikka-Stenroos et al. , 2014；Nambisan et al. , 2018），并提出了他们的网络如何影响创新生态系统绩效的建议（Russell and Smorodinskaya，2018；Spigel，2017）。最近的研究表明，创新生态

① Abu-Rumman A，Al-Shra'Ah A E M，Al-Madi F，Alfalah T. 2021. Entrepreneurial Networks，Entrepreneurial Orientation，and Performance of Small and Medium Enterprises：Are Dynamic Capabilities the Missing Link? Journal of Innovation and Entrepreneurship.

系统网络关系的动态性质可以包括企业家持续识别机会（Baraldi et al.，2019；Scott et al.，2019）和创造新企业所需的稳定性和变化。①

新企业必须拥有生产资源，以创造竞争优势，从而提高生存或增长的机会（Ying et al.，2020）。RBV的理念表明，新企业要收集和获取与更好的企业绩效相关的新资源（Cai et al.，2014；Cui et al.，2018）。这些新企业承担着通过市场创新成为市场领导者的风险，因为它们拥有一种非传统的生产方式，将稀缺资源结合起来，创造新的想法、流程和产品或服务（Hughes et al.，2015）。② 为了发现新的（商业）机会，企业家要么依赖其内部资源，要么采用外部知识。在后一种情况下，适当网络的存在是获得必要新知识的先决条件。这些网络对缺乏体制能力的最不发达国家特别重要。如果内部创业知识库的规模或者质量没有达到可以作为探索创业机会的内部来源的关键水平，那么必须从区域外获取新知识。这需要在参与者之间建立适当的网络，以提供对各种冲动和其他领域更丰富资源的访问。Sebestyen and Varga（2013）以及Varga and Sebetyen（2017）的研究结果表明，与较发达地区的网络连接对资源匮乏的创新活动有重大影响，而在发达地区，这种影响没有观察到。此外，Audretsch and Belitski（2021）强调，区域经济结构在塑造不同创业类型对区域发展的影响方面很重要。③

提供资源访问的资源是创业社会网络对创业过程的一个重要贡献。在获取所需资源以利用发现的机会方面，网络，尤其是牢固的关系非常重要。与企业家关系较弱的网络成员相比，关系较强的网络成员更愿意帮助企业家。潜在企业家根据他们之间的密切关系，评估他们以相对较低的成本获得所需资源的能力。因此，具有足够牢固联系的网络提高了潜在企业家采取行动的机会，因为它减少了对某些机会投资回报的不确定性的感知。企业家很少拥有抓住机遇所需的所有资源。企业家的关键任务之一是收集所需的资源。这是一项相当困难的任务，因为

---

① Gp A，Sab C，Ss A. 2021. The sum of its parts：Examining the institutional effects on entrepreneurial nodes in extensive innovation ecosystems. Industrial Marketing Management，99，136-152.

② Ogbolu G. 2021. The impact on entrepreneurial orientation on SMEs' performance in Nigeria：the moderating role played by entrepreneurial ecosystems. Northumbria University.

③ Eva Komlósi，Tamás Sebestyén，Tóth-Pajor A. 2021. Do specific entrepreneurial ecosystems favor high-level networking while others not? lessons from the hungarian it sector. Technological Forecasting and Social Change，175.

在创业的初始阶段，财务资源是有限的，并且鉴于企业发展的不确定性，尚不清楚需要多少资源，需要以最低成本获得所需的资源。社会交易在获取风险资源方面发挥着关键作用，这些资源可以远低于市场价格的价格获得。企业家和内部企业家利用社会资产。值得注意的是，独立创业公司和内部企业家都使用类似的合作策略来利用"朋友"未充分利用的资源。创业初期的个人和商业网络会随着时间的推移而发展。通过试用和协调，双方评估潜在资源的可行性和适合初创企业的需求。特别是，随着沟通和协调的加强，一些弱联系逐渐发展并变得更加结构化，因而一些弱联系变成了强联系。牢固的关系可以成为相互承诺和相互依存的基于信任的关系。这种紧密联系与高质量信息和隐性知识的交流有关。① 总之，在新兴经济体参与者之间发展本地和区域间网络可以有助于用新的资源更新落后地区的故障生态系统，这是促进创业所必需的。

2.3.2.2 创业社会网络中的信任理论

信任有助于参与者学习和发展新知识（Arenius，2005），分享信息并应对不确定性情况（Johnson and Vahlne，2009）。信任允许将决策过程转移到可信赖的代理（Arenius，2005）。信任可以定义为预测另一主体行为的能力。信任使人们能够共享信息，在不确定的情况下尤其重要（Johnson and Vahlne，2009），并减少复杂情况下的控制需求（Höhmann and Malieva，2005）。如果企业家缺乏特定领域的知识，信任甚至可以作为知识的替代品，因为企业家可以将决策过程转移给值得信赖的中间人（Arenius，2005）。因此，信任和承诺建设也成为发展社会网络的一个重要问题。根据社会网络理论，网络是随着信任和承诺的增加而缓慢创建的。信任是在网络中成功学习和开发新知识的重要组成部分（Arenius，2005）。信任在创业发展中发挥着重要作用。②

作为建立有效的创业社会网络的第一步，有抱负的企业家评估并绘制他们当前的网络关系（Low and MacMillan，1988）。在此过程中，企业家从先前建立的

---

① Elfring T, Hulsink W. 2003. Networks in Entrepreneurship: The Case of High-technology Firms. Small Business Economics, 21 (4): 409-422.

② Shirokova G, Mcdougall-Covin P. 2012. The role of social networks and institutions in the internationalization of russian entrepreneurial firms: do they matter? Journal of International Entrepreneurship, 10 (3): 177-199.

关系中建立起了一个紧密联系的狭窄网络（Steier and Greenwood，1999）。企业家可能首先探索在一个小的密切接触圈内创业的可能性（Greve and Salaff，2003），并经常首先向家人和朋友寻求必要的资源（Birley，1985；Larson，1992）。Jack（2005）发现，作为牢固的纽带，家庭成员在帮助企业家认识潜在机会和提供持续支持方面发挥了重要作用。即使这些非正式网络参与者对新企业的潜力知之甚少，他们也更有可能获得信息，并根据与企业家的密切关系提供建议。参与社会活动和互动的历史意味着相关各方了解彼此的需求和利益（Hite，2003）。此外，这种联系更有可能花费精力来确保企业家充分理解并能够将新获得的知识投入使用（Krackhardt，1992）。这些紧密关系的社会支持主要来自与频繁互动相关的高接触频率、高情感强度、高亲密度和相互信任（Granovetter，1973）。在创业社会网络发展的早期阶段，基于商业环境内外过去交易的历史，企业家已决定谁将获得相对信任。因此，创业社会网络主要由企业家可以信任的牢固关系组成。就其性质而言，这些关系将建立在高度信任的基础上，并比较弱的关系提供更多的情感支持。这一阶段存在的信任主要基于情感方面，企业家将更加依赖基于情感而非认知信任的关系来获得资源。

随着时间的推移，企业家继续挑选和发展各自的网络，他们通常不再依赖主要基于情感或社会支持的关系，而是开始将其有限的交换关系用作新企业增长的工具（Birley，1985）。结合社会交换理论（Homans，1958），发展了一种“社会契约”的类型，企业家通过这种方式隐式地交易所需的资源以获得社会承诺，通常是以恩惠和义务的形式（Starr and MacMillan，1990）。因此，随着各方建立、测试和完善寻求共同经济优势的复杂社会和经济合同，这种关系涉及越来越多的社会和商业交流（Larson and Starr，1993）。一旦建立了经济互动，关系的二元互动将随着时间的推移而增加，从而促进额外的互动，反过来，这将提高互动的难度和质量（Hite，2005）。除了现有关系之间不断变化的互动内容和质量外，可以最有效地为新企业提供关键资源的网络结构也可能会演变。随着企业家的主要家庭和朋友群体获得更多关于新企业的知识，以及企业家积极拓展其网络，越来越多的次要群体关系可能进入创业社会网络。因此，在创业社会网络发展的这一阶段，网络关系之间越来越熟悉也会越来越产生信任（Gulati，1995）。然而，在这个阶段，信任更可能主要是认知性质的，随着伙伴能力的提高和交换关系的具体化而发展（Hite，2005）。这种信任将减少未来不确定性，促进获得创业企业所需的关键资源。这些建立在认知信任基础上的交流也会在持续积极互动的基础上发展出一些情感成分（McAllister，1995；Hite，2005）。

随着创业企业从出现走向早期发展，交换关系发生了额外的转变。企业家与一系列重要企业关系之间的联系不太可能仅仅是人际关系，交换过程不再必然依附于特定的主体，而是基于寻求经济利益的组织之间重复的制度层面的交换周期（Katz and Gartner，1988）。这些关系将通过成为资源供应商、业务创造者、市场拓展者和声誉提升者来支持新企业的活动（Jack，2005）。此外，随着企业家继续寻求增加新企业成功可能性所需的社会资本，创业社会网络中基于社会的关系的比例可能会下降（Hite and Hesterly，2001）。因此，在此阶段，随着网络结构的演变，认知信任进一步发展，包括更多的弱联系，其公平交易的历史增加了对各方能力的了解，并提供了可信的证据（Lewis and Weigert，1985）。①

① Smith D A，Lohrke F T. 2008. Entrepreneurial network development：trusting in the process. Journal of Business Research，61（4）：315-322.

第 3 章　集群内创业社会网络的构建及其在创业企业成长中的作用

3.1　集群内创业社会网络的内涵及其形成原因

3.1.1　集群内创业社会网络的内涵

自 20 世纪 80 年代以来，生产活动过程中由企业或个人之间的联系所形成的社会网络受到高度关注。学者们从产业经济学、管理学、社会学等不同学科角度对社会网络进行了大量的理论与实证研究。研究结果表明，随着信息技术的飞速发展以及由此引发的外部竞争的加剧，企业与外部主体之间的联系对企业的发展变得越来越关键。

在产业集群内，创业企业在其成长的过程中同样会受到外部环境多种复杂因素的影响，创业企业难以仅凭自身的力量去进行技术创新或变革，需要与外部其他主体之间产生联系，通过相互之间的频繁沟通与互动，创业企业可以创建出属于自己的社会网络，而创业企业则可以凭借这种社会网络平台来获取其发展所需的各种资源。因此，创业企业在其成长的过程中，为借助外部力量来促进自身的发展，不仅会与其他企业之间产生联系，如供应商、竞争企业、客商等，而且还会与诸如政府、大学或科研机构、金融机构等主体发生关系，同样其行为还会受到集群环境因素的影响，如集群所在地的价值观、人文环境以及制度法规等，因而集群内创业社会网络是根植于产业集群内的一种地方性社会网络。

关于创业社会网络的含义，学者们各自提出了自己的看法。Birley（1985）认为创业社会网络是新创企业的领导者谋求企业生产与发展的过程中与外部各行为主体之间建立起的各种联系。Hansen（1995）认为创业社会网络是创业者与外部环境之间沟通的桥梁，创业者可以通过这一平台来获取外部创新知识和各种资源，同时可以与网络中其他成员之间建立长期的合作关系。崔启国（2007）认为创业社会网络能够为新创企业的生存与发展提供各种信息和资源，而创业者可以通过获取的这些资源来识别各种好的创业机会，并同时加以利用，因而创业社会网络可以看作创业企业从外部不断吸收“养分”的一种有效途径。蔡莉（2007）则认为创业社会网络是新创企业与外部其他行为主体之间所建立的各种关系，这种关系的存在源于这些行为主体能够为新创企业提供其生产与发展所需的各种帮助。

在上述分析基础上，本书对产业集群内创业社会网络的内涵做出如下解释：

产业集群内创业社会网络是集群内新创企业创新的一种组织形式，是新创企业在其创业过程中与集群内其他相关利益主体以及集群环境之间所建立起的各种正式或非正式的关系总和。

因此，简单来讲，产业集群内创业社会网络就是集群内各行为主体之间在进行资源交换与传递活动过程中而建立的各种关系总和。这些关系既包括基于共同的集群文化与信任基础上而建立的各种非正式关系，也包括在市场交易、知识与技术等创造过程中所建立的各种正式合作关系。各新创企业可以通过此种网络平台来获取创业企业发展过程中所需的各种资源和其他社会支持。

从集群内创业社会网络的定义来看，它包含以下几层含义：

（1）集群内创业社会网络是由多个行为主体以及它们之间的链接所组成的正式或非正式网络，而创业企业是集群内创业社会网络的中心，网络中的其他行为主体都是为这个中心提供支撑与服务。

（2）集群内创业社会网络属于一种区域性网络，网络中的大多数行为主体在地理位置上是接近的，这也为网络内各行为主体之间的互动提供了便利，更有助于各种信息与资源在网络中传播与扩散。

（3）集群内创业社会网络是一个不断发生动态演化的网络。一方面，网络中不断会有新主体的加入，而不具备竞争力的行为主体也将会被淘汰，因而网络规模在不断发生变化。另一方面，网络中各行为主体之间的关系随着环境的改变也在不断发生变化。

（4）各行为主体之间所形成的正式与非正式关系是集群内创业社会网络的两

种主要方式。也就是说，集群内创业社会网络不仅存在正式的商业网络，还存在各种非正式的社会网络。

集群内创业社会网络对于创业企业至关重要（Belitski and Korosteleva, 2010）。产业集群内强大的非正式和正式网络有助于缓解初创企业的资源不足，促进隐性知识共享（Sullivan and Ford, 2014）。产业集群提供了许多不同的网络机会，例如商业俱乐部和辅导机会（Spigel, 2017），它们是产业集群的公共生命线，并增加了该地区的社会资本（Malecki, 2012）。这些关系网络是一组相互依存的行动者，以某种方式进行协调，使其能够在特定领域内实现生产性创业（Stam and Spigel, 2016）。基于产业集群内参与者之间互动和关系网络的重要性，Mason and Brown（2017）认为创业社会网络由相互关联的利益相关者组成，如风险投资家、商业天使、银行、大学、公共部门机构、企业、地方和国家政府以及企业家本身。在创业企业中，相互关联的利益相关者之间的互补性尤为重要，因为企业家依靠外部商业环境以有限的资源完成其复杂的任务（De Massis et al.，2017）。创业企业边界之外的资源有助于提高其竞争力。同样，集群内创业社会网络中的其他利益相关者（如大型企业、供应商和客户、地方政府、私人投资者）能够从与创业行动者的接触中受益，并获得他们的资源。Lee et al.（2010）将这种互补性定义为一种相对稳定的关系，允许企业通过另一家企业的资产获得竞争优势。①

3.1.2 集群内创业社会网络形成的动力因素分析

在过去几十年中，创业企业与企业、大学等组织建立信息和产品交换关系的创业社会网络已成为发展创新的一种重要模式。一般来说，这种网络在性质上要么是纵向的，要么是横向的：在第一种情况下，创业企业与同一价值链内的上游或下游网络伙伴合作，在第二种情况下，与不同链上的伙伴合作。这些合作提供了几个优势，例如，获得资本、声誉等无形资产或提供咨询。然而，也可以与同一行业内的直接竞争对手形成创业网络。在这些横向网络中，联网的主要好处是共享研发成本和风险，交换技术知识，或通过互补专有技术的协同效应来实现规

① Godley A, Morawetz N, Soga L. 2021. The complementarity perspective to the entrepreneurial ecosystem taxonomy. Small Bus Econ, 56: 723-738.

模经济。①

随着信息技术的飞速发展，市场竞争日益激烈，创业企业面临的环境更加复杂，创业模式也在不断发生改变，技术创新程度亦更加复杂，创业企业仅依靠自身的力量很难去进行技术创新，因而只有通过寻求外部合作来获取资源，从而降低创新风险和各种交易成本，而产业集群为创业企业提供了有效整合资源的平台和创新氛围。因此，产业集群内创业社会网络的产生既源自外部环境改变所带来的竞争压力，同时也在于产业集群自身所具备的独特优势更有利于创业企业的创新活动，所以它的产生是两者共同作用的结果。

（1）集群外部环境的改变促使创业企业构建创业社会网络

集群外部环境的改变主要在于新型信息科技技术的出现改变了传统创业企业的创新模式、市场环境的改变加剧了创业企业间的竞争以及技术难度的提升增加了创新的复杂性。

1）新技术革命的出现有力地改变了传统创业企业的创新模式

以信息技术为核心的新技术革命的出现和全球知识网络的形成使社会生产各方面均发生了一系列变革，技术创新的范围在不断被拓宽，技术创新的人才队伍在不断发展壮大，工业经济范式也正在向知识经济范式转变，有效推动了技术创新模式的改变。在此种背景下，集群内各相关利益主体之间原有的劳动分工就不能符合这种高新技术发展的要求，集群内原有的组织形式就必须做出改变，以便能灵活应对外部环境的变化。

集群内创业社会网络的出现，一方面可以为网络内各行为主体之间的交流与互动提供平台，从而增强彼此之间的信任，促使长期合作的产生，以达到相互之间的优势互补；另一方面可以为创业企业进行创新所需的各种资源与信息的流动提供传播与扩散的通道，促使创新活动在网络内的每个环节中发生。同时，创业社会网络内各行为主体之间的长期合作，可以产生网络以外更强的战略优势。

2）市场环境的改变加剧了创业企业间的竞争力度

科学技术的快速发展改变了原有的市场环境，使得市场环境变得越来越复

① Jost P, Acs Z J, Audretsch D B. 2021. Endogenous formation of entrepreneurial networks. Small Bus Econ, 39-64.

杂，导致集群内部各创业企业间的竞争不断加剧，单个创业企业难以应对这种市场和环境的改变。因此，面对如此激烈的市场竞争，创业企业只有通过不断创新才能在如此激烈的市场竞争中取胜。创新是一个非线性的社会过程，是各行为主体之间通过协作创造新技术的过程，也是各行为主体之间不断学习知识的过程，因而创新要求创业企业除了加强内部相关部门之间沟通，还要寻求与企业外部环境之间的联系与合作，并集结成网络，通过网络平台来实现创新。在创业社会网络内可将产业集群链接到更为广泛的创新系统中，促使创新活动在地理空间中不断发生扩散。

3）技术难度的提升增加了创业企业进行创新的复杂性

科技水平的提高促使了新技术产业的出现，使得技术复杂性程度不断提高，产品创新过程中往往融合了多个新技术成果，虽然中小企业创新活力较足，但与大型企业相比，其产业规模小，资金和人才都相对较为短缺，技术创新对于创业企业来讲更是难上加难，单个创业企业根本无法单独完成创新活动的全部过程。因此，创业企业为了降低技术创新带来的各种风险，就需要积极向外部寻求合作，共同参与构建创业社会网络，加强产品创新的技术沟通与产业融合，寻求利用更多的外部创新信息与资源，扩大其生产规模，从而获得外部规模经济效益和范围经济效益，借助创业社会网络的力量来实现自身的目标。同时，企业还可以通过外包的方式将部分业务转移给网络中比自己更有竞争优势的企业，而只专注于自身具有核心竞争优势的部分，这样就可以提高产品质量，进而提升自身的竞争优势。

（2）集群自身具备的独特优势促使创业企业参与构建创业社会网络

1）集群内企业在地理位置上的集聚有利于创业企业获取创业社会资本

对于创业企业而言，自身具备的资源相对有限，缺乏一定竞争力与生长能力，为保证创业企业成长的资本需求，网络的构建将是获取社会资本的有效方式，通过创业社会网络平台来获取其发展过程中所需的社会资本。如借助网络中地方政府的力量，可以获得一定政策扶持；借助网络中金融机构的力量，可以获取创业企业在成长过程中所需的资金支持；借助网络中大学或科研机构的力量，可以将其作为企业的孵化器，为创业企业提供智力资本与输送高科技人才，并对企业进行辅导；借助网络中介咨询机构的力量，可以为企业发展过程提供各种支撑等。因此，集群内地理位置上的接近性为各行为主体之间的交流与沟通提供了便利，使集群内各行为主体在高度信任的基础上展开合作，有利于集群外部新技术、资金与企业的进入，促进知识和技术在集群内进一步积累，形成创业企业发展过程中所需的潜在社会资本，从而降低获取社会资本的成本，实现创业社会网络资本的增值。

2）集群内企业间的专业化分工与协作有利于解决创业企业在创新技术上的难题

随着技术水平的提升，企业进行创新的复杂性程度日益增加，使得企业间只有通过专业分工与协作来实现规模生产，而在集群内存在大量的提供各种配套服务的专业化机构，可以为企业提供各种所需的服务，这也使得集群内各企业只需将精力集中于自己所擅长的专业领域，即在生产过程中只需选择自身具有核心竞争力的部分，从而使得各企业可以通过专业化的分工来不断提高自己的专业知识，而将其他不具备竞争优势的部分外包给集群内的其他专业化市场，这也为集群内大量专业化生产企业的成长提供了机会。同时，通过这种专业化分工与协作，可以降低企业的运营成本，提高集群内企业的劳动生产率，扩大整个生产规模，从而可以获得集群外部企业无法获得的规模经济效益。

3）集群内企业间基于高度信任的长期合作关系有利于降低创业企业成本

集群企业地理位置上的临近性为集群内各企业之间沟通提供了便利，增强了企业间的信任程度，促使企业之间形成长期稳定的合作关系，从而限制了集群内某些企业的机会主义行为，降低了集群企业间的交易成本。而且只要集群内的某个企业发生机会主义行为，此种行为在产业集群内就会快速地得到传播与扩散，因而这个企业在集群内其他企业心目中的信任程度就会被大打折扣，会给自己造成难以估量的损失，所以这种高额的机会主义成本可以减少企业之间相互监督的成本，提高了企业间的合作效率。同时，产业集群内各企业间的频繁互动，也会促进各种资源与信息在集群中的扩散，为创业企业进行创新活动提供了许多学习机会，从而可以降低创业企业学习新技术的成本。另外，创业企业由于自身原因对外议价能力较弱，而通过构建创业社会网络可以提高其议价能力，主要原因在于集群内存在一些主导企业，它们往往都拥有较高的市场份额，在原材料或半成品采购过程中可以进行大批量购买，而且集群内本身也有配套的供应商，这样就可以对集群外部的供应商造成威胁，从而增强了议价能力。

4）集群文化有利于加快知识的传播与扩散，从而产生知识溢出效应

产业集群内企业间基于长期合作关系与高度信任基础形成了一种独特的集群文化，此种文化不仅加快了显性知识在集群内的传播，也加速了隐性知识在集群内的扩散，促使集群内各企业的创新思想与先进的管理模式在集群里实现共享，创业企业通过与集群内大学或科研机构等行为主体之间强大的交互作用，推动了知识创新的增值与创新的扩散，从而产生知识溢出效益，这种集群内知识的溢出效应能促使创业企业最大限度地获得进行技术创新所需的各种知识，大大降低了创业企业的技术难度，加快了创业企业的创新速度，它可以说是集群内创业社会网络形成的一个重要因素。事实也表明，产业集群内知识与信息的扩散速度要明显快于非集群化的企业，这种优势也是非集群化企业所无法比拟的。

（3）高水平的创业需要高质量的创业社会网络

最近的文献表明，创业机会的质量决定了创业机会及其发现（Acs et al.，2014；Autio et al.，2019）。因此，高质量的创业社会网络可以更好地支持创业机会发现过程，最终实现更高水平的生产性创业（Stam，2018）。

在创业过程中，新企业需要大量资源，从信息和资本到合法性等象征性支持（Singh et al.，1986）。鉴于优势资源的限制，企业家通常与外部实体建立联系，以努力获得其中许多关键资源。这种联系构成了企业家的“社会资本”，或嵌入在关系网络中、通过关系网络获得并从关系网络中衍生出的实际和潜在资源的总和（Greve and Salaff，2003）。网络的目的是开发社会资本，这是一种隐藏在社会关系中的资源，取决于网络的数量、质量和结构。社会资本可以看作是通过网络可以获得价值的资源来启动一家新企业，如获得资金或获得劳动力。社会资本促进了信息流动，并提供了获取他人想法的途径（Malecki，2012）。社会资本是通过相互了解、欣赏和表现出兴趣而产生的，因此，信任的出现促进了网络的建立。主体之间的信任将他们联系在一起，起到“润滑剂”的作用，使关系更加顺畅。在企业生命周期的初期和后期，网络与创业绩效以及创业企业成功之间的正相关关系得到了高度认可（Fayolle et al.，2016；Mitrega et al.，2017，Mu et al.，2017）。Moreno and Casillas（2008）指出，企业刺激创业网络等过程以增强其创

新能力①。除了提供获得经济资源的途径外，从这一网络中获得的社会资本也很重要，因为它可以让企业家获得有用、可靠、排他性和较少冗余的信息，这反过来又提高了创业企业成功的可能性（Brüderl and Preisendorfer，1998）。此外，社会资本既是创业社会网络的产物，也是创业社会网络持续发展的推动者，通过联系相关各方促进网络关系的协调与合作（Anderson and Jack，2002）。②

显然，创业社会网络对创业具有重要意义，因为它们提高了企业从外部来源获取和利用知识的能力，这对创业成功至关重要（Semrau and Werner，2014；Song et al.，2017）。事实上，通过与网络中其他创新主体间的互动，企业可以获得新的知识或解释知识的新方法，从而帮助企业为其产品寻找新市场，并识别和利用创业机会（Baker et al.，2016；Santoro et al.，2018）。在这种情况下，不同的网络结构具有不同的知识获取特征，并导致信息不对称（Kirzner，1997），这可以解释为什么一些企业家识别并抓住机会，而其他企业家则没有（Shu et al.，2018）。关于哪种网络结构有利于创业结果的争论主要由两种对立的观点主导，即封闭和开放结构观点。当所有网络成员相互认识时，网络是完全封闭的，而当主要参与者的任何联系都不能维持彼此的关系时，网络是完全开放的。基于科尔曼（1990）工作的封闭视角认为，封闭网络对创业企业有益，因为它提供了信任、合作规范和集体监控，从而减少了合作伙伴之间机会主义行为的可能性（Ahuja，2000）。社会凝聚力有助于沟通，因为网络伙伴更倾向于提供帮助（Reagans and McEvily，2003），并分享共同的知识、语言和风格（Obstfeld，2005）。相反，结构洞视角假设主体维持开放或丰富的结构洞网络处于有利地位，因为他与不参加彼此活动的创新主体保持关系（Burt，1992，2005）。这种网络可以提供对非冗余和新颖信息的访问。除了信息优势外，网络开放还为核心企业提供了时间优势和控制优势。因此，网络开放性不仅使创业企业面临更丰富的机会，还可以提高其高效、快速应对市场不平衡的能力（McEvily and Zaheer，

---

① Eva Komlósi，Tamás Sebestyén，Akos Tóth-Pajor. 2021. Do specific entrepreneurial ecosystems favor high-level networking while others not? lessons from the hungarian it sector. Technological Forecasting and Social Change，175.

② Smith D A，Lohrke F T. 2008. Entrepreneurial network development：trusting in the process. Journal of Business Research，61（4）：315-322.

1999；Zaheer and Bell，2005）。①

3.2 集群内创业社会网络结构分析

创业参与者参与各种创业社会网络，以解决资源和知识需求（Xu et al.，2018；Russell and Smorodinskaya，2018）。创业社会网络代表了相互依存的行动者和协调的因素，以实现特定网络内的创业活动（Stam and Spigel，2018）。有效的创业行为必须超越网络结构（Aarikka Stenroos and Ritala，2017；Rapp and Olbrich，2020）。需要协调复杂的社会和人类行为，以生成不同输出所需的知识。

许多潜在合作伙伴可以嵌入创业社会网络，包括新生企业家、中小企业、风险资本家、潜在用户、最终消费者、高校与科研机构、政府等（Spigel，2017；Scott et al.，2019）。参与网络的好处在于参与者在其专业领域保持半自治节点的灵活性，同时访问不可用、不可访问或难以访问的资源（Daata，2011）。当创业者能够在关系网络中获取或传播思想和其他形式的知识时，就会产生溢出效应。构成网络的参与者之间共享或获取更多想法和知识。这种知识和资源的流动有助于各创新主体更快地学习和更好地创新。通过创建无边界组织和建立组织间合作，网络可以帮助流通资源和知识，促进创新和学习，促进创业（Spigel，2017；Zardini et al.，2020）。创业社会网络对创业的重要性已经得到了充分的证明。然而，获取和释放资源、知识、新关系、资金、机会取决于复杂的人类和社会因素以及行为的仔细协调，当创业维度通过互动维度得到满足时，创业就会成功。网络理论关注行动者（节点）的相互依存性质和关系，以确定关系网络内的资源流动（如社会资本和知识）②。那么，参与创业社会网络的行为主体到底有哪些呢？这些行为主体之间又是如何链接的呢？上述这些问题都是本节所要解决的问题。

---

① Nikiforou A I，Lioukas S，Voudouris I. 2020. Network structure and firm-level entrepreneurial behavior：the role of market and technological knowledge networks. Journal of Business Research，106：129-138.

② Scott S，Hughes M，Ribeiro-Soriano D. 2022. Towards a network-based view of effective entrepreneurial ecosystems. Review of Managerial Science，16：157-187.

3.2.1　集群内创业社会网络中的行为主体分析

在集群内的创业社会网络中，各行为主体之间都存在着各种正式或非正式的相互关系，而且这些行为主体之间通过多种联系构成了创业社会网络，有效地促进了知识在集群内部的聚集、创生与传播，从而使创业社会网络产生了一种内源式的创新动力，推动着集群内创业企业的不断发展。

根据社会网络的基本理论，创业社会网络的基本要素主要由网络节点与连接网络各节点之间的关系组成，各行为主体之间通过频繁互动与学习促使各类生产要素以及其他资源在网络中传播与扩散。

集群内创业社会网络反映了网络中各行为主体之间的关系，可以归结为五大行为主体之间的关系总和，即创业企业、大学或科研机构、政府、金融机构及中介服务机构，它们在创业社会网络运转中各自发挥着独特的作用，集群内创业社会网络结构如图 3.1 所示。

（1）企业

企业是创业社会网络的核心要素，它主要包括供应商、竞争企业、互补企业与客户企业，这些行为主体在某个特定的地理空间上集聚，各种资金流、信息流、技术流与人才流通过创业社会网络渠道在这些行为主体之间快速传播与扩散，从而增强了创业企业在技术创新过程中的动力和压力，创业企业基于自身利益最大化原则与竞争压力，会不断主动寻求与集群内不同的行为主体进行合作，与集群外部各行为主体之间进行互动与交流，通过彼此之间的合作来对创业社会网络中流动的各种生产要素与资源进行吸收、消化，并进行自主创新或与其他行为主体进行合作创新，在创新活动过程中，又会涌现出各种新的资源，为下一步的创新活动提供强有力的资源支撑，因而创业企业成为创业社会网络中各种生产要素与资源集聚和创生的主要载体。

（2）大学或科研机构

在当今知识经济时代，知识与技术在区域经济发展过程中起着非常重要的作用，大学或科研机构作为知识与技术的重要生产者和创造者，不仅可以创造新知识和新技术，还可以通过教育与培训以及科技创新成果转化等方式来促进知识与技术等在创业社会网络内的扩散，从而为创业社会网络内企业提供各种物质资

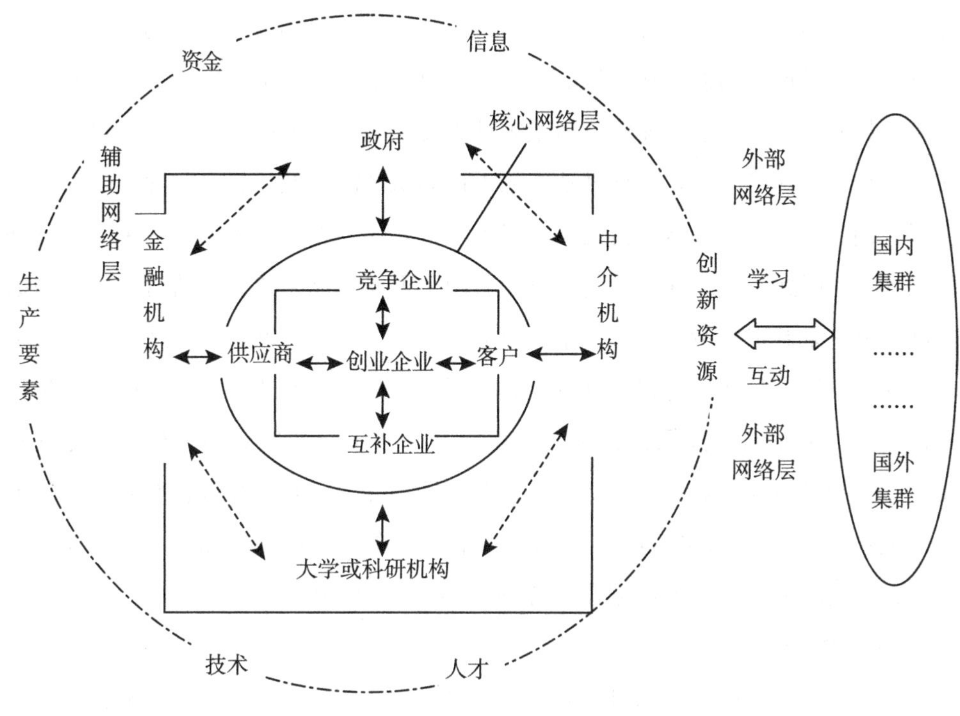

图 3.1　集群内创业社会网络架构图

源、技术资源、智力资本，促进技术创新行为的产生，为提高集群企业创新能力提供保障，因而创业社会网络中大学或科研机构不仅可以为网络内的企业提供丰富的知识与技术力量，输送各种技术创新人才，还可以衍生大量科技企业，并利用其智力资本优势，为创业企业创新提供各种服务，因此，大学或科研机构研究质量水平的高低，是创业企业实现网络化创新的关键，同时也是保证创业社会网络创新能力不断提升的重要力量。

（3）政府部门

这里的政府部门指的是集群所在区域的政府及公共部门，它们虽然并不是创新活动的直接参加者，但在营造集群发展环境、制定集群政策与法规、促进创业社会网络的形成、规范集群内部市场行为、促进知识与技术的快速扩散与传播等方面发挥着非常重要的作用，因而政府部门在创业社会网络与各行为主体之间起到一种中介桥梁的作用，因此本书也将政府作为创业社会网络中的一个节点。该节点可以凭借其特殊地位来增强与修复系统功能，弥补市场失灵，将对创业企业发展的有利因素引入创业社会网络内，为网络中创业企业的发展创造良好环境，一方面，通过加强集群所在区域的基础设施建设来为创业企业发展提供良好的硬环境，如通过建设交通、能源、通讯等基础设施来支撑工业经济发展，以及通过建设各种信息网络、教育培训基地等来支撑知识经济发展。另一方面，通过培养集群内创业企业创新发展所需的文化氛围、信任环境以及政策体系等来营造良好的软环境。因此，政府在促进创业方面有两个重要角色。首先是监管作用，即通过确保公正来制定政策，提供公平竞争的环境。其次是发展作用，通过启动各种项目促进发展，包括人力资源开发、财政援助和其他类型的援助。这些政策包括有助于促进企业创业并保护其利益的所有政府政策，如冲突解决机制、专利政策、税法和其他与商业有关的法规。在有利的环境下，此类政策将有利于企业创业的成功（Malen and Marcus，2017）。政府必须制定法律保护知识产权。在一些国家，政府不遗余力地促进创业（Mujahid et al.，2019）。

（4）中介机构

与政府一样，中介机构自身并不直接参与创新，但却为网络内其他行为主体的创新活动起到中间桥梁的作用，一般主要包括创业社会网络内的各种行业协会、咨询机构、商会、人力资源培训机构、会计与律师事务所等中介机构，这些中介机构的专业性较强，兼具市场的灵活性和公共服务性特点，它们是创业企业发展过程中不可忽视的重要力量，可以促进各种技术与知识的扩散和流动，不断激活网络内的各种创新资源，从而大大提高网络内资源的合理配置，进而增强集群内创业企业的创新能力。一方面，中介机构可以增强网络内各行为主体之间的互动与交流，从而可以促使它们进行合作创新，降低交易成本与创新风险；另一方面，中介机构可以为网络各创业企业的发展提供各种专业化的咨询服务，帮助创业企业获得市场机会，降低创业企业成长过程中的竞争风险。

（5）金融机构

这代表了一个社会中可用的金融援助结构。它显示了企业家能够获得正式或非正式资金来创业的程度（Mujahid et al.，2019）。这里的金融机构既包括一些国有银行，也包括本地的商业银行、证券市场、私募股权投资公司、风险投资等金融机构，这些机构对网络内创业企业创新活动的涌现与增值产生非常重要的影响。研究表明，良好的资金供求体系对于企业成长与发展至关重要。特别对于创业企业来讲，进行技术创新所需的高成本与高风险是自身无法承担的，因而金融机构已成为创业社会网络中不可缺少的重要节点，它们可以为网络内的创业企业提供资金支持，从而为一些高技术创业企业实现创新提供资金保障。

总之，集群内创业社会网络是以创业企业为核心的、各行为主体之间相互作用、相互促进的有机统一体，各成员在创新活动的过程中发挥了各自作用。

3.2.2 集群内创业社会网络中各行为主体间的链接模式

创业社会网络的活力和创造财富的潜力首先取决于互动。高增长风险，尤其是高科技产品，以相对较快的速度消耗资源（Hughes et al.，2020）。这些企业可能不具备产生及时的新企业所需知识的内部能力，或不具备应对市场变化竞争所需的能力。这些企业早就认识到与环境中的行动者互动以获取资源、获取或吸引创业活动的好处（Yin et al.，2020）。然而，它们具有从各种外部组织获得独特资源、专业知识或技术的先天潜力。也就是说，它们创造成功新企业的能力在于它们有效制造和利用网络中提供的机会的能力。创业社会网络描述了获取资源的途径，与其他志同道合的企业或支持机构的知识溢出，以及制度障碍的缓解。创业社会网络视角将参与者之间的相互依存和互动作为核心，以解释为什么一个网络优于另一个网络。①

在集群内创业社会网络中，各行为主体之间通过各种正式或非正式的关系进行互动与交流，构成了纵横交错的创业社会网络，总的来说，集群内创业社会网络可以分为内部网络与外部网络，其中内部网络的各个行为主体在创新过程中实施分工与合作，它们在网络中扮演的身份与起到的作用各不相同，而内部网络由核心网络与辅助网络所组成。此外，在科技飞速发展与经济全球化背景下，集群内创业社会网络是一个动态开放的网络，它时刻与外部存在着知识、技术与资源等方面的频繁互动与交流。

（1）核心网络层

该网络层主要由新创中小企业、供应商、竞争企业、互补企业及客户等构

① Scott S, Hughes M, Ribeiro-Soriano D. 2022. Towards a network-based view of effective entrepreneurial ecosystems. Review of Managerial Science, 16: 157-187.

成，企业之间的相互作用是创业社会网络中最重要的一种活动，主要表现在新创企业与供应链上游供应商及下游的销售商与顾客之间所构成的垂直网络关系，以及与竞争企业、互补企业之间构成的水平网络关系。这些行为主体在创业社会网络中与新创中小企业之间保持紧密联系，它们往往处于创业社会网络的核心位置，因而由新创中小企业与其他各行为主体之间构成的网络称为核心网络。

在垂直网络关系中，各行为主体之间基于长期的沟通与交流建立起高度的信任关系，并最终形成一个稳定的合作联盟体，促进了各行为主体间的相互学习、知识和信息与技术的扩散。一方面，新创中小企业通过与客户间的沟通可以获得客户对企业产品的销售状况以及它们对企业所生产产品的评价，有利于新创中小企业所生产的产品迎合消费者需求，提高其产品竞争力，还可以降低技术创新的盲目性。另一方面，新创中小企业通过与供应商开展沟通与交流，可以从它们手中获取与产品有关的市场信息，从而可以加速产品创新进程。

在水平网络关系中，各行为主体之间是一种竞争与合作的关系，由于集群内企业所生产的是同种类型或功能相似产品，因而它们可能面对相同的供应商与客户，竞争在所难免，但这种竞争属于一种良性竞争，有利于创业社会网络内创新的产生。同时，由于外部竞争环境的加剧以及企业能力的差异促使各企业之间又加强合作关系来共同开发市场与解决技术难题，降低了创新所带来的各种风险。

(2) 辅助网络层

该网络层主要包括大学或科研机构、政府部门、中介机构及金融机构，它们为核心网络内的新创中小企业提供知识、信息、技术、服务、人才、资本等生产要素，促使生产要素和各种创新资源向核心网络层流动和扩散，为创新企业进行创新活动提供辅助支撑，因此我们将它称为辅助网络。

随着创业社会网络的日益完善，企业与大学或科研机构、金融机构等各行为主体间的合作越来越多，新创中小企业通过这些合作关系链与其他行为主体进行各种知识技术交流、合作创新和市场交易活动，从而不断增强各行为主体间的信任程度，同时也促使各行为主体之间建立长期稳定的合作关系。首先，新创企业与大学或科研机构间的合作。大学或科研机构可以不断地为新创企业提供各种智力资本和科研成果、输送各种技术人才与管理人才。反过来，企业可以为大学或科研机构进行研究活动提供各种实验平台与资金支持。其次，新创企业与政府部门之间的沟通。集群所在区域政府能为新创企业提供其发展所需的各种硬环境与软环境，如为集群建设良好的基础设施和各种通讯信息交流平台，制定完备的政策，培育适宜的集群文化环境。再次，新创企业与中介机构之间的交流。中介机构可以加强创业社会网络内各行为主体之间的互动，促进各行为主体之间各种生产要素与创新资源的共享。最后，新创企业与金融机构间的沟通。资金短缺问题对于新创企业而言尤为突出，而新创企业要进行各种创新活动，就必须借助外部资本来解决其发展所需的资金，因而新创企业必须加强与金融机构之间的联系，建立多元化的筹资渠道。

（3）外部网络层

外部网络是指集群内创业社会网络以外的国内外产业集群等，本地产业集群通过与其他产业集群的交流，能够为创业社会网络内各行为主体的创新活动提供各种生产要素或创新资源，从而促使本区域集群内创业社会网络的发展与升级。

随着科技快速发展与集群外部环境的日益复杂化，不同集群所在区域之间的专业化分工日益明显，集群内创业企业由于自身存在资金短缺、管理经验不足等方面缺陷，往往依靠自身能力难以独自实现创新，只有通过寻求与集群外部网络间的合作与互动来促进自身的发展。同时，集群内部网络与外部网络间的沟通，可以不断从外界吸收新的正能量，外为内用，可以有效防止集群系统的锁定，同时，集群如果只重视内部网络各行为主体间的交流与合作，就会造成创业社会网络的僵化，创业企业就无法从外界获取优势资源和有效信息，这对于创业企业的成长是非常不利的。

3.3 集群内创业社会网络的演化分析

3.3.1 集群内创业社会网络演化的动因分析

网络的演化可能表现为其关系混合以及与结构相关的各种特征。Hite and Hesterly（2001）探讨了企业网络从出现到早期增长阶段的演变。尽管如此，正如 Stuart and Sorenson（2007）所指出的那样，网络是成功的关键因素，但就网络的出现和演变而言，目前知之甚少。Slotte Kock and Coviello（2010）的研究试图开发一个理论模型，并强调组织和网络共同进化的命题。新兴企业倾向于利用主体关系以及与创业家庭成员和朋友的关系，获得创业的一些关键资源（Larson and Starr，1993）。Schutjens and Stam（2003）也研究了年轻企业的演变和性质。Lechner et al.（2006）也探讨了网络与企业进化的关系。这些研究人员从网络的一个特定方面出发，即关系混合概念，认为组织的整体网络由不同类型的网络组成，称为关系混合，研究每种类型的网络的相对重要性如何随企业的不同成长阶段而变化。他们得出结论，与网络规模相比，关系混合是将网络变化与企业进化联系起来的更好方式，因此它加强了Gulati and Higgins（2003）提出的不同情况下不同网络的重要性。大多数网络研究都是在单个静态时间点检查企业的网络。然而，企业是一个不断发展的动态实体，随着其发展，它需要新的和额外的资源来支持其持续增长，这些可能会导致网络组成的变化。①

随着知识经济的出现及信息技术的快速发展，产品生命周期在不断缩短，创业企业面临的外部竞争环境越来越复杂，创业环境的多变性促使了创业社会网络的动态化发展。集群内创业社会网络的演化是网络内各行为主体为获得更好的各种生产要素与创新资源而相互作用的非线性、非平衡自组织过程。网络演化过程中各行为主体之间属于一种竞争与合作的关系，彼此之间通过相互作用促使整个创业社会网络不断整合与分裂，不断形成有序又不断产生无序的动态非平衡系统。

根据系统动力学理论，集群内创业社会网络应该被看作是由多个行为主体、生产要素、创新资源等要素组成的具有一定结构的系统。这一系统受到集群内部的产业结构与布局、市场发展状况、基础设施建设完备性等要素以及集群外部区域地方政府所制定的相关政策与法律制度、区域社会文化以及集群所在区域竞争程度等要素的影响而不断发生演化。在创业社会网络内，各行为主体为自身生存与发展在一定的环境下结成了一个相互作用的系统，系统内各行为主体之间通过各种知识、技术等资源的共享来互惠共生，并通过共生来促使创业社会网络沿着帕累托最优途径协同演化。而协同演化使得创业社会网络内各行为主体在演化过程中也相互依赖，当某行为主体发生演化时，外部市场竞争环境压力使得网络中其他行为主体将发生相对应的演化，这些演化反过来又会导致网络内其他相关行

① Bhushan B, Pandey S. 2015. Exploring the dynamics of network characteristics for indian high technology entrepreneurial firms. Journal of Global Entrepreneurship Research, 5.

为主体的进一步演化，这一系列过程使得创业社会网络形成了一个相互作用的协同演化系统，从而促成创业社会网络整体发展进步的良性循环。

集群内创业社会网络中的创业企业不仅要关注自身的经营状况，还需关心创业社会网络中其他行为主体的发展，因而，网络内各行为主体的管理边界发生了改变，不再是仅局限于企业内部，而是延伸到整个创业社会网络。同时，由于技术、市场等竞争因素的动态变化导致了创业企业的外部环境呈现出动态复杂性与不确定性的发展趋势，因而创业企业必须具备一定的柔性应变能力，在外部环境发生改变的情况下不断调整自己经营战略，从而提高企业自身的生存能力。同时，随着市场竞争的加剧，创业企业由于在资源获取、技术研发、市场拓展等方面明显处于劣势地位，往往很难在激烈的竞争中取得成功，从而使得它们不得不从外部来寻求合作，而集群的独特优势使得这些创业企业纷纷加入集群内创业社会网络中来，试图利用集群内的创业网络资源来进行创新。因而，外部新创企业的不断加入，使得创业社会网络规模也在不断扩大，从而引起创业社会网络结构的重构，这是集群内创业社会网络发生演化的重要原因之一。

集群内创业社会网络发生演化的另一个原因是发生创业企业退出集群的现象，而创业企业的退出也会导致创业社会网络规模变化。一般来说，创业企业退出集群的主要情况有两种：一种情况是自愿退出，由于每个行为主体加入集群内创业社会网络的目的都是为了能够提供自己的竞争力，从而实现自身利益最大化，因而，创业社会网络中的原有节点会随着自身的发展状况，以及外部环境的变化来重新做出决策，一旦现有创业社会网络无法提供其发展所需的资源或帮助，它就会重新考虑新的连接关系或断开原有连接关系。另一种情况是被迫退出产业集群，在产业集群内，某些行为主体贪图一时的利益而出现机会主义行为，而这种行为的发生势必会在集群网络中不断传播与扩散，从而会降低创业社会网络中其他行为主体对该主体的信任度，进而会影响到相互之间的资源共享与合作，导致该行为主体不得不退出产业集群。

总之，集群内创业社会网络的演化源于外来新创企业的加入与原有创业企业的退出，两种情况都会使得原有创业社会网络的规模、节点度分布、平均最短路径以及聚集系数等网络变量发生相应的变化，从而带动创业社会网络的动态发展。

3.3.2　集群内创业社会网络演化的过程分析

集群内创业企业在不同的发展阶段所面临的风险和所需的资源各有不同，因而需要建立与之相适应的不同类型的社会网络来支撑其发展，创业社会网络的动态演化过程实质上就是创业企业适应环境变化，提升其网络能力的过程。集群内创业社会网络的演化可以从萌芽、发展、成熟与衰退四个阶段来进行分析，而且在不同的发展阶段，创业社会网络的结构功能和特征也是不一样的。

（1）创业社会网络的萌芽阶段

在这一阶段，由于企业数量较少，因而创业社会网络中节点数量较少，网络规模很小，网络的构成主要基于创业者个人的社会网络关系，同时网络内各行为主体之间的连接主要是以血缘关系，或朋友、同事关系为主，彼此之间的联系较紧密，往往以强连接为主，网络结构呈现出局部聚集系数较高、小集团的特征。但网络中除了聚集一些核心主体外，明显缺乏高水平的大学或科研机构、完善的金融机构以及中介辅助机构，即使某些创业社会网络中存在这些行为主体，但彼此之间的联系较为疏远，各行为主体之间互动学习的机会很少，还无法产生集群内创业社会网络的学习效益与创新效应，因而此阶段的创业社会网络效应较差，但集群所在区域的核心产业开始启动，那些具有创业精神和拥有大量资源的企业率先投身进来，取得了较好的经济效益，并产生了较大的社会影响，于是其他更多的创业企业也会在此吸引力下投入区域核心产业中来。这一阶段是区域核心产业的起步阶段，虽然核心产业发展较快，但是其产出的经济总量有限，还无法改变整个集群所在区域的经济状况。

同时，在这一阶段，企业在地理位置上的聚集主要是想通过各行为主体间的分工协作与资源共享来提升自身的竞争优势，因此，各种资源、成本、专业化分工以及各种经济效益等生产要素占据了重要地位。尽管各行为主体间的分工协作在这一阶段有所发展，但各行为主体之间的战略关系与价值链才刚开始建立，彼此之间仍是以竞争关系为主，尚未形成配套的产业链，因此，这一阶段交易成本的减少与集群的协同效应给创业企业带来的优势并不明显。

（2）创业社会网络的发展阶段

这一阶段是创业社会网络的快速发展阶段，随着产业集群的不断发展，集群内核心产业在区域经济发展中的作用越来越大，产业集聚程度在不断提升，地理空间范围也在不断拓宽，使得该区域成为产业发展的新兴地带，从而对集群外部企业产生了强大的吸引力，在此种集聚效益的作用下，集群外部大量的企业与机构不断涌入集群中来，企业数量快速增加，创业社会网络规模迅速扩大。

随着创业社会网络规模的扩大，网络内各行为主体之间的分工协作在不断深化，各行为主体的专业化程度也在不断加强，一个高效的专业化分工协作体系在创业社会网络中逐步形成了。此时，创业企业不仅能共享网络中的各种资源，还能分享各行为主体间分工协作扩大带来的规模经济效益与范围经济效益。同时，各行为主体之间的互动与交流频率也在不断增加，各种技术、知识得以在创业社会网络中流动与扩散，网络内的学习效益与合作创新行为开始涌现，而且逐步扩散到整个集群内创业社会网络，形成网络整体协同创新的局面。从核心网络层的角度来讲，由于创业企业进行创新活动的需要，在增强整个创业社会网络竞争力的过程中，无论是创业企业与产业链上供销商、客户所形成的垂直网络关系，还是创业企业与竞争企业、互补企业形成的水平网络关系，往往都要比以前更为紧密，从而促进了核心网络层各行为主体间的信任强度，彼此之间形成了一种稳定的非正式网络关系，不仅降低了交易费用，获得成本优势，还快速增加了产品的市场份额；从辅助网络层的角度来讲，创业企业与大学或科研机构、政府部门、金融机构以及中介机构等辅助主体之间的互动也更为频繁，彼此之间的关系也都得以强化。总之，在此阶段，创业社会网络的规模经济效应开始体现，网络整体创新的阻力在不断减弱，最终产生难以复制与模仿的核心竞争力。

（3）创业社会网络的成熟阶段

在此阶段，创业社会网络各方面的功能已经完善，各行为主体间不断建立各种横向和纵向的联系，整个创业社会网络发展成为一种网络型的价值链，集群内部产业链体系也逐步完善。一方面，创业社会网络内的各种生产要素与创新资源已充分利用与共享，网络规模在较长时间内保持稳定，网络对外部资源的吸引力减弱，而且网络内部的资源为创业企业所带来的效益和竞争优势也开始减少，规模经济效益开始呈现递减趋势。另一方面，各行为主体之间的强连接在网络内被广泛建立，彼此之间的战略关系也获得强有力的维护，大大降低了创业企业的交易成本，也促进了各种知识、技术在网络内的快速流动，此时甚至可能会产生

“拥挤效应”，导致创新活动在集群内创业社会网络中进一步扩散。

在此阶段，核心产业的产量在集群所在区经济总量中所占比例较大，围绕核心产业会涌现出一系列服务性产业，但这些产业所占比重较小，集群所在区域显现出一种轴辐式的产业结构，此时区域产业的竞争力最强。同时，社会网络在集群创新中作用的强度开始减弱，而市场机制的力量在逐渐增强。创业社会网络最大的特征体现为各行为主体间的关系稳定。随着网络内各行为主体间关系的渐趋稳定，网络内的创业企业将更多地关注以往建立的各种社会网络关系，一旦现有网络内的关系链条达到饱和，但又无法满足其全部创新活动需要时，它们往往就会被迫从集群外部寻找新的连接，从而促使创业企业的进一步发展。由于建立和维护新的创业社会网络需要花费成本，而与本地区主体间建立关系所付出的成本往往要比与区域外的主体建立关系更小，从而集群外部各种新的知识、技术等资源无法流入现有集群内创业社会网络中，整个网络的开放性程度降低，开始趋于封闭。

(4) 创业社会网络的衰退阶段

在现实中，并不是所有的产业集群都能长期维持较高的竞争力，产业集群可能会因为内部的经营不善或外部环境的变化而丧失竞争优势，从而导致产业集群的衰退。此外，随着创业社会网络内各行为主体之间的专业化协作分工程度越来越精细化，资产专用性也表现得越来越高，由路径依赖引发的集群锁定也变得越来越严重，从而也促使产业集群逐渐衰退。

在该阶段，创业社会网络内的创业企业面临着技术的多样化抉择，受专业化协作分工等因素影响，创业社会网络内原有资源共享、交易成本降低等优势也在不断降低，出于自身发展的考虑，一些创业企业开始退出产业集群，或不断转移到本地集群外部更具吸引力的其他产业集群。创业社会网络内大量企业的流失，会带走大量优势资源，进而对创业社会网络关系造成一定破坏。同时可共享资源的分散也可能给突破核心技术难题造成一定的困扰，因而也会导致创业企业发展出现瓶颈。

当然，创业社会网络的衰退也可能成为集群企业寻求新合作发展的契机。如果在产业集群出现衰退的情形下转变原来的演化路径进行转型升级，就可能使得产业集群在更高层次上发展，从而促使集群内创业企业实现跨越式发展。创业社会网络衰退阶段取得成功的一个关键因素是创业社会网络的协调能力。只有积极发挥集群内创业社会网络的协调功能，才能使其顺利完成转型升级过程。在这一过程中，政府部门是集群内创业社会网络协调机制的重要主体，政府的重要任务就是促进集群发展与升级，如政府可以积极实施优惠的贸易政策，鼓励国内集群积极参与国际竞争，以此取得产业集群升级的机会。

3.4 集群内创业社会网络在创业企业成长中的作用

最近的研究强调了创业社会网络在促进新企业的创建和增长方面至关重要（Acs et al.，2014；Holmes et al.，2016），这些企业是社会中技术、经济和社会进步的主要来源（Carree and Thurik，2010）。因此，创业社会网络提供了当地企业家识别、探索和商业开发机会以创建不同类型新企业所需的知识（Audretsch et al.，2014；Peterson，2016）。一个充满活力的创业社会网络对于支持和发展这些不同类型的企业至关重要，这些企业可以合作和竞争，创造一个有助于国家经济增长的动态环境。鉴于创业社会网络的重要性，公共政策制定者尝试了不同的方法来促进创业（Meyers，2015；O'Connor，2013）。①

促进创业企业成长的一个重要因素是能够访问创业社会网络（Shirokova et al.，2016）。这是因为这种接触有助于与有创业经验的人进行互动，这可能有助于形成积极的创业形象（Hmieleski and Corbett，2006），帮助个人受到激励，尝试创业（Hamidi et al.，2008），引导他们投入时间和资源创建企业。对于初出茅庐的创业者来说，获得目前正在经营企业的社会联系可能被视为一个关键的支持来源（Hanlon and Saunders，2007），可以作为创业意向和创业之间的桥梁（Frank et al.，2007）。Zanakis et al.（2012）发现，来自亲戚和其他社会联系人的支持有助于将创业意图转化为创业活动。Nieto and González-Álvarez（2016）同样认为，区域和个体层面的社会资本越高，个体利用创业机会的可能性越大。创业研究已经注意到创业社会网络在机会识别、创业意向和创业阶段的重要性。许多研究发现，社会网络在帮助个体识别市场机会（Arenius and Clercq，2005）和

① Bhawe N，Zahra S A. 2017. Inducing heterogeneity in local entrepreneurial ecosystems：the role of mnes. Small Business Economics.

建立创业意向（Hoang and Antoncic，2003）方面具有重要的积极作用。因此，网络至关重要，因为当缺乏正式机构来传递有关个体、工作或市场机会等问题的信息时，网络为市场失灵提供了私人解决方案（Nordman，2016）。获得此类网络也可能是创业绩效的关键决定因素（Hoang and Antoncic，2003），包括创业过程中的进步。事实上，与社会网络互动的新生企业家获得了额外的见解和资源，从而能够在创建新企业的过程中更快地取得进展（Fernández-Pérez et al.，2015），特别是在创业过程的不同阶段取得进展（Rotefoss and Kolvereid，2005）。因此，通过创业意向，进入创业社会网络可能会增强机会识别和创业阶段之间的积极关系。①

因此，随着信息技术时代的到来，市场竞争的加剧，创业企业由于自身条件的限制，很难凭借自身的力量独自进行创新，为了获得生存与发展，它们往往开始寻求与外部其他主体进行合作，如与供应商、大学或科研机构、金融机构、中介机构等建立并保持长期的联系，以取得其发展所需的各种资源。因而，创业社会网络在创业企业成长过程中发挥了重要作用。

3.4.1　创业社会网络有利于促进创业企业获取与整合资源

资源基础理论认为，企业建立和维持其核心竞争力的关键是如何合理配置和有效利用有价值的资源。对任何一个企业而言，资源是助其成长的基础性条件。面对外部环境动态性与高风险性，创业企业在缺乏各种技术、知识、人才、资金等资源支持，而又无法通过市场关系来获得其发展过程所需的各种资源的情况下，往往只有利用创业社会网络来获取与积累其发展过程中所需的各种资源。创业社会网络作为一种有效合理的资源配置方式，是企业从外部搜集各种信息、获取资源的重要通道，对创业企业的创新活动产生重要影响。

（1）创业社会网络中的行为主体对创业企业资源的获取与整合会产生影响在创业社会网络中，存在大量的行为主体，如供应商、政府部门、金融机构、中介机构、大学或科研机构，创业企业通过与这些行为主体之间形成良好的互动关

① Ruiz-Palomino P，Ricardo Martínez-Caas. 2021. From opportunity recognition to the start-up phase：the moderating role of family and friends-based entrepreneurial social networks. International Entrepreneurship and Management Journal（2）.

系，建立多样化的沟通渠道，以正式或非正式关系获得其发展所需的各种有形资源与无形资源，并吸收、消化、整合、创新，从而弥补创业企业在知识、技术等资源等方面存在的问题，提高创业企业从创业社会网络中获取与整合资源的能力，为创业企业成长提供动力支持。

（2）创业社会网络结构对创业企业资源的获取与整合也会产生影响

这种影响主要体现在创业社会网络的规模与强度两个方面。一方面，创业社会网络规模反映了网络中行为主体的数目大小，网络规模越大，说明创业企业与网络中其他行为主体间建立的关系就越广泛，即创业企业从创业社会网络中获取资源的渠道就越多，从而更加有利于创业企业获取与整合其发展过程中所需的各种资源。另一方面，创业社会网络强度反映了创业企业与网络中其他行为主体之间的互动频率，网络强度越大，说明创业企业与网络中其他行为主体之间的互动更为频繁，关系更为密切，有利于增强彼此之间的信任强度，形成长期稳定的合作关系，更加有利于隐性知识的溢出。

（3）创业社会网络中的行为主体与创业社会网络结构的交互会对创业企业获取与整合资源产生影响

一般来说，创业社会网络中非正式关系网络规模越大，创业企业获取有形资源的渠道就越多，就更有利于有形资源的有效整合。网络强度越高，网络内各种知识、技术等资源的扩散速度就越快，也有利于创业企业对所获资源的吸收、消化与整合。正式关系网络规模越大，创业企业获得无形资源的途径也就越多，越有利于对所获的无形资源进行整合。网络强度越高，越有利于增强各行为主体之间的信任强度，促使长期合作联盟的形成，更容易实现资源的共享。

3.4.2 创业社会网络有利于提高创业企业组织学习效率

在知识经济时代，创业者学习是创业取得成功的关键，它能够使创业者在动态的复杂环境中去挖掘和把握创业企业发展的机遇。目前，创业者通过学习来提高创业能力已成为人们普遍关注的问题。研究表明，创业者学习的优秀程度与创业企业的成功程度呈正相关性。另外，随着经济的全球化发展以及信息化时代的到来，创业企业面临的竞争性与技术难度大大增加，这对创业企业的应变能力提出了挑战，使得创业企业必须置身于一个开放的系统，需与外部主体不断进行交互，以应对外部环境的变化，因而创业企业需通过构建创业社会网络来搭建一个与其他行为主体进行互动学习的平台，以提高自身的学习能力，快速获取其发展过程中所需的创新知识与信息。

组织学习理论认为，组织在互动学习过程中，可以造成知识外溢，并被其他组织所获取。集群内创业社会网络作为一种特殊的网络体系，恰恰为网络学习提供了平台。

（1）创业社会网络中的行为主体对创业企业组织学习效率产生影响

在集群内创业社会网络中，集群企业间地理位置的接近性为各行为主体之间的互动提供了便利，彼此之间进行了不同网络式的学习，这种网络学习可分为正式网络的学习与非正式网络的学习。其中，正式网络的学习主要是创业企业与核心网络层中的供应商、客户、竞争企业、互补企业，以及辅助网络层中的大学或科研机构、政府部门、金融机构、中介机构之间进行，这种网络学习更多地是体现在交易关系的基础上，因此，正式网络的学习主要是以契约关系为纽带。从知识流动特点来看，正式网络学习主要是以显性知识流动为主。非正式网络的学习主要在创业企业的创业者与亲戚、朋友或同事等之间进行，这种网络学习更多的是以非正式交流与合作的形式实现的，从知识流动特点来看，正式网络学习主要是以隐性知识流动为主。上述两种网络学习方式均有助于增强各行为主体之间的信任关系，促使彼此之间达成长期稳定的合作关系，减少机会主义行为的发生，更较有利于隐性知识的溢出，而企业的创新活动更加需要的是隐性知识，因而创业社会网络可以加速网络内各种显性知识与隐性知识的流动与扩散，从而提高集群组织的学习效率。

（2）创业社会网络结构对创业企业组织学习效率也会产生影响

这也主要体现在创业社会网络规模与网络强度两个方面。一方面，创业社会网络规模越大，表明创业企业参与网络学习的途径与机会越多，主要可以通过集群内部组织的学习与集群向外部组织的学习两种方式。前者主要是通过与网络内各行为主体之间的互动学习来获取新知识，后者主要是通过从集群外部组织获取新的知识。创业企业可以通过这两种学习机制来提高自身的知识存量。另一方面，创业社会网络强度越大，越有利于加快各种知识与信息在网络中的传播与扩散速度，从而提高集群组织间的学习效率。

3.4.3 创业社会网络有利于增强创业企业间的信任关系，促进稳定合作

考虑到之前的研究已将合作伙伴之间的信任作为网络交换的一个关键元素，合作伙伴之间彼此信任会增强资源流动，这符合逻辑（Lorenzoni and Lipparini，1999）。当各方相互信任时，他们更愿意参与合作活动，从而产生进一步的信任（Fukuyama，1995）。因此，信任是“一方基于另一方将执行对委托人重要的特定行为的期望而愿意受到另一方行为的影响，而不管是否有能力监督或控制该另一方”（Mayer et al.，1995）。这一定义特别适用于创业网络发展的背景，因为它认识到新企业对创业者和资源提供者的固有风险特征。具体来说，在风险企业发展的早期，由于对其发展理念的保护有限，企业家往往面临高风险。资源提供者还面临信息不对称的风险，反过来也面临逆向选择的风险，这是由企业家不愿意或无法充分沟通有关新企业的信息引起的（Venkataraman，1997）。然而，当信任存在时，个体更愿意在可能的情况下提供有用的知识，或放弃完整的知识。正如 Aldrich and Fiol（1994）所指出的，“信任是创业者成功的关键第一级决定因素。”①

对任何一个企业来讲，要从外部获取其创新所需的各种资源都需要经历长期的交流与沟通过程，在此过程中，信任起到了非常关键的作用。研究表明，当团队成员间具有高度信任时，他们往往更愿意去分享与交流各种信息，信任有利于隐性知识传播和交流，同时，信任有利于降低创新的交易成本和交易风险以及减少团队成员间的不确定性。

在创业社会网络层面，信任可以看作为一种资源，它是建立在网络内各行为主体过去的合作基础之上。在集群内创业社会网络中，每个行为主体所占有的资源是存在差异的，每个行为主体都希望通过创业社会网络来获取它所需的各种创新资源与生产要素，但这种资源的获取都需要建立在良好的信任关系基础上。创业社会网络对创业企业间信任关系的影响主要表现在以下三个方面：

（1）创业社会网络主体对创业企业间信任关系产生影响

① Smith D A，Lohrke F T. 2008. Entrepreneurial network development：trusting in the process. Journal of Business Research，61（4）：315-322.

在集群内创业社会网络中，网络内各行为主体在某个地理空间上的集聚为网络成员间的互动与交流提供了便利条件，增加了相互之间的互动频率，并建立了各种正式或非正式关系，使各行为主体之间通过这些联系更加相互了解，从而增强了彼此之间的信任强度，这也为各行为主体之间合作的开展奠定了良好基础。

（2）创业社会网络结构对创业企业间信任关系产生影响

研究表明，创业社会网络结构同样具有"小世界性"特征，即平均路径较短、集聚系数较高。网络的平均路径较短表明各行为主体之间的平均距离较短，有助于彼此之间相互交流与沟通，进而有利于增强各行为主体间的信任关系；而网络的集聚系数高则有助于各种信息在网络中的快速传播，在集群内创业社会网络中，某些行为主体为自身利益可能会采取机会主义行为，而创业社会网络结构的特殊性会使这种行为被不断地在网络中反复传播，这对机会主义实施者会造成致命的打击，甚至会导致网络中其他行为主体中断与其合作，最后被迫退出集群网络，因此，创业社会网络结构对网络中行为主体的机会主义行为起到监督作用，可以减少机会主义行为的发生，从而有助于增强网络信任度。

（3）创业社会网络中形成的共同文化对创业企业间信任关系产生影响

随着产业集群的深入发展，在集群内创业社会网络中会形成一种融入本地区的政治、经济和社会风俗等特点集群文化，创业企业要想获得长远发展，就必须根植于集群社会文化之中，这种集群社会文化环境是创业企业从事各种经营活动的重要保障，也为网络内各行为主体之间长期合作提供了良好环境，从而增强了彼此之间的信任程度，使得集群内创业社会网络更加稳固。

3.4.4　创业社会网络有利于促进创业绩效的增长

创业社会网络使创业企业能够通过与其他企业在特定的价值链活动范围内进行合作，实现卓越的绩效（Miles et al.，2005，2006）。市场和资源地位较弱的创业企业（Katila et al.，2012），通过合同和股权关系来管理合作。创业社会网络使其能够通过探索和利用新知识来提高其竞争地位。因此，这些企业利用创业社会网络来补充其资源和能力，以实现静态和动态效率优势。

创业社会网络对创业绩效的影响体现在以下几个方面：首先，企业创业的本质是发现和利用机会。高密度创业社会网络通道有助于识别和利用机会。在产业集群内，几乎每个企业都处于一个网络节点上。通过集群内创业社会网络渠道，集群企业能够比非集群企业更快地感知客户和供应商的需求变化，进行产品创新、技术创新或建立新的企业（Porter，2000）。其次，对于新业务，可以通过集群内创业社会网络快速获取所需的信息和知识，这将加快新企业的形成和成长，降低企业的进入门槛和增长风险。日益动荡的外部环境使信任对实现企业创业更为重要。与一般管理活动相比，企业创业活动具有很大的不确定性。一些领域的技术变化很快，产品的生命周期很短，因此合作各方的机会主义行为可能会导致企业创业活动的彻底失败。嵌入企业集群内部，集群企业与其他实体之间可以形成高层最优信任关系。因此，企业集群内部的最优信任可以增强创业导向与企业绩效之间的关系①。最后，社会网络使企业家能够获得各种稀缺资源。特别是促使企业家能够获得诸如信誉和能力等无形资源。由于企业家收集和吸收决策过程信息的能力有限，他们必须依赖频繁的外部接触，尤其是与分销商、供应商、竞争对手和客户组织的接触，以获得必要的信息和建议。同时，社会网络具有声誉和信号效应；对企业网络参与的积极看法可能会导致随后的盈利商业交易(Santarelli and Tran, 2013)。

3.5 本章小结

本章基于社会网络理论的角度，分析了产业集群内创业社会网络的构建、演化及其在创业企业中所起到的重要作用。首先，在前人分析的基础上，提出了集群内创业社会网络的内涵，并从集群外部环境的改变与集群自身具备的独特优势两大方面来分析集群内创业社会网络形成的动力；其次，对集群内创业社会网络结构进行了分析，主要对网络中的行为主体进行了阐述，包括企业、大学或科研机构、政府部门、中介机构以及金融机构，并提出网络中各行为主体之间三种链接模式：核心网络层、辅助网络层、外部网络层；再次，分析了集群内创业社会网络的演化，主要对集群内创业社会网络演化的动因进行了分析，并从创业社会

① Xianguo Y, Weixiang W, Zhouqi R. 2009. Corporate entrepreneurship in the enterprise clusters environment—influence of network resources and entrepreneurial orientation on firm performance. Frontiers of Business Research in China, 3 (4): 566-582.

网络的萌芽、发展、成熟与衰退四个阶段对创业社会网络演化的过程进行了分析；最后，分析集群内创业社会网络对创业企业成长的作用，主要从对创业企业资源获取与整合、创业企业组织学习效率以及创业企业间的信任关系三个方面来分析。

第 4 章　集群内创业社会网络与创业企业成长过程中资源聚集及创生

在集群内创业社会网络中，任何企业进行创新活动都需要各种创新资源作为支撑，这些创新资源既包括传统资源（劳动力、资金、土地等），也包括社会网络、政策制度、企业家精神等各种资源。然而，资源本身具有稀缺性特征，与创业资源的需求相比，其供给量相对不足或结构不平衡，集群网络内的创业企业很难仅凭自身资源进行持续创新，创业企业需要通过某种恰当的方式来解决这种资源的稀缺性问题。同时，新创企业的成长劣势也使其面临着技术与市场的不确定性，信息不对称阻碍了集群网络内其他资源所有者对新创企业的合理评价，使得新创企业很难从外部企业和机构获得支持。在集群内创业社会网络中，各行为主体拥有着不同的创新资源，对集群发展产生的作用也各有不同，这就需要网络内各行为主体之间实现资源共享等合作，以克服自身资源不足问题，共同促进集群网络内资源的整体优化，使得整个集群网络具有更强的竞争力。因而，如何通过集群内创业社会网络平台来获取创新资源，以解决新创企业在创业活动过程中存在的各种资源问题，促进创业企业的发展。

4.1　集群内创业社会网络中资源的主要表现形式

基于资源的方法巩固了业务资源和能力作为竞争优势和价值创造来源的潜力。然而，鉴于现代经济高度竞争的环境，与大型或多地点企业相比，创业企业在公开市场上获取“外部”资源越来越具有挑战性。这在当地小规模企业家中尤其令人担忧，他们被理解为在当地地区创业和经营自己的企业的人（Stam et al.，2014；Zhao et al.，2010）。在这种竞争劣势的背景下，创业社会网络可能对这些企业家来说是一种特别宝贵的资产，因为它们为创业提供了获得战略性资源，并为企业家提供提高业绩的机会（Cousins et al. , 2006；Pirolo and Presetti, 2010）。

本书在相关研究学者研究的基础上，总结认为资源在集群内创业社会网络中的表现形式主要有以下几种：

4.1.1　创业社会网络资源

在集群企业进行创业活动过程中，各企业之间会建立起各种纵横交错的网络关系，这种网络关系是该企业所具备的其他企业无法模仿的一种社会资本，同时也是创业企业所创造出的网络资源。与许多其他类型的资源一样，创业社会网络资源具有稀缺性、不可流动性和难以模仿性。此外，创业网络资源作为资源的一部分具有特殊性质，包括互补性、替代性、脆弱性。互补性是指复杂社会网络资源必须同其他资源相结合，才能提高经济运行的效率；替代性是指在正式制度无法延伸到的地方，复杂社会网络资源可以替代正式制度行使配置资源的功能；脆弱性来自复杂社会网络资源需要有信任作为基础，如果形成网络结构的基础信任消失，这种网络就很难再次建立。

一方面，集群内创业社会网络中的各行为主体本身就是一种资源，在创业社会网络里没有所谓的权威，由许多地位大体相同，处在网络不同的节点个体相互博弈来决定资源的配置方式。创业社会网络的规范性，能够约束主体资源的配置行为，同时有效监督创业社会网络内其他行为主体的各种机会主义行为，从而降低网络主体的创新成本。在创业社会网络内，资源的流动效率和速度取决于网络的联系程度，在网络信任度高、网络关系稳定的网络中，资源的流动自由，接近最优配置。另一方面，集群内创业社会网络结构同样也是一种重要资源。一般来说，处于网络核心地位的节点与非核心节点具有不同的资源配置优势。核心节点拥有更多的信息通道，对环境变化以及竞争行为有更多的了解和认识，此外，核心节点在获取信息的时效性和质量方面拥有更多的优势，而这种优势能够使其在节点间合作与竞争时占据有利的地位，而且核心节点所拥有的资源和能力是整个网络资源配置的杠杆，而拥有网络的资源配置权，就无疑具有了竞争的先天性优势。不过，这也并不意味着非核心节点无利图。比如，在集群内创业社会网络中，核心节点的外围技术往往是非核心节点的核心技术点，只是这些核心技术点较为分散且对核心节点的技术特质具有较强的依附性。核心节点如果独守和自己使用这些技术具有一定的风险，但若充分利用网络资源则可以产生“马太效应”。

4.1.2 企业家精神资源

企业家精神（entrepreneurship）是一种具有创新、积极进取、冒险、敬业奉献、合作精神的思想品质。企业家精神是社会宝贵却又稀缺的资源，是创造社会财富的来源。

企业家精神的资源属性来自其创造财富的性质。第一，企业家精神创造财富。企业家精神是在对社会的政治、经济、文化、产业等相关知识和信息认识的基础上，以追求成功和利润为前提形成的创新、创业观念。企业家精神并非只有企业家才能拥有，而是凡具有创新精神并把创新付诸实践的人都具有企业家精神。第二，企业家精神的资源特征。企业家精神能够产生财富就使其具备资源的特征。首先，这种特殊的资源要依赖于具体从事创新和创业的人才能够发挥作用，即依赖于人力资本。企业家精神资源能够为社会的持续发展做出突出的贡献，是社会经济发展最活跃的因素。它的产生和发展需要有一定的制度资源作保证，其形成需要较长的时间。其次，企业家精神资源是一种能动性的资源。能动性就是指企业家精神可以引导个人从事开拓性经济活动，通过不断创新促进经济增长。每当社会发展遇到障碍，资源和生产效率严重制约经济进步时，企业家精神就发挥主观能动性，不断寻找经济增长的新途径，通过拓展资源观念和从事技术、经济的创新促进经济发展。最后，示范性。企业家精神资源一旦形成，就会形成经济外部性，导致企业家精神的“外溢”，对其他人具有强烈的示范作用。Minniti（1999）研究了企业家精神，认为企业家精神有网络外部性，可以产生自增强机制。通过学习和模仿，企业家精神能够不断地传播衍生，结合新的情境发挥作用。

4.1.3 集群政策资源

政策是国家（政府）、执政党及其他政治团体在特定时期内为实现诸如政治、经济、文化等目标所规定的行为准则，它是一系列谋略、法令、措施、办法条例、方法等的总称（陈振明，2004）。集群政策是一种稀缺的资源。适宜的集群政策能为集群创新带来正面影响，反之，会降低集群的创新效率，抑制集群的创新和转型。

集群政策资源主要具备功能性、主观性和两面性等特征。集群政策资源的功能性是指在集群网络创新及其演化中集群政策具有规范集群创新主体行为、对集群主体之间出现的利益冲突进行调节与控制、避免集群主体实施一些有害的行为、保证资源分配中的公平和效率性等的作用。集群政策资源的主观性是指受到政府官员的偏好、思维、利益等因素的影响，集群政策的制定者往往具有一定的主观偏好。两面性是指集群政策对集群创新及其演化有有利与不利之分。良好的集群政策能够积极促进人们的创造行为；恶劣的政策资源则会对创新带来损害。

此外，集群政策资源作为稀缺资源主要是指符合集群发展实际、能够有效指导集群创新的有效集群政策的稀缺。比如，政策资源分配的不公平也是客观上造成某一中小企业集群政策短缺的原因。从中小集群创新角度看，地方政府的政策大都具有很强的规划性，却协调性不够；不注重自身条件限制盲目跟风的政策多，科学合理、因地制宜有效指导创新的政策较少；政策相互之间系统性差，颁布了相关政策却没有配套的措施导致政策孤立现象发生，使其没有有效发挥作用。因此，政策资源的缺乏实际上是质的稀缺，而非量的稀缺。

4.1.4　金融资源

在集群内创业社会网络中，创业企业发展的各个阶段均需要投入大量的资金。一方面，在创业企业发展初期，企业进行各种经营生产活动需要各种物资资源，而对于初创企业而言，自身资金有限的情况下，需要其他渠道的资金作为保障。另一方面，在创业企业的发展阶段，企业具有一定的资本积累，但集群内大量企业的聚集，加大了企业之间的竞争强度，创业企业为了在竞争中获胜，需要投入大量资金来进行技术创新或从国外引进和购买先进技术，从而进行新产品开发，以保障创业企业持续的竞争优势，而这些大量资金的投入也是创业企业自身无法解决的，同样需要借助外部力量，而集群内创业社会网络中聚集了大量的金融机构，它们能有效地为创业企业解决资金短缺问题。金融作为资源具有如下特征。首先，金融有脆弱性。金融机构高负债经营决定金融风险较高；金融机构高负债使得金融安全性降低，面对市场波动自身承受能力小；金融资源没有相对稳定的价值，很可能在瞬间失去价值。这是因为金融资源同信用紧密相关，一旦人们对金融的信任消失，金融资源就有可能迅速贬值。其次，金融资源可以配置其他资源。它通过购买、调配其他经济资源，提高经济系统的效率。金融和实物经济相互交织，实物资源、人力资源都有赖于金融对资金调度发挥作用。金融资源本身作为一种资源处于被配置的地位，它同时又是调配其他资源的机制。因此，金融资源是一种特殊的资源。

4.1.5 人力资源

人力资源包括创业者或创业团队及其雇员的知识、能力、经验以及个人社会关系网络。它涵盖了每个个体的判断力、洞察力、创造力以及视野和才智，甚至包括社交技能和社会关系。另外，创业者（或团队）的价值观、对商机的识别能力、对资源的协调获取能力、领导能力等对于创业企业来讲，都是极其重要的战略资源，会为企业带来持久竞争优势。但是一些关键组织人员（如核心创业者、掌握关键技术者、掌握众多客户关系者等）的离开或转投竞争对手，都会为企业带来很大损失。人力资源主要具备以下三个方面特征：一方面，人力资源拥有主体性特征，它在实际生产、经济活动中处于主导性地位，能够有效创造、合理配置各种资源，在经济活动中起到了非常重要的作用。另一方面，人力资源拥有资本特性。人力资源作为生产、经济活动中的一种重要资源，它与普通的物资资本具有相类似的资本属性。另外，人力资本还具有高增值性和累积性等特征。高增值性是指人力资源可以在工作和学习过程中获取新知识，推动一国和地区的技术进步；累积性是指要通过不断的教育培训培养人力资源，培养代际相连的人力资源有利于国家的可持续性发展。

4.1.6 技术资源

集群区域内外的相关产业的集聚使各种先进技术资源在区域内不断得到积累，而这种技术资源的积累反过来又推动了区域产业的快速发展，它是集群内创业社会网络中各企业间重要的联系纽带。当某区域内积聚了大量的技术资源，并能够将这些技术实现市场化时，区域内集群内创业社会网络就会涌现。技术资源主要分为内部技术资源与外部技术资源。内部技术资源主要是指集群主体自身所拥有的各种技术资源，集群主体可以自行对该种资源进行有效控制，而外部技术资源主要是集群主体通过集群内创业社会网络从外部所获得的各种技术资源，它往往是企业进行各种创新活动主要依赖的核心技术资源。技术资源与智力资源不同，智力资源体现在人身上，如果人离开企业则资源随之消失。技术资源得到法律保护，所有权归组织。技术资源可以为新创企业带来竞争优势，但必须保持创新精神来保障技术不被时代淘汰，建立技术壁垒来保护技术不被竞争对手轻易模仿。技术资源获取方式包括创业者（或团队）已经具有的和后来不断学习新知识新经验而转化成的技术资源、通过交易方式获得、聘请技术人员研发、模仿等。

4.2　集群内创业社会网络对资源聚集及创生能力的影响

在集群内创业社会网络中，创业企业借助创业社会网络能很清楚地认识到在什么地方可以得到所需的资源，然后依照自身的能力通过“网络”向各目标节点寻求资源。因此，集群内网络中创业企业的创新活动是与集群内创业社会网络的建立与演化紧密相关的。在现实产业集群中，任何行为主体都是镶嵌或悬浮于由各种社会关系交织成的一个复杂社会网络之中，复杂社会网络则为集群的发展聚集和创生了其成长所需的多种资源。从这个角度来看，构建集群内创业社会网络并随网络演化，实现互动，是网络内创业企业获取资源、产生创新继而形成竞争优势的一个重要过程。因此，集群内创业社会网络具有对各类资源进行有效的聚集、整合和创生的能力，并形成发展资源。

因此，在集群内创业社会网络中，借助创业社会网络实现资源的有效聚集与创生，是集群成功实现创新的关键。接下来，本节将分析集群内创业社会网络中的行为主体、创业社会网络结构对资源聚集与创生的影响，同时分析创业社会网络结构对资源利用率的影响。

4.2.1　集群内创业社会网络中的行为主体与资源聚集及创生

（1）集群内创业社会网络中的行为主体对资源聚集的影响

1）集群内创业社会网络中行为主体之间的频繁交互加速了资源的聚集

众所周知，创业企业在任何一个发展阶段都需要依靠大量的资源，而由于创业企业自身能力的有限，自身所拥有的资源与从外部获取资源的途径也是极其有限，而在集群内创业社会网络中，地理位置上相互接近的大量行为主体的聚集实现了网络内各种资源的汇聚，这为集群内创业社会网络中各主体获取资源提供了途径，但网络内这种资源的获取需要依靠各行为主体之间频繁互动，以建立各种合作关系，从而实现网络内各种资源的共享。这些资源聚集既包括有形资源通过产业链的衔接，也包括信息、知识、技术、关系等无形资源通过正式、非正式渠道的传播与聚集。

另外，相对于单个企业而言，集群网络内各行为主体之间的互动减少了创业企业在资源获取与转换方面的阻力，同时也加速了网络内各种资源的聚集、整合、创生与利用。所以，集群网络内各行为主体之间的互动可以使得网络内的资源得到不断更新，更有利于网络内各行为主体利用创业社会网络获取各种创新资源，以提高自身的创新能力与竞争优势。另外，集群内创业社会网络中聚集的资源越多，越能促进创业社会网络内各行为主体之间的互动，从而有利于增强彼此之间的信任程度，促使双方建立长期稳定的合作关系，而这种合作关系不仅有利于填补自身资源的空缺，还可以加大自身的创新机会，从而也使得自身的创新能力不断得到提高。

2）集群内创业社会网络中各行为主体间的高度连通提高了资源传播的广度和深度，有利于资源在网络内的聚集

由于产业相关性和地理接近性，集群内创业社会网络中的企业通过基于信任的社会联系、基于契约的市场联系和基于联盟的交易联系，建立了连通度很高的关系网络，这种动态、开放、复杂的网络成为集群网络内各行为主体间知识交流与沟通的渠道和平台。集群网络内各行为主体间各种正式和非正式联系成为沟通、交流的平台和渠道，主体之间的联系往往是多重联系，而不是单一维度的，纵横编织的高密度网络内的复合关系承载着知识、信息、人才、资源等各种有形和无形物质的流动。在集群内创业社会网络中，由于大量的异质节点（企业、大学与科研机构、政府、中介机构等）在地理空间内聚集，其知识、资源的丰富程度与密集程度均达到了空前的水平。在纵向上，网络主体通过价值链上下游的关系纵向联结；在横向上，网络主体通过互补产品和服务、使用相似的专业投入、技术或者制度等实现了横向联结。因此，高技术集群网络内这种高度连通的网络

结构提高了知识传播的深度和广度，推动了组织间学习的有效开展，缩短了网络主体间交流与沟通的距离，加速了各种资源在集群内创业社会网络中的聚集，有助于提高集群企业的竞争优势。

（2）集群内创业社会网络中的行为主体对资源创生的影响

任何经济活动都要以资源作前提，资源的创生也以一定的资源为先决条件。集群内创业社会网络系统的构成部分处于不同的位置。创新企业处在核心位置，政府、金融机构、大学、科研机构等处于系统的中间层，更大的外部系统构成了集群内创业社会网络外部环境。集群内创业社会网络是一个开放系统，同外界进行物流、资金流、信息流、人才流等交换，以便保持系统的创新能力。由各类主体构成的创业社会网络成为资源创生的重要渠道。

1）创业企业参与资源创生

集群内创业社会网络中的创业企业在创新中尽可能将各种资源，包括知识资源、信息资源、自然资源等资源加以充分利用。对于自身不具备的外部资源只要是需要的，都会尽可能地获取并加以利用。企业根据自身创新的需要对资源进行筛选、获取、配置、融合，使其发挥效力形成企业的创新和核心竞争力。集群内创业社会网络创生资源的过程需要同外界环境相匹配，环境的变化会引起企业创新内容、企业战略的改变。集群网络中的企业对资源创生方式、方法也会因此而变化。

集群内创业社会网络中的创业企业在实施创生资源的过程中主要包括四个方面。首先，要对企业内部的资源加以创生，充分发掘自身的潜力从事创新。这需要企业内有水平较高的管理者和企业家，能够发现并调动资源，将它们运用到为企业创造价值的过程当中。其次，创生外部资源。在认识内部资源的基础上，找出实施战略时缺乏的资源。在中小企业集群内创业社会网络中部、外部寻找所需资源或可替代资源，把其纳入企业资源系统。第三，将内、外部资源加以创生使资源形成一个新的系统。它不同于传统资源之处在于，将一些非物质的资源纳入资源系统。如企业的复杂社会网络资源具有丰富的含义，包括社会资本、关系、声誉等。第四，拓展资源创生深度。企业从事创新往往需要不同种类的资源，它们在资源系统中处于同等地位，缺乏任何一种都无法得到产出。纵向角度，资源的某一种类往往经历不断演化过程，新的资源被创生，资源耦合的广度和深度都随之加强。

2）中介主体参与资源创生

集群内创业社会网络中拥有大量的中介主体，它们会促进资源的形成和使用。中介主体是指具有中介行为的行为主体，帮助信息传播，从中直接或间接地获取回报的人或组织，它们对集群内创业社会网络的形成起到关键的作用。

大学和研究机构往往充当中介主体的角色，通过不断探索新知识以及同企业合作，增进企业获取知识的机会。出于自身需要，它们会将不同企业组织起来从而形成了信息交流的网络。大学与企业的合作是创新的重要组成部分。大学拥有大量的知识资源和人力资源，这与创业企业资源形成了强有力的互补。集群内创业社会网络创新过程中资源的创生过程是在大学、研究机构和企业的共同参与下进行的。通过培训、技术转移等形式，将知识间接地扩散于集群内创业社会网络。这种扩散效应在高技术、创新型集群内创业社会网络当中表现得特别明显。

总之，集群内创业社会网络中企业获取资源在很大程度上依赖于这些中介主体的作用，它们根据自身的需要所从事的活动对于资源的合理配置发挥着重要的作用。这些中介主体对促进集群内创业社会网络创新能力提升有促进作用，可以通过鼓励科研、产学研合作、企业间有序竞争合作等方式促进中小企业集群内创业社会网络中资源的配置，产生更多的创新。

4.2.2 集群内创业社会网络结构与资源聚集及创生

集群内创业社会网络结构反映了创业企业在创业社会网络中的地位、资源获取途径的广度等，这将直接决定创业企业在集群内创业社会网络中对资源聚集与创生的能力。资源的聚集能力是指对集群内网络外部资源进行识别、选择，并将这些资源汇集在集群内网络内部，形成资源库，以供集群内网络中各行为主体使用的能力。创生能力是指创业企业对聚集的资源进行合理配置和有效使用的能力。下面，本书基于社会网络理论相关知识，分析集群内创业社会网络的网络密度、网络中心性、结构洞三个方面对集群资源聚集与创生能力的影响。

（1）集群内创业社会网络的网络密度对资源聚集及创生能力的影响

这里，集群内创业社会网络的网络密度主要反映网络内各行为主体之间的联系紧密强度。在集群内创业社会网络中，往往存在多个主导企业，这些企业在网络中与其他企业之间存在较高的连通度，彼此之间的关系密切，因而在集群内创业社会网络中会形成以主导企业为核心的群落，而这些群落之间的联系较少，正是集群内创业社会网络存在这种特殊的结构特征，使得集群内创业社会网络的网络密度将会对主体的资源聚集及创生能力产生影响。一方面，群落之间的联系较小，就不利于群落内部的主体与外部之间的沟通与联系，因而很难从外部吸收新成员加入，也就不能为群落内部聚集新的资源，同时也不利于从外部获取各种有效资源，所以最终会影响到群落内资源聚集与创生的范围。另一方面，群落之间的联系缺乏也不利于集群内创业社会网络中群落之间资源的有效共享，以及彼此之间的相互学习，从而最终会影响到群落内部资源聚集与创生的质量。另外，群落之间交流的缺乏，不利于群落内部主体与外部主体之间的交流与合作，同样会影响到群落内资源聚集与创生的效率。

（2）集群内创业社会网络的网络中心性对资源聚集及创生能力的影响

集群内创业社会网络的网络中心性反映了网络内各行为主体在网络中的影响力，一般来说，主体位于网络的中心位置，那么说明其对网络中其他行为主体所产生的影响就会更大，因而这种网络中心性反映了集群内创业社会网络中各行为主体地位的不平等性。

在集群内创业社会网络中，由于存在多个主导企业，而这些主导企业往往具有较高的网络中心性，而网络中这些具有较高网络中心性的企业不仅能够有效解决网络内各企业在交易与合作过程中出现的各种矛盾与冲突问题，而且还能够对网络中的资源进行有效配置与管理。但集群内创业社会网络具备的这种特殊结构也会对网络内资源聚集及创生产生不利影响。一方面，由于在集群内创业社会网络中存在多个高网络中心性的企业，在资源聚集及创生的过程中，各主导企业之间难免会出现意见不一致的情况，可能还需要较长时间去进行协调，因而会降低网络内资源聚集及创生的速度。另一方面，在集群内创业社会网络中，主导企业对群落内的其他企业会产生一定的约束力，从而限制了这些企业与群落外部企业之间的互动，导致无法从外部获取有效资源，因而最终会影响到群落内资源聚集及创生的范围。

（3）集群内创业社会网络的结构洞和资源聚集与创生能力

结构洞的定义是由波特提出的，他认为结构洞中各种信息、知识等资源的流动较少。在集群内创业社会网络中，由于存在多个群落，虽然群落之间的联系较少，但群落内部的各行为主体之间的联系较为紧密，因此在集群内创业社会网络中也存在结构洞，而这种结构洞能够将网络内关系紧密的群体连接在一起，这种建立的新连接能够促使各种信息与知识等资源通过这些新连接进行流通，从而有利于扩大网络内资源聚集及创生的范围。同时，集群内创业社会网络中结构洞的存在，可以促进群落内部以及群落内部与外部之间的各种信息的交流，从而提高了集群内创业社会网络中各行为主体之间学习与创新的机会，从而提高了网络内资源聚集及创生的质量。

4.2.3　集群内创业社会网络结构特征对资源利用效率的影响

下面，我们主要从集群内创业社会网络的平均最短路径长度、网络聚集程度以及度分布讨论它们对资源利用效率产生的影响。

（1）集群内创业社会网络平均最短路径长度对资源利用效率的影响

这里，集群内创业社会网络的平均最短路径长度反映的是网络内各企业之间进行各种产品、信息、知识互动交流时需要经过的路径长度。显然，网络内各行为主体之间的路径长度会影响到整个网络资源扩散与流动的速度。一般来说，集群内创业社会网络中的平均最短路径越短，不仅有利于各种知识、信息在创业社会网络内快速扩散，而且能够迅速从集群内创业社会网络外部获取各种信息和资源，既可以减少企业进行创新的成本，还可以增强企业获取外部资源以及对这些资源进行有效利用的能力。但集群内创业社会网络的平均最短路径长度对网络中各种资源的利用也会产生不利影响，如果网络的平均最短路径长度过短，就会增加网络主体对各种资源争夺的激烈程度，从而会影响到网络主体的创新进程。

（2）集群内创业社会网络聚集程度对资源利用效率的影响

在集群内创业社会网络中，网络聚集程度反映了网络内各行为主体之间的紧密程度。一般来说，网络的聚集程度越高，网络内各行为主体之间的关系越紧密。对于集群内创业社会网络来讲，网络的集聚程度越高，越有利于各种信息、知识等资源在网络内流动与扩散，资源聚集的广度和深度就会越大，从而有助于提高网络内资源的利用效率。同时，网络的聚集程度越高，越有利于促进网络内各行为主体之间的交流与互动，增强彼此之间的信任关系，从而有助于促进各种隐性知识在网络内传播与扩散，进而提高网络内资源的利用效率。但网络的聚集程度高对资源的利用效率也会有不利的一面，这种网络的高聚集度往往会导致资源的异质性程度较低，减少了网络主体进行创新可供选择的资源，这样不仅会影响创新效率，也会影响到资源的利用效率。

(3) 集群内创业社会网络的度分布对资源利用效率的影响

在集群内创业社会网络中，网络的度分布反映了网络中各行为主体与其他行为主体之间的连接数量的分布状况。网络中主体的度越大，代表它与网络中其他主体连接的数量就越多，那么说明它在网络中获取资源的途径就越多，从而可以扩大获得资源的范围，以及增加资源的数量。集群内创业社会网络的度分布决定了网络中某一行为主体在网络中的影响力。相对于网络中度较小的主体，度越大的主体往往更具有获取各种资源的优势，因为度越大的主体更能与其连接的主体之间进行各种交流与互动，增强彼此之间的合作关系，有利于各种创新资源在彼此之间流动，从而增强网络内资源聚集的深度，进而影响到资源利用率。

4.3 资源的聚集及创生对创业企业成长的影响分析

4.3.1 资源的聚集及创生有助于提高集群企业的创新能力

(1) 集群内创业社会网络中资源的聚集及创生为网络主体增加了创新资源

创新是一个充满不确定性的复杂过程，创业企业的创新能力不仅仅是内生的。事实上，在以专业化分工和协作为基础的集群内创业社会网络中，创新过程的日益复杂使得单个企业无法凭借自身的力量去进行全部创新活动，在这种情况下，网络主体为了在竞争中获胜，就需要考虑从外部去获取各种创新资源，因而它们往往就会加入集群内创业社会网络中。在集群内创业社会网络中，网络主体优势互补、共同协作，能够充分实现网络内各种资源聚集及创生，可以克服单个创业企业创新资源的稀缺性和创新能力的有限性，增加了其获取创新资源的途径，有利于提高集群企业的创新能力。

(2) 集群内创业社会网络中资源聚集及创生可以降低各种创新成本与风险

在信息技术日益发展的情况下，企业创新所带来的先行者优势逐渐消失，创新风险日益增加。同时，技术复杂性程度的日益加大，远远超过了单个创业企业自身条件的限制，自己不可能生产所需的全部新知识。这种情况下，企业必须从其传统的封闭模式向开放的网络模式转变，寻求与其他主体的合作，分散创新风险，提高创新效率，整合创新资源。在集群内创业社会网络中，各创业企业之间由于地理位置的接近性可以进行经常性的沟通与交流，增强了彼此之间的信任关系，有助于彼此之间建立长期稳定的合作关系，既可以扩展自己的资源外延，又可以实现创新成本和创新风险的分摊，提高其创新能力。

(3) 集群内创业社会网络中资源聚集及创生有利于激发网络内创业企业的创新动力

在集群内创业社会网络中，知识交流机制的存在以及非正式关系网络的形成，网络内各行为主体间频繁的信息互动，集体学习，不断积累网络中其他主体的经验和技术，尤其是一些难以具体化、系统化的隐性知识，强化了网络内各行为主体间的知识聚集与创生效应，激发了集群内企业的创新动力。同时，集群网络是一个开放的系统，与集群内网络外部主体之间也在不断交换资源、能量和信息，加速了集群本地知识网络与集群外部知识的流动，因而集群企业可以通过专业市场与集群外的人才流动获取全球行业先进知识，实现知识从集群外部向集群内部扩散，或是通过全球网络和产业转移带来的技术、知识转移实现与全球知识网络的对接，或是通过与全球范围内行业领先企业建立标准联盟、技术联盟和产业联盟，或与著名大学科研机构联合建立技术平台、工程技术中心、开放式实验室等，获取全球知识网络中的关键性知识、信息等资源，促进集群企业知识积累和知识能力构建，从而有利于开展创新活动，提高其创新能力。

4.3.2 资源聚集及创生对集群集体学习与技术创新的影响

(1) 声誉资源对集群集体学习与创业企业技术创新的影响

随着集群内创业社会网络中各行为主体之间分工协作的不断演化，彼此之间在集群网络内形成了某一产业领域独特的专长和经验，从而使所在集群整体形成了一种良好的市场形象，这种市场形象可以同时被区域内不同的企业以不同的方式加以运用，我们把这种无形资源称为声誉资源。声誉可以存在于产品层次上，以品牌忠诚度的形式出现，也可以公司整体形象的形式存在于公司层面。声誉资源属于战略性资源，竞争对手难以通过交易、模仿等快速方式获得，所以声誉资源可以为企业带来竞争优势，而且可以维持相对较长时间。一方面，集群内创业社会网络中的声誉资源对集群集体学习具有正向作用，这主要在于集体声誉为各行为主体之间的互动提供了良好的环境，保证了彼此之间的互动学习的持续性；同时集体声誉有利于网络内主体在集群外部树立一种正面形象，有利于促进集群内网络内外部主体之间的学习，而且还可以利用这种声誉资源不断吸引集群外部主体进入。另一方面，声誉资源对集群内企业技术创新具有正向作用，由于集体声誉可以促进集群内网络内部主体以及内外部主体之间的持续互动学习，有利于增加彼此之间的合作创新程度，从而可以加快创业企业的技术创新进程，提高技术创新水平。

(2) 集群内网络中各种机构的参与对集群集体学习与企业技术创新的影响

在集群内创业社会网络中，存在大量的专业性机构，而这些专业性机构对集群内集体学习与企业技术创新产生了非常重要的影响。一方面，这些机构的参与可以担当知识存储库的角色，能够直接促进集群内企业的组织学习；可以帮助识别具有相对较强能力的企业群体，并且能够在帮助企业降低有关外部知识来源和专业人才的搜索成本等方面发挥作用，因而对于产业集群内集体学习中的相对吸收能力具有正向直接的促进作用。另一方面，这些机构的参与对集群企业技术创新同样具有直接正向作用。如面向市场的机构，包括了市场信息汇总与发布机构、贸易机构等，可以吸引外部客户和供应商等利益相关者的关注；面向技术的机构，包括当地的大学和科研机构，通常可以调动集群内创业社会网络中部的各种创新资源。面向咨询服务的机构，针对集群内企业提出的管理和经营问题来提供解决方案，因而这些机构的参与能够直接正向促进集群企业的技术创新。

4.4　本章小结

本章首先对集群内创业社会网络中的 8 种资源进行了分析，即复杂社会网络资源、社会资本资源、知识和信息资源、企业家精神资源、集群政策资源、金融资源、人力资源、技术资源，并从集群内创业社会网络中部资源的获取与集群内创业社会网络外部资源的获取两个方面对这些资源的形成机制进行了分析；其次，分析了集群内创业社会网络对资源聚集与创生的影响，主要包括三个方面：

一是集群内创业社会网络中的行为主体对资源聚集与创生的影响；二是从集群内创业社会网络的网络密度、集群内创业社会网络的网络中心性、集群内创业社会网络的结构洞三个方面来分析集群内创业社会网络结构对资源聚集与创生的影响；三是从集群内创业社会网络平均最短路径长度、集群内创业社会网络聚集程度、集群内创业社会网络的度分布三个方面来分析集群内创业社会网络结构特征对资源聚集和创生的影响；最后，从两个方面分别分析了集群内创业社会网络中资源聚集及创生对创业企业成长的影响。

第5章 集群内创业社会网络与创业企业成长过程中的组织学习

任何一个经济系统想要保持长期增长，都必须寻找到一个能助其持续发展的发动机，产业集群也不例外。大量理论研究与实践结果表明，创新是促进集群长期发展的根本动力。创新可以看作成各行为主体间互动与学习的过程，而技术创新难度的提升以及外部环境的动态多变，促使创新的学习过程逐渐演变为集体行为的结果。与传统组织间关系相比较，网络关系在引发组织学习行为上更具有优势，原因在于网络是建立在各行为主体之间的长期合作与信任关系的基础上。

在集群内创业社会网络中，充满了一种传播新思想、新知识与新技术的学习“氛围”。网络内各行为主体之间的相互学习，促使集群内网络中知识库存量不断扩大，并产生了区别于其他集群的独特竞争优势，因而学习是集群内企业发展的内生动力。在外部环境越来越复杂的情况下，创业企业只有通过自组织学习才能不断适应外界环境的变化，也才能够继续生存并升级转型，演化到更高层次，因此，创业企业的生产与发展是一个不断促进知识扩散与技术创新的过程，也是与集群内创业社会网络中其他行为主体相互学习的过程，以此提高自身适应环境的能力，使其具备持续发展的动力和能力。

因此，集群内创业社会网络整体作为一个系统，每个行为主体具有自组织学习的能力。那么，网络内这些行为主体之间是如何进行互动学习的呢？集群内创业社会网络对知识的传播与扩散速度会产生怎样的影响呢？这种网络中的组织学习对创业企业成长又会产生什么作用呢？上述这些问题都是本章所要探讨的问题。

5.1 集群内创业社会网络中的学习机制分析

近年来，集群学习机制引起了国内许多学者的关注。魏江（2004）基于对集群学习流程的分析，提出了三层流程的集群学习机制。韩晶（2005）认为集群动态能力的培育需通过集群学习来增强异质性能力，以此来获取持续竞争优势。全笑蕾（2006）基于组织学习的角度构建集群内知识转换模型，认为组织学习反过来通过知识转换又可以不断增加集群内部的知识库存量，从而提高整个集群的竞争能力。徐碧祥（2006）基于学习的角度对集群内部各行为主体之间的互动以及与集群外部进行的各种知识资源交流过程进行了研究，指出这种互动行为可以提高集群内部的学习能力，增强其竞争优势。王为东（2009）基于产业集群性质提出了集群内部的双重学习机制，并构建了集群学习的理论模型。吴友军（2010）分析了集群学习是如何对集群创新产生影响的，并提出了三种产业集群创新组织模式。

综合上述观点，我们不难发现，集群内各行为主体之间的互动与交流，能促进知识资源在集群内部的积累与转移，而集群学习能够提高集群的异质性能力与创新能力，进而增强集群整体的竞争优势。那么，在集群内创业社会网络中，学习是如何产生的呢？各行为主体可以通过哪些方式来进行学习呢？

5.1.1 集群内创业社会网络中学习的产生及其含义分析

在集群内创业社会网络中，存在大量拥有不同地位的行为主体，每个行为主体都构建有自己的知识库，而集群内创业社会网络中知识的共享使得网络内形成了一个巨大的专业知识库，随着知识的积累与传播，行业专业知识已成为网络内的普遍知识，大量外部优秀人才也被吸引到集群区域中来。因而，集群内创业社会网络的独特性有利于网络内学习的产生。

首先，集群内创业社会网络为专业化协作分工的各行为主体之间的互动学习提供了平台。专业化协作分工的存在促使某一企业只需要从事价值链中某一环节的工作，可以集中自己所有精力专注于进一步提高自身的竞争优势，而将其他生产活动通过外部的方式转让出去。企业只需专注于本行业专业领域内的相关知识，从而使得这种行业专业化知识不断得到积累，而知识积累过程的溢出效应同时也扩大了网络内的共有知识。然而，创新复杂性的增强使得实际创新需要结合多种知识才能完成，这就意味着创新所需知识不再仅源于企业内部，企业外部的优越资源也同样重要，但由于专业化协作分工导致了企业知识结构的差异化，企业之间的认知也产生了一定差距，彼此之间便无法很好地进行互动交流，而集群内创业社会网络缩小企业之间认知结构的差异化程度，促使各行为主体之间可以通过网络平台进行面对面交流与沟通，不断从外部获取新知识与新技术，从而降低了网络内知识的转移成本与使用成本，同时也提高了各行为主体之间的学习效率。

其次，集群内创业社会网络中巨大的知识库为各行为主体之间的互动学习提供了大量资源。在集群内创业社会网络中，存在多个行为主体，既包括从事相同或相似生产经营活动的同行、供应链上的供应商、客户，还包括服务于集群网络的大学或科研机构、金融机构、当地政府部门以及中介机构等，大家在地理位置上的集中为各种知识资源在空间上的聚集提供了便利，同时，外部的各种知识资源也不断地被吸收进来，从而在网络内形成了一个巨大的知识库，使得网络内的每个行为主体可以方便地接触到大量的知识资源。这些知识资源既包括各种创新思想、工艺技术知识、管理知识，也包括各种创新产品信息、技术服务信息以及科研成果等。

最后，集群内创业社会网络为网络内各行为主体提供了良好的学习氛围。由于地理位置上的接近性，网络内各行为主体之间基于长期频繁的沟通与交流，彼此之间产生了高度的信任关系，在网络内形成了一种相同的文化环境，它们在此文化环境下建立了长期稳定的合作关系，为彼此之间的相互学习提供了良好的氛围，从而不仅有助于提高各行为主体间的相互学习的接受与吸收能力，同时也加快了网络内知识传播与扩散的速度。

那么，到底什么是集群内创业社会网络中的学习呢？实质上，它就是一种集群学习，集群学习的定义起源于 20 世纪 80 年代中期，是由欧洲区域创新环境研究小组的工作人员在对欧洲高新产业区进行研究的过程中提出来的。他们强调集群内企业为了应对技术复杂性而采取的协调合作行动，本质上是知识资源在集群内进行转移与扩散的一种有效载体。Camagni 认为集群学习是培育一个成功集群文化环境的关键，它十分注重网络内部的互动以及与外界之间的交流。Lorenz 认为集群网络内各行为主体之间的学习程专注于彼此之间通过知识共享来制定共同的规则和可接受程序，以解决学习过程中的协调问题。在此背景下，Lorenz 认为集群网络内各行为主体需要建立共享知识的区域来作为集群学习的前提条件，因而 Lorenz 和 Camagni 对于集群学习定义的理解都认识到了集群网络内各行为主体之间相互学习过程的重要性，强调彼此之间应该通过知识共享与合作来降低各种不确定性，注重集群网络内各行为主体之间的互动与交流。魏江、申军等认为集群学习是以制定的集群共享的规则与程序为基础，集群网络内部各行为主体之间通过相互协调来解决内部问题时产生知识积累与传播的社会化过程。

综合上述观点，本书认为集群内创业社会网络中的学习是指基于网络内部各行为主体之间的交流与互动所形成的共同的集群文化环境与各种制度、规则环境，彼此之间在协同解决面临的各种问题时所产生的知识积累与扩散的社会化过程。

5.1.2　集群内创业社会网络中的学习方式分析

关于集群内网络中学习方式的问题，不少学者都已进行了相关研究，主要存在以下几种分类：一是按照集群内网络中各行为主体之间所构建的正式与非正式关系，将集群学习划分为正式网络的学习与非正式网络的学习两种类型；二是将集群学习划分为集群网络内个体之间的学习与集群系统的学习两种类型；三是将集群学习划分为自觉学习和不自觉学习两种类型。

本书在其他学者的研究基础上，从集群内网络系统开放性角度出发，将集群内创业社会网络学习的方式划分为集群内创业社会网络中部的学习和集群内创业社会网络外部的学习两种类型。集群内创业社会网络中部的学习指集群内创业社会网络中各行为主体通过各种正式或非正式关系进行的交流，促使各种知识资源在网络内流动、扩散与衍生，从而提高网络内各行为主体的创新能力。集群内创业社会网络中部的学习又可以划分为两个层次：核心网络层内部的学习、辅助网络层与核心网络层之间的学习。另外，由于产业集群是一个开放性系统，必然同外部环境之间存在着各种知识与信息的交流，在这个过程中，集群外部的大量优质知识会进入集群内，不断提高集群内现有的知识存量，因此，集群内创业社会网络外部的学习对于集群来说也至关重要，它代表了集群内部网络与外部网络之间的沟通与交流，使得现有集群可以充分获取外部的优势资源，并加以学习与利用。

（1）集群内创业社会网络中部的学习

1）核心网络层各行为主体之间的学习

首先是创业企业与本地客户之间的学习。由于集群内网络整体效益的好坏会直接影响到网络内各行为主体的利益，因而网络内的客户会主动为创业企业提供一些市场与技术信息。根据英国学者的研究结果表明，创业企业在进行产品创新活动过程中有 30%是与客户合作完成的，因此，创业企业与客户之间的互动学习是集群实现网络化创新的一种重要途径。一方面，客户作为企业最终产品的使用者，了解现有产品存在的缺陷，掌握了大量对产品功能方面的需求信息，创业企业通过与客户之间的交流，可以将获取的信息运用到产品的改进当中去，生产出更多为客户所接受的产品，从而可以提高产品销售量，进而提高企业的创新绩效。另一方面，网络内的创业企业在进行某一项新产品设计之前，可以先通过对客户的调研，通过调研所掌握的各种信息来进行新产品的设计，最大限度地设计出符合客户需求的新产品。因此，网络内的创业企业与客户之间的学习无论采取何种方式，都可以促进各种显性知识与隐性知识在彼此之间的流动与扩散，从而提高创业企业的创新能力，提升自身在市场上的竞争力。

其次是创业企业与供应商之间的学习。集群网络作为一个柔性的专业化协作生产系统，创业企业可以将自己的部分业务通过外包的方式转让出去，而可以将自己的全部精力专注于核心部分，从而在网络内部形成了一个本地化的供应商网络。这些供应商掌握了大量的关于技术与设备的市场信息，而这些信息对于创业企业的创新活动来讲尤为重要。因此，创业企业与供应商之间的交流与互动极为频繁。一方面，通过与供应商的交流，创业企业可以获得各种技术信息，学者在对中关村软件企业进行调查的过程中发现，它们获取的创新信息有 70%都源自供应商。另一方面，创业企业在进行新产品的开发过程中，供应商不仅可以为创业企业提供技术支持，同时也可以为创业企业提供其他物质或设备上的支援，如台湾的联华电子就通过各种途径与主要供应商建立长期稳定的合作关系。

最后是创业企业与竞争对手之间的学习。在集群内网络中，存在大量生产相同或相似的产品创业企业，彼此之间是一种竞争与合作的关系。一方面，为保护自身的核心竞争优势，它们往往会避免与对方交流接触，以防止自身的技术信息与产品信息为其他企业所熟知和掌握，但这种竞争属于一种良性竞争；另一方面，面对创新环境复杂性程度的提高，技术创新的难度也大为增加，而创业企业由于自身能力与资源的局限性，很难单独去完成创新的所有过程，必须借助外部力量才能完成，因而创业企业与竞争对手之间在产品创新以及技术设备引进等方面形成一种合作的关系，彼此之间通过各种非正式来促进各种创新知识与技术的流动与扩散，从而增强了各种创新能力与竞争能力，进而也提升整个集群网络的竞争优势。

2）辅助网络层与核心网络层之间的学习

首先是创业企业与大学或科研机构之间的学习。基于研发的需求，集群网络内的创业企业不可避免地会与大学或科研机构之间产生沟通与合作，特别是对于高科技创业企业，它们的创新活动更加离不开网络内大学或科研机构的支持，如在中关村内就聚集了上百家高水平的大学与科研院所，它们为中关村内企业进行创新发挥了重要作用。创业企业与大学或科研机构之间的互动学习主要表现在以下几个方面：一是大学或科研机构作为创业企业的智囊，为创业企业进行创新活动提供了各种创新要素，扩大了创业企业的知识存量。二是大学或科研机构作为培育各种创新人才的基地，不断地为网络内的创业企业输送各种管理人才与技术人才等，同时还可以为创业企业员工进行培训与辅导。三是由于自身研发能力有限，创业企业可以与大学或科研机构在某些项目上展开合作，创业企业可以充分利用大学或科研机构的研发队伍，而创业企业又可以为大学或科研机构提供各种研发平台与实践基地，达到一种双赢的效果。

其次是创业企业与地方政府之间的学习。与大学或科研机构不同，集群所在区域的地方政府对集群企业创新并不产生直接影响，但在与网络内创业企业进行互动的过程中，也会产生一些政策信息、市场信息的流动与扩散。一方面，政府可以通过实施一系列相关政策，从集群外部不断引进一些优秀企业或相关服务机构，为创业企业的发展增加新的知识资源与服务支撑，同时也可以采取相关措施促使各种知识资源在集群网络内部的传播与扩散；另一方面，政府可以通过加大对集群的投资力度，建设和完善集群内各种基础设施、通讯系统等，为创业企业与网络内其他行为主体间的互动学习提供平台，为创业企业的发展创造良好的创新环境。另外，政府还可以通过制定相关政策对集群网络内的市场行为、产品质量标准进一步规范，减少创业企业机会主义行为的发生。

再次是创业企业与中介机构之间的学习。在集群内创业社会网络中，中介机构是促进网络内各行为主体之间加强合作的关键力量，通过为网络内各行为主体提供所需的中介服务来促进创业企业创新绩效的提升。一方面，中介机构拥有大量的各行各业的专业化人才，它们可以成为创业企业的智囊团，为创业企业的各种重大决策提供参考意见，特别是对于能力更为有限的创业企业而言，它们面临的许多问题都是由中介机构为其解决的，不仅可以降低创业企业的交易成本，也为中介机构创造了收益；同时，中介机构基于部门发展的需要，它们随时都在对国内外最新前沿技术与产品进行关注，因而创业企业通过与中介机构的交流，可以获得有关国内外最新相关技术信息与产品信息，为自身的创新活动提供参考。另外，中介机构不仅可以帮助创业企业将其研发的科技成果进行转化，还可以对创业企业的创新活动进行内部协调，并为创业企业与其他行为主体之间的交流建立各种非正式网络。

最后是创业企业与金融机构之间的学习。对于创业企业而言，由于规模不大、发展时间不长，往往盈利能力也极其有限。创业企业想要通过创新来实现更大发展，就需要更多的资金投入，因而创业企业更需要外部金融机构的支持，而且创业企业也更加愿意与集群网络内的金融机构进行合作。一方面，金融机构可以为创业企业提供其发展过程中所需的资金，增加创业企业的金融资本存量，为企业创新活动的顺利进行提供资金保障。另一方面，金融机构可以通过项目投资的方式，为集群网络内引进新的产业或企业，为集群网络内创业企业的发展提供新“养分”。

(2) 集群内创业社会网络的外部学习

随着创新的复杂程度与技术难度越来越大，集群内创业社会网络中部的知识库已无法满足现有企业创新的需要，加强与集群外部网络的交流，从外部不断获取各种最新知识与技术等资源已变得非常重要。一般来说，集群网络中的创业企业可以通过许多方式获得集群外部的各种知识与技术：一是集群网络中的创业企业可以与集群外部的高水平大学或科研机构（包括国内与国外）之间展开合作，从而获取和积累进行创新活动所需的各种知识，同时充分利用他们的资源与科研人才，提高研发能力与技术创新能力，降低创新成本与风险。二是创业企业可以通过从国外购买先进技术设备来引进市场上比较成熟的新技术，并加以消化和吸收，进而转化为自身的生产力，在市场上获取竞争优势。三是借助政府的力量吸引部分优秀外资企业进入集群中，这些企业往往具有先进的技术设备、先进的管理理念，这对集群的发展起到很好的促进与借鉴作用。四是可以与集群外部进行各种非正式的交流与研讨，包括引进集群外部专家或有针对性地举办各种研讨会，不仅可以获得各种显性知识与隐性知识，还可以为以后的学习创造更多机会。

5.2 集群内创业社会网络对创业企业学习过程中知识扩散效率的影响

5.2.1 集群创新社会网络中的知识扩散

创业社会网络的共同本地化，有利于组织、技术知识和思想的持续、快速和密集交流，从而影响创业企业的成长绩效。创业社会网络结构主要以企业家之间的正式和非正式关系为特征，突出了从网络现实到社会现实的过渡。事实上，在当今复杂动态和不确定的环境下，一个资源和能力相当有限的创业企业无法应对竞争。因此，知识流通是关键的战略因素。知识对产业集群内创业企业的生存与发展发挥着重要作用。在集群内创业社会网络中，企业家之间都有一个共享的知识库。

从区域动态能力的空间和非对称传播到开放创新，知识水平各不相同。知识是通过地理上的接近传播的，这往往加强了创业企业之间的合作。然而，专有技术是编码的，不是累积的，各创业主体都可以显性知识的形式获得。相反，在创业社会网络中，知识被编码，并通过创业主体之间的关系进行传递。Church and Gandal（2004）认为，创业社会网络中的知识采用与“网络效应”有关，这可以对本地系统的规模及其增长产生积极的优势。

在集群内创业社会网络中，知识是战略要素。创新和知识的创造以高水平的隐性知识为前提，隐性知识通过主体的吸收能力和每个主体获取群体的社会资本循环，从而识别、解释和探索新知识。Boschma and Lambooy（1999）认为，通过更紧密的认知交流，企业可以快速感知和理解新知识的机制和特征。Nooteboom（2000）认为，认知距离的增加会造成沟通问题，而认知距离的缩短则表明缺乏直觉。个体之间关系的合作性质促进了知识流通、获取和转移，这是形成集群内创业社会网络的先决条件。

知识在产业集群内创业社会网络中的循环有助于在学习和创新之间建立牢固的联系，而这种联系仅对属于集群内创业社会网络中企业而言才成为知识的外部性。Baumol（2002）指出，高增长经济体的一个基本经验规律是企业将知识创新作为竞争武器。因此，我们认为企业家创新是为了保持领先或赶上竞争对手。企业家要么是知识的来源，要么是知识的工具。网络是通过企业家共享的认知、社会和历史能力来传递和传播知识的绝佳手段。对于集群内创业社会网络而言，知识看门人是知识获取、流通和再生产的新形式，其演变需要一定的条件，包括溢出的产生、地域共同定位以及邻近性的性质和类型。通过这种方式，知识得以传播和再现。Stuart and Sorenson（2007）强调了通过识别和调动资源创造新机会的过程。地理位置本地化的生产性企业受益于外部性技术吸收过程的优势。因此，企业在创业社会网络中的地位迫使其遵循特定但不明确的技术流程，并努力提高知识交互水平。主体之间隐性知识的溢出通常是创业社会网络的竞争优势，分工和知识传播之间的关系，产生了建立知识机制的不同路径和环境。创业社会网络中的知识和隐性信息通过非正式关系传递。这得益于地理和认知上的接近，以及文化背景，使得不同企业家之间的会议更容易。集群内创业社会网络中的知识扩散产生了竞争力和集聚经济。根据这一观点，地理或非地理邻近性都发挥了作用，Boschma（2005）认为通过面对面的互动保证了隐性知识的传播，Capello and Faggian（2005）认为社会邻近性和关系邻近性强调了主体之间知识扩散的影响。但是，究竟是什么决定了创业社会网络中知识传播的效率呢？。①

在当今知识经济时代，提高创新能力是集群网络内企业获取核心竞争优势的主要来源之一，而知识扩散是提高集群创新能力的有效途径。所以，如何使得知识在集群网络内高效扩散以提高集群企业的竞争能力，从而推动整个集群的发

① Gurrieri A R. Networking entrepreneurs. Journal of Socio-Economics, 2013, 47 (dec.): 193- 204.

展，促进区域经济增长是值得关注的重要问题。

在集群内创业社会网络中，各行为主体间的学习效率取决于知识扩散效率，而知识扩散效率与网络内各行为主体间的空间距离有关。一般来说，各行为主体间的空间距离越小，知识扩散效果就越好。研究表明，集群网络是高度非均一性的网络，具有无标度特性、小世界特性与集团化的复杂网络。各种知识正是通过集群网络进行扩散和传播的，因此，集群内创业社会网络结构的特殊性是否会对知识扩散产生影响？知识扩散过程中集群主体的行为特征又表现如何？知识能否在集群网络中得到高效扩散？其扩散速度又会受到哪些因素的影响？这些问题都具有重要的研究价值。

从现有研究文献来看，从社会网络的角度来对集群内网络中知识扩散进行研究的文献很少，而且只是从理论的角度来对知识扩散进行定性研究，而从社会网络角度来考虑集群内创业社会网络结构特性对知识扩散的定量研究还处于空白，鉴于此，我们拟利用社会网络理论从三个方面对集群内创业社会网络中的知识扩散行为进行研究：一是集群内创业社会网络结构的无标度特性对知识扩散会产生怎样的影响；二是集群知识扩散过程中主体的行为特征如何；三是集群内创业社会网络的社会效应对知识扩散会产生怎样的影响。

5.2.2 基于创业社会网络的知识扩散模型的构建

在集群内创业社会网络中，构成网络的基本要素有两个：集群行为主体以及集群行为主体之间相互作用的关系。网络中的每个行为主体都有自己的偏好和信念，并根据自己内部模型中的知识结构，对网络中其他行为主体可能采取的行动进行预测，并在此基础上对自己将要采取行动所带来的效益进行权衡，以进一步采取具体的行动。同时，集群主体的决策行为也会受到它所嵌入的集群网络的其他主体或群体的影响，我们称之为社会影响。因此，集群主体从网络中采纳创新知识所产生的总效用包括集群主体的个体偏好效应和集群网络的社会效应两部分。这里，假设集群主体 i 采纳创新知识后所产生的总效应可表示为：

$$V_i = \alpha y_i + (1 - \alpha) x_i \tag{5.1}$$

其中：V_i 表示知识给集群主体 i 所带来的总效应；x_i 表示集群主体 i 的个体偏好效应；y_i 表示集群主体 i 从集群网络中获得的社会效应；α $(0 \leq \alpha \leq 1)$ 表示社会效应与

个体偏好效应对集群主体决策行为产生影响的相对重要程度，α 值越大，表示集群主体在进行决策时越容易受到集群网络中其他主体或群体决策行为的影响，α 值越小，表示集群主体具有很强的自主性，其决策行为不易受到集群内创业社会网络中其他主体或群体决策行为的影响。

在集群内创业社会网络中，由于每个集群主体在网络中的度和结构洞位置的不同，它受到网络的社会影响程度可能也会不一样，因此本书在探讨集群内创业社会网络对集群主体进行决策所产生的社会影响时，我们考虑两种特殊情况：一是集群主体的所有邻节点对其决策行为所产生的影响程度是等同的；二是集群主体的每个邻节点对其决策行为所产生的影响程度与该邻节点的度成比例关系，也就是说，邻节点的度越大，那么它对集群主体的决策行为所产生的影响就越大，因此，集群主体 i 从其邻节点所获得的社会效应可以表示为：

$$y_i = b\frac{\sum_j c_{ij}}{\sum_j a_{ij}} + (1-b)\frac{\sum_j\left[\left(\sum_l c_{ij}a_{jl}\right)-1\right]}{\sum_j\left[\left(\sum_l a_{ij}a_{jl}\right)-1\right]} \tag{5.2}$$

在式（5.2）中，参数 b 表示上述两种特殊情况的权重大小，当 $b=0$ 时，说明主体 i 的每个邻节点所产生的影响与其所拥有的邻节点数目是成比例的，当 $b=1$ 时，说明主体 i 的任意邻节点所产生的影响都是一样的。右边第一项表示第一种情形下的社会效应，a_{ij} 是邻接矩阵 A 中的元素，即当主体 i 与主体 j 存在连接时，$a_{ij}=1$，否则，$a_{ij}=0$。c_{ij} 是矩阵 C 中的元素，矩阵 C 反映主体与网络中已经采纳创新知识的行为主体之间的连接关系，也就是说，如果集群内创业社会网络中的任意主体 j 已经采纳了创新知识，而当另一主体 i 与主体 j 之间存在连接关系时，则 $c_{ij}=1$，否则 $c_{ij}=0$，因此，指标 $\frac{\sum_j c_{ij}}{\sum_j a_{ij}}$ 反映了已经采纳创新知识的主体 i 的邻接节点在集群内创业社会网络节点中所在的比重。右边第二项表示第二种情况下的社会效应，其中，$\sum_j\left[\left(\sum_l a_{ij}a_{jl}\right)-1\right]$ 表示主体 i 的邻接点所拥有的邻接点总数目，$\sum_j\left[\left(\sum_l c_{ij}a_{jl}\right)-1\right]$ 表示主体 i 的邻接点所拥有的邻接点中已获取创新知识的节点数目。

主体 i 的个体效应可以表示为：

$$x_i = \frac{h^\lambda}{h^\lambda + f_i^\lambda} \tag{5.3}$$

其中：f_i 表示主体 i 的个体偏好，h 表示主体所获得的创新知识的质量。当 λ 取较大值时，如果 $h > f_i$，$x_i = 1$，否则，$x_i = 0$。

由于集群内创业社会网络中的每个主体对每次获得的创新知识所产生效应都会有一个预期的最小效应值 $V_{\min}$，而集群主体 i 最终是否采纳创新知识取决于获得的创新知识所产生的总效应 V_i 与 $V_{\min}$ 之间的大小比较，因此，集群主体 i 是否采纳创新知识的决策规则为：

$$V_i \geqslant V_{\min} \tag{5.4}$$

当 $V_{\min}$ 的值比较小时，集群主体 i 很容易被满足，并会采纳创新知识；而当 $V_{\min}$ 的值比较大时，集群主体 i 很难被满足，并不会轻易采纳创新知识。

另外，在这个模型里，我们给出以下三个假设：

假设 1：只有当集群网络中主体 i 与主体 j 之间存在连接关系时，创新知识才能在这两个主体间进行传播和扩散。

假设 2：集群网络中最初获得创新知识的主体占网络节点总数 N 的比例 φ 是固定的，而且对已采纳创新知识的主体的选择是随机的。

假设 3：集群网络中每个主体的个体偏好和对社会影响的敏感程度都是不一样的，且参数 $V_{\min}$、α、f_i 在区间 [0，1] 内均服从均匀分布。

5.2.3 仿真与结果分析

（1）集群内创业社会网络结构对创新知识扩散的影响

为考虑集群内创业社会网络结构影响，我们假设 $N = 300$、$\lambda = 80$、$\varphi_0 = 1\%$、$\alpha = 0.2$、$h = 0.6$，f 服从区间间隔为 0.6 的均匀分布，也就是说，f 的平均值 $\bar{f}$ 在区间 [0.3，0.9] 之间变动。同时，为确保在此种仿真条件下所获得结果的平均值和标准偏差均收敛于稳定值，此次仿真实验重复进行 50 次。

这里，为更好地反映集群内创业社会网络结构对集群创新知识扩散的影响，我们比较了规则网络和集群内网络结构两种不同的网络结构对集群创新知识扩散的影响，同时，我们通过在 [0.3，0.9] 的区间内不断增加集群主体个体偏好的平均值 $\bar{f}$，来计算集群内创业社会网络中创新知识采纳者所占比重，仿真结果见图 5.1 和图 5.2。

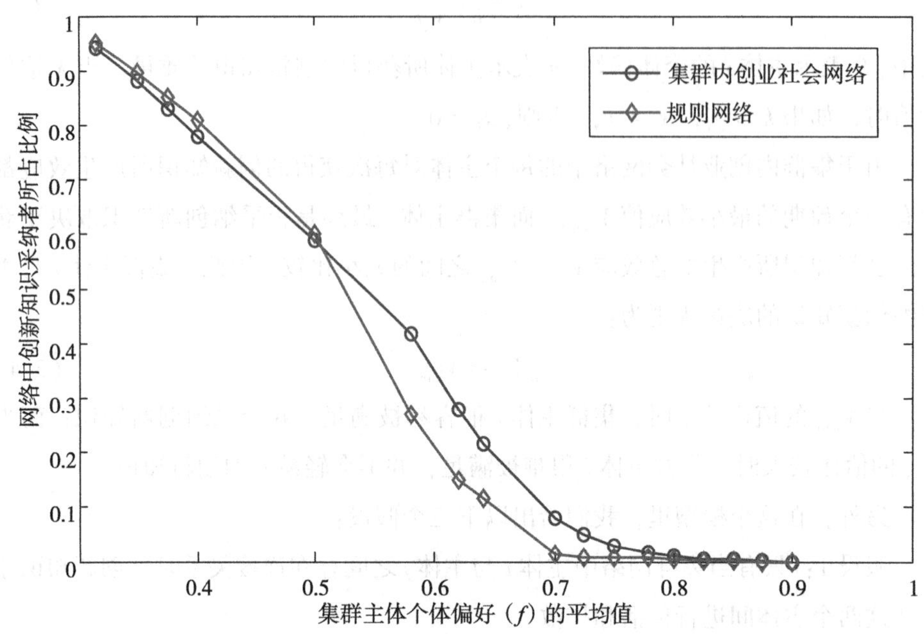

图 5.1　集群内创业社会网络结构和主体的平均个体偏好对创新知识扩散的影响

从图 5.1 中可以看出，网络结构对创新知识扩散产生了非常重要的影响。在规则网络中，当主体个体偏好的平均值小于 0.5 时，即 $\bar{f} < 0.5$，创新知识扩散很容易发生，在此种情况下，网络中的创新知识可以传达到每个主体，而且对于创新知识产生的效应大于其预期的最小效应值（即 $V_i \geqslant V_{\min}$）的主体来讲，它会立即采取采纳创新知识。当主体个体偏好的平均值大于或等于 0.5 时，即 $\bar{f} \geqslant 0.5$，在较短的时间后，网络中创新知识的扩散就会停止，而且只有小部分的主体（$V_i \geqslant V_{\min}$）采纳了创新知识，在此种情况下，没有采纳创新知识的主体并不会把信息传达给网络中的其他主体，导致网络中的许多主体不能接收到信息，最后的结果是大量潜在的创新知识采纳者由于网络中信息扩散的中断都没有采纳创新知识。

同时，从图中我们也可以看出，与规则网络相比，集群内创业社会网络中的创新知识扩散更加容易，因而更多的潜在主体可以接收到信息，而且这种信息的传达是非常高效的。只有当集群内创业社会网络中主体的个体偏好比创新知识的质量大得多时，即$f_i > h$，创新知识采纳者所占比重才会开始下降，这主要是由于没有采纳创新知识的主体所占的比重在增加，因而它们没有把信息传达给网络中的其他主体。然而，与规则网络相比，集群内网络中创新知识采纳者所占比重下降的幅度要小得多。另外，从图中我们可以看到，当$\bar{f}=0.6$，大多数的集群主体已接收到信息，而且有一半已经采取了创新行为，这说明集群内创业社会网络中的信息已被传送到大量的潜在创新采纳者。

结论 1：集群内创业社会网络结构对创新知识扩散效率产生了重要影响，而且与规则网络相比，集群内创业社会网络的无标度性使得信息的扩散效率更高，集群主体往往更易于采纳创新知识。

当然，网络结构不仅会影响创新知识扩散效率，而且结构不同的网络中创新知识扩散过程的速度可能也会不一样。从图 5.2 中可以看出，与规则网络相比，集群内创业社会网络中的创新知识扩散速度更加迅速。集群内创业社会网络中的信息在第 20 个扩散阶段就可以扩散到整个网络，这主要在于集群内网络中存在大量的社团结构和核心节点，一旦它们采纳创新知识，这种信息很快就会在网络中被传播。

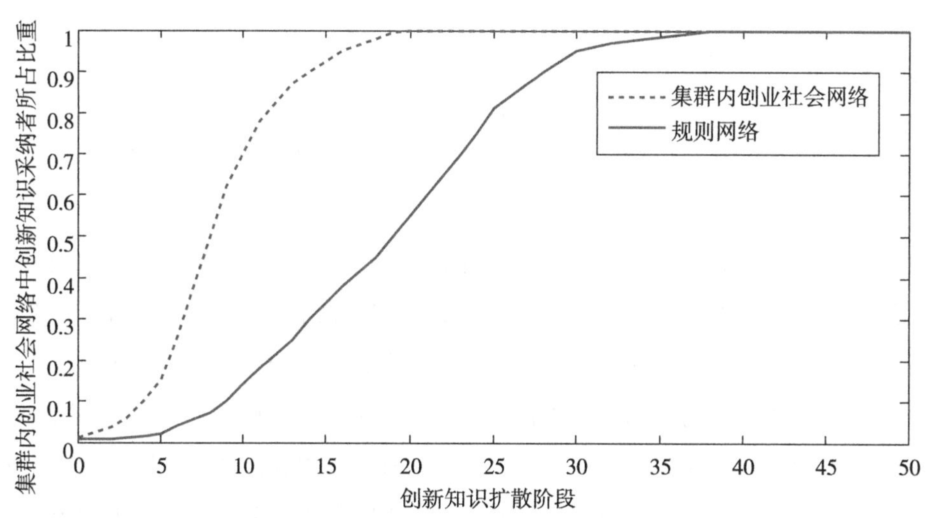

图 5.2　集群内创业社会网络中的创新知识扩散速度

结论 2：集群内创业社会网络结构对创新知识扩散过程的速度产生了重要影

响，而且与规则网络相比，集群内创业社会网络中的创新知识扩散速度更加迅速。

（2）创新知识扩散过程中集群主体的行为特征分析

在整个创新知识扩散的过程当中，主体的行为特征如何呢？这里，我们对创新知识扩散过程中集群主体的行为特征进行分析，在第一次仿真实验参数设置的基础上，我们设置此次仿真实验的参数如下：$f_i \in [0, 1]$，$V_{\min} \in [0, 1]$，$\alpha \in [0, 1]$，仿真实验次数同样为 50 次。仿真结果见图 5.3、图 5.4 和图 5.5。

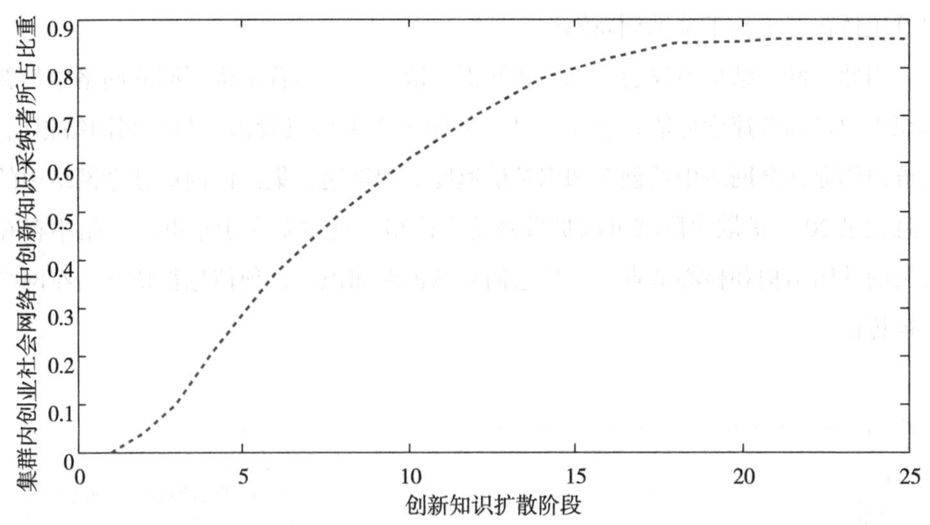

图 5.3 集群内创新知识扩散过程中创新知识采纳者所占比重的变化

从图 5.3 中可以看出，在集群内创新知识扩散过程中，集群内创新知识采纳者所占的比重在不断增加，而当集群内创新知识扩散到第 20 个阶段时，集群内创新知识采纳者所占的比重达到一个稳定值，大约占了 85%，原因在于集群内创业社会网络结构的无标度特性使得创新知识扩散速度非常快，在第 20 个阶段时，信息已被扩散到整个集群网络，这与第一次仿真实验得到的结果相同。网络另外 15%的集群主体最终没有采纳创新知识行为的原因在于其采纳创新知识获得的总效应低于其预期的最小效应值，即 $V_i < V_{\min}$。

结论 3：集群内创新知识采纳者的数目随着集群内创新知识扩散过程的演化在不断地增加，而且当信息扩散到这个集群网络后，集群内创新知识采纳者的数

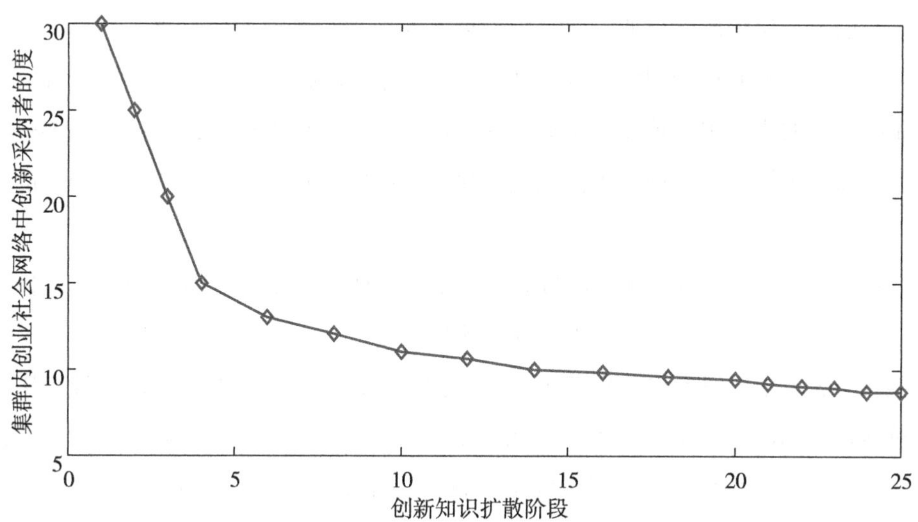

图 5.4　集群内创新知识扩散过程中创新知识采纳者的度的变化

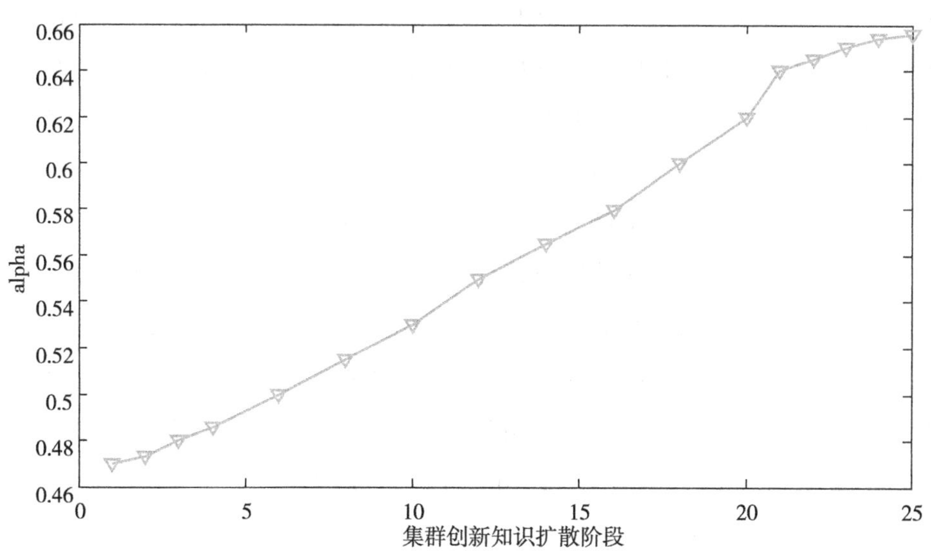

图 5.5　集群创新知识扩散过程中主体对社会影响的敏感程度

目不会再发生改变。

从图 5.4 中可以看出，最先采纳创新知识的集群主体的度往往比较大，原因在于集群主体的度越大，它跟网络中其他主体的接触就越多，获得信息的机会就越大，因而采纳创新知识的可能性也就越大。同时，我们从图中还可以看出，随着集群创新知识扩散阶段的演化，集群创新知识采纳者的度变得越来越小。这主要在于集群内创业社会网络结构的无标度特性使得网络内信息的扩散更加高效，因而网络内的集群主体可以直接通过这种网络效应来获得信息，而并不需要过多的依靠邻接主体，而当信息扩散到整个集群网络时，集群内创新知识采纳者的度最终会达到一个稳定值。

结论 4： 最先采纳创新知识的集群主体的度往往比较大，但集群创新主体的度随着集群创新知识扩散阶段的演化在不断变小，并最终达到一个稳定值。

从图 5.5 中可以看出，集群主体采纳创新知识的行动越迟，他们对社会影响的敏感程度 (α) 就越大。显然，如果集群主体对社会影响的敏感程度较大，它们往往会跟随网络中其他主体所做的决策行为。在集群创新知识扩散的初期阶段，由于集群网络的其他许多邻接主体并没有采纳创新知识，它们就无法接收到该信息，自然也就没有采纳创新知识。在集群创新知识扩散后期阶段，由于集群网络中的其他许多邻接主体采纳了创新知识，该信息就会在网络中传播，因而它们也可能会采纳创新知识。相反，如果集群主体在集群创新知识扩散的初始阶段就采纳了创新知识，那么意味着该主体的个体偏好值 (f) 比较大，它们经常会将个体偏好 (f) 与创新知识的质量 (h) 进行比较。

（3）集群主体对社会影响的敏感程度对创新知识扩散的影响

扩散理论表明，集群主体的决策行为会受到集群内创业社会网络的社会影响，因此，在此次仿真实验中，我们试通过不断改变 α 的平均值 $\bar{\alpha}$，来判断集群内创业社会网络的社会影响对创新知识扩散的影响，显然，$\bar{\alpha}$ 越大，集群主体的决策行为越容易受到集群内创业社会网络的社会影响。在第一次仿真实验参数设置的基础上，我们设置 $\bar{\alpha} = [0.27\ 0.395\ 0.52\ 0.645\ 0.745\ 0.795]$，$\bar{f} = [0.2\ 0.35\ 0.45\ 0.55\ 0.65\ 0.75]$，仿真结果见图 5.6。

从图 5.6 中可以看出，$\bar{\alpha}$ 值越大，集群创新知识扩散速度就越小，集群创新知识扩散就会受到阻碍。显然，$\bar{\alpha}$ 值越大，说明集群主体对社会影响的敏感程度越大，因而只有当集群内创业社会网络中的其他许多邻接主体采纳了创新知识时，它们才会接收到该信息，从而也会采纳创新知识，这就影响了集群网络内创新知识采纳者的数量。当然，创新知识采纳者数量的减少与社会影响程度并不是

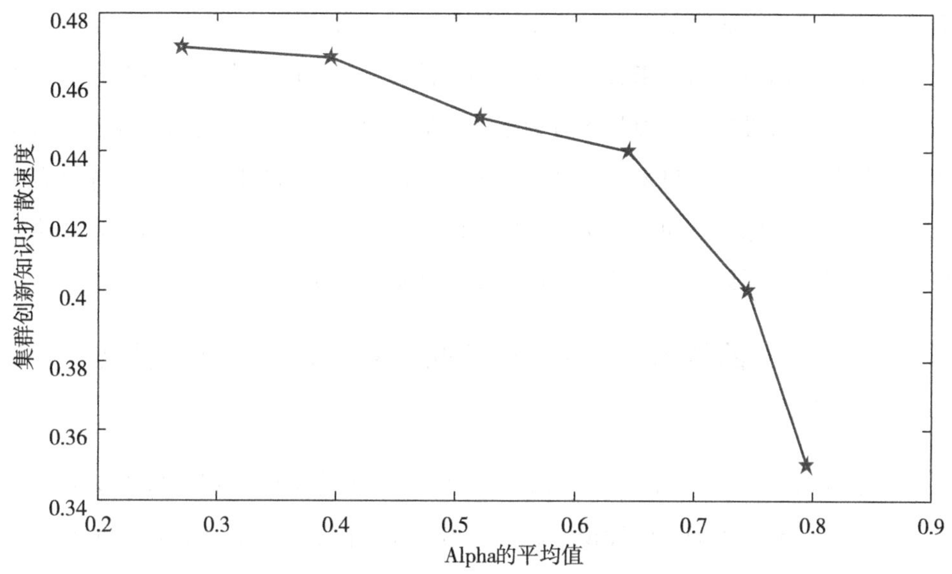

图 5.6 社会影响对集群创新知识扩散速度的影响

成比例关系，从图 5.6 中可以看到，当 $\bar{\alpha}$ 在区间［0.645, 0.795］内变动时，创新知识采纳者数量的减少与社会影响程度就存在很大的关联，而当 $\bar{\alpha}$ 在区间［0.27, 0.395］内变化时，创新采纳者数量的减少与社会影响程度并没有太大的关系，而且当集群主体的个体偏好 (f) 远远低于创新知识的质量 (h) 时，集群主体对社会影响的敏感程度低（即 $\bar{\alpha}$ 越小），就越有助于信息在集群网络中的扩散。

结论 5：社会影响对集群创新知识扩散速度产生重要影响，当集群主体对社会影响的敏感程度较低（即 $\bar{\alpha}$ 值较小）时，社会影响有助于信息在集群内网络中的扩散，而当集群主体对社会影响的敏感程度较大（即 $\bar{\alpha}$ 值较大）时，社会影响将会阻碍信息在集群内创业社会网络中的扩散。

5.3 集群内创业社会网络中的学习对创业企业成长的影响

集群内创业社会网络中的创业企业要获得并维持长期的竞争力，就必须将创业企业自己所拥有的资源与网络内的共享资源进行有效整合，并通过资源的整合与优化配置提高自身的竞争优势，而共享性资源的产生是需要通过网络各行为主体间的互动学习来实现的。所以，对集群内创业社会网络中的创业企业而言，长期的竞争优势必须建立于以自身为主体的自组织学习。

从学习与创新的角度来看，集群内创业社会网络为网络内的各行为主体提供了学习与创新的机会，学习与各行为主体创新能力的积累，会更加增强各行为主体之间的合作关系，反过来，这种合作关系最终会促使网络内的行为主体具有更加强烈的学习意愿，进而提升了集群网络的整体价值。因此，集群内创业社会网络中的学习对集群创业企业的发展产生了非常重要的影响。

5.3.1　网络中的集体学习所产生的知识溢出为创业企业提供了创新资源

在集群内创业社会网络中，各行为主体在某个特定的地理位置上集聚在一起，但每个行为主体拥有的知识资源却各不相同。创业企业作为网络中的核心主体，它是将网络中的研究成果转化为实际生产力的纽带，它们与网络中的其他行为主体紧密联系，通过互动与从事实际的生产经营活动和创新活动积累了大量的应用性知识；大学或科研机构作为研究成果的创造地与各种创新人才的培育基地，通过单独研发或合作开发等方式进行研究，并为网络中创业企业的研发与创新活动不断提供人才，因而它们也为集群内创业社会网络输送了大量知识资源；政府作为集群政策的制定者与基础设施的建设者，为网络内创业企业的创新活动提供了良好的平台与创新环境；金融机构在项目投资收益分析与项目评估方面更具专长，创业企业获取这样的专业知识可以减少项目投资的风险；中介机构作为网络中的服务机构，它们的专业能力毋庸置疑，而且它们随时都掌握着世界的前沿信息，因而创业企业从它们那里获取知识，可以为未来的创新方向提供参考。因此，在这样的创新环境下，网络中各行为主体之间的互动学习，有利于网络内知识的溢出和共享，为网络中的创业企业增加创新资源。

知识溢出效应从某种程度来讲是集群内创业社会网络形成的一个重要原因，通过网络内的知识溢出，网络内各行为主体能够迅速获取创新所需的各种资源，大大降低技术创新的难度。与网络外的创业企业相比，网络内的创业企业可以借助各行为主体在地域空间上的临近优势来更快地促进网络内的知识溢出。各行为主体之间可以通过彼此之间的互动学习形成各种正式或非正式关系，这些关系往往更容易加快各行为主体之间各种知识的流动速度，从而产生知识溢出。

这种知识溢出所产生的创新资源对集群内创业社会网络中创业企业的成长起到了非常重要的作用。一方面，资源能够影响到网络内创业企业未来的发展方向。对于任何一个企业而言，开展每一次经营活动都需要消耗大量资源，因而当企业面临多种经营活动时，决策尤为需要谨慎，特别是对于本身资源有限的创业企业来讲更是如此，因此，当创业企业通过知识溢出的方式从网络中获取了创新资源时，它们往往会将现有资源合理地分配于能带来资源价值增值的经营活动，也就是说，资源的投向决定了创业企业在未来某段时期的发展方向。另一方面，资源会影响到网络内创业企业的成长速度。与大中型企业相比，创业企业的突出劣势在于能力有限、管理经验缺乏、创新资源不足。但通过与网络内其他行为主体间的合作，地理位置上的靠近和联合，来实现资源共享，创业企业可以弥补自身创新资源的不足，因而对创业企业来讲，要解决在资源方面所处劣势，只有借助集群内创业社会网络平台从外部获取资源，并与自身资源进行整合优化，促使创业企业不断成长。

5.3.2 网络中的互动学习可以促进知识的扩散，进而提高创业企业的创新能力

在集群内创业社会网络中，各行为主体在地理位置上的集聚为彼此之间的频繁互动学习提供了便利，增强了彼此之间的信任关系，促使各行为主体之间形成了各种正式网络关系与非正式网络关系。创业企业所需的创新知识既包含显性知识，同时也包含隐性知识，因而，对于不同的创新知识，就需要借助网络内各行为主体之间所形成的正式网络关系与非正式网络关系来进行转移。

对于非正式网络关系而言，其参与的行为主体是基于彼此之间的非正式关系（如血缘关系、朋友关系、同事关系等）集聚在一起而组成的一个群体，通过这种方式传递的大多是隐性知识。一方面，非正式网络关系可以提高网络内创新知识交流的效果。非正式网络内各行为主体之间采用非正式的交流方式，彼此之间心态比较放松，交流的内容比较随机，简单化，可以使各行为主体之间直接进入它们所关注的话题。另一方面，非正式网络关系可以提高网络内创新知识传递的速度。由于非正式交流比较随性，因而其交流频率较高，通过各行为主体之间的

非正式交流，可以更快地获取各种信息。因此，这种非正式网络关系不仅可以促使隐性知识在整个集群内创业社会网络中扩散，从而可以克服创业企业在创新过程中遇到的各种障碍，同时还进一步增强了正式网络内各行为主体之间互动程度，也增强了网络内各行为主体间的信任关系，从而促使各行为主体之间建立长期稳定的合作创新，不断提升各自的创新能力。

对于正式网络关系而言，它主要是创业企业通过合同关系、交易关系以及服务关系等与网络中其他行为主体所建立起的网络关系，通过此种方式传递的更多是显性知识，它们对创新起到非常重要的作用，它能够有效防止网络内的某些行为主体实施机会主义行为。另外，通过正式网络关系还可以将具有不同竞争优势的企业聚集在一起，不仅可以为集群内创业社会网络提供更多创新资源，还可以提高创业企业自身的创新能力。同时，还可以通过网络的示范效应来吸引集群网络外部主体，扩大集群内创业社会网络的边界，从而促使网络外部的创新知识也不断涌入网络中来，因而集群内创业社会网络中的正式网络关系更有利于加快网络内创业企业的技术创新，从而提升其创新能力。

5.3.3　通过网络中的集体学习机制提高了创业企业创新的绩效

集体学习是集群内创业社会网络中各行为主体之间互动的结果，在集群内创业社会网络中，各行为主体之间的频繁互动促使彼此之间形成了各种错综复杂的网络关系，既包含了与供应商、客户、生产商、销售商等之间形成的垂直网络关系，也包括了与同行竞争企业、互补企业等之间形成的水平网络关系。各行为主体之间通过这些网络关系来不断改进技术、降低创新成本，从而达到提高创新绩效的目的。一方面，创业企业可以通过垂直网络关系从供应商与客户那里获取新的市场信息与客户需求，以及了解现有技术产品存在的缺陷，同时通过水平网络关系可以获知自己的技术与竞争者技术的差距，当自己的技术优越于竞争者时，竞争对手就会想方设法进行模仿，最终会形成一种你追我赶的局面，使得技术可以得到不断改进，从而也大大提升了创业企业的创新绩效。另一方面，通过网络关系建立起的长期合作关系不仅可以增强各行为主体之间的信任关系，还可以促使信息的高度聚集。各行为主体之间信任关系的增强可以较低交易费用，信息的高度聚集可以减少网络内机会主义行为的发生，进而可以减少机会主义成本，最终可以降低创业企业的创新成本。

5.4 本章小结

本章首先对集群内创业社会网络中的学习机制进行了分析，主要包括学习产生的原因及其含义，并阐述了网络内的两种学习方式，即集群内创业社会网络中部的学习（即核心网络层的学习、核心网络层与辅助网络层之间的学习）与集群内创业社会网络外部的学习（即内部网络与外部网络之间的学习）；其次，分析了集群内创业社会网络对创业企业学习效率的影响，构建了基于创业社会网络的知识扩散模型，并利用仿真手段从以下三个方面进行了分析：一是集群内创业社会网络结构对创新知识扩散的影响；二是集群内创业社会网络中创新知识扩散过程中集群主体的行为特征分析；三是集群内创业社会网络的社会效应对创新知识扩散的影响。最后从三个方面分析了集群内创业社会网络中的学习对创业企业成长的影响。

第6章　集群内创业社会网络与创业企业成长过程中企业间的信任关系

前面章节的分析已表明，集群内创业社会网络有利于网络内资源聚集及创生以及促进知识在网络内的快速扩散，进而对创业企业创新能力的提升与创新绩效的改善都产生了重要影响，但能否长期维系集群内创业社会网络的发展是关键，这就依赖于网络内信任水平的高低。信任普遍存在于网络内各行为主体之间的合作关系中，高信任水平能够有效降低各种交易成本，提高资源利用率。同时还可以加快网络内各种信息的交换，减少机会主义行为的发生。因而，信任作为一种减少网络关系复杂性的机制，对网络内创业企业创新能力的提升也产生重要影响。

然而，不同于一般组织间的信任，集群内创业社会网络中的信任是一种网络组织间的信任，它深深嵌入集群网络中，随着集群内网络的不断演化，这种信任也在不断发生动态变化，因此，集群内创业社会网络的信任究竟是如何产生的？它会受到哪些因素的影响？同时，集群内创业社会网络结构对各行为主体之间的信任关系又会产生怎样的影响呢？本章试图对上述这些问题进行解答。

6.1　集群内创业社会网络中信任的产生及其影响因素分析

6.1.1　集群内创业社会网络中信任的产生

企业家在成功组建新企业方面面临着巨大的困难，部分原因是他们往往无法控制启动这些企业所需的所有资源。因此，能否成功地克服这些困难，进而获得必要的资源，在很大程度上取决于企业家与资源提供商建立持续交换关系的能力（Katz and Gartner，1988）。对创业关系性质的关注源于认识到创业是一个嵌入社会背景的经济过程（Aldrich and Zimmer，1986）。在这种背景下，企业家必须不断发展交换关系结构和质量，努力获得启动和维持新企业所需的资源（Hite，2005；Ritter and Gemünden，2003）。大量研究表明，信任发展是这一过程的重要组成部分。尽管信任具有内在的重要性，但迄今为止，很少有研究探讨企业家网络发展过程中信任如何演变以及为什么会演变。①

在日益动荡的外部环境中，信任作为一种战略资源变得更加重要。高度的信任和积极的创业态度使主体更容易做出有效决策，实施主体和集体行动。它通过替代和补充合同或法规，降低了交易成本，减轻了与决策相关的风险或不确定性（Luhmann，2000）。基于信任的主体关系使主体能够获得更多关于其商业想法的反馈，并在创业活动中取得成功（Greve，1995）。奥尔德里奇（2000）认为，创业过程中的信任建设活动对创新型企业家尤为重要。在创业和业务增长期间，机构信任似乎发挥着更重要的作用（Höhmann and Welter，2005）。Westlund and Adam（2010）认为，影响经济绩效的不是一般信任，而是社会商业领域的信任。因此，对银行、投资者等某些机构的信任度较低，可能会导致主体与这些机构之间的某些非理性或被动关系，最终导致经济表现和创业能力下降。然而，机构信任和社会信任并不相互排斥，而前者反过来又需要发展和维持后者（Welter and Smallbone，2006）。②

集群内创业社会网络是社会资本形成的重要基础，而社会资本对于网络内信任的产生起着重要作用，网络内的信任可以增强集群内创业社会网络集聚度，从而促使网络各行为主体之间长期重复的交易，降低彼此之间的交易成本，提高网络内各种知识与技术的扩散，形成较强的竞争优势。因此，集群内创业社会网络中的信任源于网络内各行为主体之间长期的重复博弈所建立起来的各种关系，而且信任关系的维护需依靠网络内各行为主体之间的相互监督，它属于一种内生的关系。

从根本原因上来看，集群内创业社会网络中的信任源于集群社会文化的根植性、地理位置的临近性以及专业化协作分工，这三种因素的共同作用促使网络内

---

① Smith D A, Lohrke F T. 2008. Entrepreneurial network development: trusting in the process. Journal of Business Research, 61 (4): 315-322.

② Elvin Afandi, Majid Kermani, Mammadov F. 2017. Social capital and entrepreneurial process. International Entrepreneurship and Management Journal.

信任的产生。一方面，集群社会文化可以为网络内各行为主体之间的互动提供良好氛围，增强彼此之间的情感基础，有助于创业社会网络的形成与扩大，而创业社会网络的构建又促进了网络内社会资本的形成，有利于网络内信任的产生；另一方面，地理位置的临近性为网络内各行为主体之间的互动交流提供了便利，有助于加快各种信息在网络内的传播与扩散，降低网络各行为主体之间的沟通成本，强化网络内各行为主体的社会资本，为网络内信任的产生奠定了基础；另外，网络内各行为主体之间的专业化协作分工增强了彼此之间的经济交易关系，这种长期的交易关系也有利于促使信任在网络内产生。

从直接原因上来看，信任产生的来源有三种：第一种是基于计算的信任，此种信任属于各行为主体在偶然交易过程中所产生的短期信任，理性主义者在这种短期交易中往往容易产生机会主义行为。当网络内各行为主体之间的交易次数不断增加时，基于自身长期利益考虑，它们往往会放弃机会主义行为而趋向于彼此之间建立稳定的合作关系，以寻求更高的利益，因此，在此种情况下就产生了网络内的第二种信任——基于关系的信任。第三种信任是基于制度的信任，促使此种信任产生的原因在于网络内各行为主体之间进行交易活动的地理距离，制度信任往往更容易跨越地理距离而进行不断传播，另外，网络内各行为主体之间的交易频率也是促使网络内制度信任产生的重要原因，制度信任是整个集群网络的信用基础，它能够促使网络内形成高度信任的集群环境。

因此，集群网络内的信任普遍地存在于网络内的各种组织中，与一般组织间的信任一样，网络内的信任同样能够在一定程度上减少集群内部的复杂性与不确定性，降低网络内各行为主体的交易成本以及防止机会主义行为和道德风险的发生。同时，它在促进网络内各种资源共享，进而增强网络内集群学习的竞争优势，以及加快网络内各行为主体之间的交易速度，以形成高效的竞争优势等方面也发挥着非常重要的作用。

6.1.2 集群内创业社会网络中信任的影响因素分析

从上个小节的分析过程可以看出，集群内创业社会网络中信任的产生是一个长期的过程，在不同的阶段产生了基于计算的信任、基于关系的信任和基于制度的信任，因此，对于这三种不同的信任，它们在建立的过程中受到的主要影响因素也会不同。

（1）基于计算的信任产生的影响因素

在信任的初始阶段，基于计算的信任的影响因素主要包括企业竞争力和企业形象两个方面。

1）企业竞争力

在集群内创业社会网络中，一个企业所具备的竞争力就代表了它在网络中的社会地位。企业的竞争力越强，它在网络中越会处于较高的地位，如主导企业，它不仅自身拥有较多的社会资本与较强的能力，而且能够利用各种途径快速从网络中获取其所需的各种资源，因而在创新方面往往更具优势。对于想要从网络中寻找合作的企业来讲，它们在初次选择合作伙伴时，基于自身利益的考虑，往往会选择竞争力比较强的企业，因为可以更容易从它们那里获利。因此，企业竞争力是影响初始信任的重要因素。

2）企业形象

企业形象是对以往发生交易活动过程中所体现的各种交易行为与交易结果的综合体现，它代表了企业在集群内创业社会网络中的信誉，信誉是一种重要的社会资本，一个企业信誉的好坏会直接影响它与网络内其他行为主体之间合作关系的建立。而且在集群内创业社会网络中，各种信息在网络中能够得到快速传播，一旦某个企业的信誉出现问题，就会很快被网络中的其他行为主体所熟知，那么它就要付出更高的成本，相反，企业良好的信誉也会不断在网络中得到传播，只会使企业的信誉度变得更高。良好的信誉可以为企业带来经济效益，它是建立信任的基础，一个企业的信誉越好，它获得的信任度也就越高。因此，对于没有合作经历的企业来讲，它们在选择合作伙伴时往往只能通过企业的形象来决定是否与其建立合作关系。因此，企业形象也是影响初始信任的重要因素。

（2）基于关系的信任产生的影响因素

随着集群内创业社会网络的不断发展，网络内的信任程度在不断增强，逐渐由初始信任向基于关系的信任转变。在该阶段，影响信任的主要因素包括企业的合作经历、企业间的沟通效果、企业文化。

1）企业间的合作经历

集群内创业社会网络中信任的建立过程是企业间不断博弈的过程，也是企业之间相互熟悉的过程，随着企业间合作行为的不断发生，增进了彼此之间的了解与熟悉程度，减少了合作过程中的各种不确定性及合作关系的复杂性，从而降低了彼此之间的合作风险。因而，企业间的合作经历对信任度的增强起着重要作用，多次成功的合作关系往往更容易促使企业间形成高度的信任关系。

2）企业间的沟通效果

企业间的沟通效果取决于企业之间各种信息交换的速度与信息共享，而集群内创业社会网络为信息的快速传播与信息共享提供了平台。在集群内创业社会网络中，地理位置的接近性为企业之间的沟通提供了便利，企业间及时有效的沟通可以减少彼此之间在合作过程中的冲突，降低企业行为的不确定性，增加了彼此信任关系程度。同时，信息共享机制有利于各种显性知识与隐性知识在企业间的流动，当企业因信息共享机制而获得了有利于创新活动开展的知识资源时，往往就容易促进企业间的下次合作，如此反复，企业间的信任关系也会不断得到增强。因此，企业间的沟通效果也会影响彼此间的信任关系强度。

3）企业文化

在集群内创业社会网络中，来自不同区域的各行为主体具有不同的文化背景，因而在其发展过程中就形成了各自不同的企业文化与管理思想，而这种文化差异往往会导致各行为主体之间的冲突与争议。相反，对于相同区域的行为主体来讲，它们往往容易形成相似的企业文化与工作方式，相互之间在合作过程中产生冲突的可能性要小些，这也促使各行为主体之间更加方便沟通，因此，具有相似企业文化的各行为主体之间更容易建立信任。

（3）基于制度的信任产生的影响因素

基于制度的信任产生的影响因素主要是政策环境，这里的政策环境主要包括法律政策与制度。一方面，法律政策在整个集群内网络运行过程中起到强制监督作用，可以有效降低网络内各行为主体之间的交易成本，从而使得网络内的信任程度不断提高。另一方面，政府作为集群内创业社会网络中的重要力量，通过制定相关集群制度来有效约束网络中各行为主体之间的经济活动，从而为集群内网络创造良好的环境，使得各行为主体之间的信任程度不断提高。

6.2 集群内创业社会网络中企业间信任关系的动态性分析

在集群内创业社会网络中，由于信任本身根植于网络内的各种社会结构，因而随着集群内创业社会网络的不断演化，网络内的信任的内涵与功能也会发生变化，因此，集群内创业社会网络中的信任的产生与发展属于一个动态过程。下面我们结合集群内创业社会网络的演化阶段来对信任的动态性进行分析。

6.2.1 集群内创业社会网络萌芽阶段的信任关系

在此阶段，集群网络内企业数目较少，而且企业规模较小，企业家之间基于亲戚、同事、朋友等关系来构建他们的社会网络，此时的集群整体结构较为松散，各行为主体之间的互动较少，在供应关系上，企业可以在上游供应链上自由选择自身生产所需的供应商，以及在下游供应链上选取合适的客户。在技术合作创新上，企业也主要是依靠自身的能力进行，与网络其他行为主体之间的联系较少，因此，在集群内创业社会网络的萌芽阶段，各行为主体之间的互相依赖程度是非常低的。企业间的信任是源于企业家通过自身的社会网络与网络中的其他成员所建立起来的，同时，由于集群网络内的行为主体能够依靠空间集聚与专业化协作分工来降低各种成本，因而计算型的信任在集群内创业社会网络的萌芽阶段普遍存在。然而，由于网络内各行为主体之间的合作是短期的，彼此之间的信任程度完全基于在经济层面上的理性考虑，如果通过网络中的信任关系所产生的经济效益超过其采取机会主义行为所获得的经济效益时，他们就会考虑彼此间进行合作的可能。因此，在此阶段，集群内创业社会网络属于一个信任度较低的网络经济体，各参与行为主体的主要目的是追求短期利益，彼此间的信任也主要是以口头承诺为主，而且集群网络内法制和第三方机制均不健全，导致对网络内成员的约束能力较弱，在这种没有外部监管的情形下，往往会产生机会主义行为。

总的来讲，在此阶段，集群内创业社会网络中的信任主要是以创业者特质为表征的个人信任阶段，创业者特质决定了其未来合作者的信任范围，由于处于萌芽阶段的创业社会网络属于一种高度路径依赖性的网络中，各行为主体一般都是按照历史经验来做出决策行为，因而创业者往往会倾向于选择以彼此间的强联系为主的二元联系。但这种由彼此间强联系所构成的创业社会网络中，各行为主体之间互相了解，网络内部的信任关系会更有利于创业资源的获取。在此种状态下，创业成员的信誉度一般通过网络内其他成员进行传播，进而影响整个集群内创业社会网络信任度的发展。

6.2.2　集群内创业社会网络发展阶段的信任关系

随着集群内创业社会网络的发展，外部环境的变化加剧了网络内企业之间的竞争强度，使得网络内的一些创业者试图通过技术创新手段来促进企业的生存与发展。同时，集群内创业社会网络中的分工和协作也促使企业之间形成了竞争与合作的关系，促成了集群网络内的制度创新。因而，在此阶段中，创业企业家的作用更加明显，他们不仅刺激了地方环境，促使集群网络内进一步加强创新与地方性学习。而且创业者的成功经验也在集群网络中形成了地方共识，从而降低了创业存在的风险，为未来创业者提供了更好的经验借鉴与创业机会，集群网络外部的企业不断被吸引到集群网络中来，网络内的企业数量在不断增加，集群内创业社会网络规模在不断扩大。此时，集群内创业社会网络中出现了大量的各种原料、设备、半成品供应商以及大学或科研机构、金融机构、中介机构等辅助服务机构，网络内配套逐步得到完善，并产生了外部规模经济效益，同时也表明了集群内创业社会网络正式进入高速成长阶段。而且基于集群网络内各行为主体之间的长期重复交易，彼此间形成了稳定的合作关系，专业化协作分工网络越来越成熟，在供应关系上，企业与上游供应链上的供应商以及与下游供应链上的客户都形成了稳定的合作关系，在生产上，各企业之间也都建立了专业化协作分工的生产网络。

在此阶段，外部市场竞争压力促使集群内创业社会网络发展阶段对创新要求的增强，网络内各行为主体越来越需要与网络内其他行为主体展开合作，以增加技术管理等方面的互动学习；同时，这一时期市场变化的加快也促使各行为主体之间需要实现市场资源与市场信息的共享。因此，在集群网络内各行为主体之间不断互动学习的过程中，彼此之间的信任水平在不断提升，而且这种信任关系的构建与维护经验在集群网络中不断被传播，并被网络中的其他行为主体所学习与模仿，从而使得网络中信任构建与维护的成本不断降低，信任关系所带来的经济效益也在不断增加，各行为主体之间也就开始越倾向于相互信任，集群内创业社会网络中开始涌现信任文化。

总之，随着集群网络内创业活动的发展，创业者原有基于自身社会关系所构建的创业社会网络已无法满足创业企业成长的需要，创业者为了获取其创新所需的各种资源，就需要与集群网络中拥有其所需创新资源的其他行为主体之间发生互动，这种互动是网络中多主体间的互动，已经超出了两元关系，在此阶段，集群内创业社会网络中的信任已经从基于计算的信任转化为基于关系的信任。

6.2.3　集群内创业社会网络成熟阶段的信任关系

随着集群内创业社会网络中专业化协作分工的进一步深入，网络内各种配套产业链体系在不断完善，集群外部新企业的进入与集群网络内原有企业的退出都趋于平稳，集群网络内企业数量整体上趋于稳定，创业企业的规模与竞争优势也得到显著增强，集群内创业社会网络逐渐成熟并趋于稳定，网络内基于关系的信任也逐于稳定。在此阶段，集群内创业社会网络中各行为主体之间的互动交流更为频繁与密切，彼此之间形成的各种垂直网络与水平网络更加错综复杂，在供应上，网络中创业企业的上游供应商数量与下游客户数量都趋于稳定；在生产上，创业企业与其他行为主体之间的分工协作更加突出，各创业企业只需集中精力专注于自身具备竞争优势的生产活动，而将其他业务通过外包的方式转移给更具竞争优势的其他企业。因而，在此阶段，网络中的各行为主体之间往往会形成技术创新联盟，共同开发新产品与新技术，实现知识共享，彼此之间的相互依赖性在整个集群网络内普遍存在。

另外，在此阶段，集群内创业社会网络中的法制制度建设也在不断完善，对集群网络内信任关系的维护起到了保障作用，加强了对集群网络内各种不道德行为的惩治力度，增加了不道德行为发生的成本，有利于对集群网络内企业的不守信行为进行预防，从而规范集群网络内企业间的各种交易行为。同时，充分发挥声誉机制等非正式制度在集群网络中的作用，从而可以有效治理网络中的机会主义行为，集群网络内的创业企业一旦产生机会主义行为，将可能面临被逐出集群网络的风险。

因此，集群内创业社会网络中各种正式制度与非正式制度都有助于抑制网络内的机会主义行为，共同形成集群网络内基于制度的信任机制，它是一种建基于网络内各行为主体之间动态互动过程的信任，因而能更好地与集群外部环境的动态变化相适应，是集群内创业社会网络中信任发展的成熟阶段。

6.3 集群内创业社会网络结构对企业间信任关系的影响分析

6.3.1 集群内创业社会网络中企业间信任关系演化模型的构建

在上节分析中，我们指出了集群内创业社会网络中的信任关系随着集群网络的发展在不断发生演化，而且这种企业间的信任关系本身又根植于网络中，另外，相关研究已经证实了集群内创业社会网络同样具有“小世界”特征。因此，集群内创业社会网络结构是否会对网络中企业间的信任关系造成影响呢？这里，我们利用度量小世界网络的三个变量来分析集群内创业社会网络结构对企业间信任关系的影响，即度分布、平均最短路径长度与聚集系数。

（1）度分布

在集群内创业社会网络中，度分布反映了创业社会网络中任意节点与网络中其他节点连接数目的分布情况，对单个节点而言，其概念与网络中心度的概念相似，均反映了网络中节点的连接数目及其在网络中的地位。这里，我们把拥有较多连接数目的节点称为主导节点，显然，网络中节点的连接数目越多，它获取资源的渠道就越广，也就说明了该主导节点在网络中拥有的资源较多，它在网络中的地位也就会越高，对网络中其他节点的影响程度就会越大。因此，对于网络中想从外部寻求合作的节点而言，这些主导节点往往会成为它们想要合作的对象，因为从该主导节点可以获取它们所需的各种资源。随着这些节点间互动频率的增加，它们之间的信任关系也在不断发生变化，所以网络中的主导节点对网络中的信任关系也会产生影响。这里，我们在考虑集群网络的度分布对信任关系的影响时，主要从单个节点的角度来考虑，即用网络中心度（d）来度量，d_i 的大小表示节点 i 在集群内创业社会网络中的地位高低。

（2）平均最短路径长度

在集群内创业社会网络中，平均最短路径长度表示集群网络内各节点间发生联系时所要经过的距离。显然，节点间发生联系时所要经过的距离越短，就越方便它们之间的互动交流，节点之间沟通的频率越多，就更容易促使各种技术与信息在集群网络中传播与扩散，快速实现知识共享，从而有利于各种知识在网络中积累，更好地促进网络中各节点之间的合作，而各节点间基于长期的合作关系又会促使彼此之间信任关系的增强。因此，集群内创业社会网络中的平均最短路径长度对网络中的信任关系也会产生影响。这里，我们用 l_{ij} 表示网络中任意节点 i 和节点 j 发生联系时所要经过的距离。

（3）聚集系数

在集群内创业社会网络中，集聚系数反映了网络中各节点的连接强度，网络的聚集系数越高，表示网络中各节点间的联系越紧密，可以加强网络中各节点之间的互动交流，促使彼此之间长期合作的形成，因而这种强连接使得网络内各节点之间形成一种高度内聚性的网络结构，从而有利于网络中各节点之间信任氛围的产生，减少机会主义行为的发生。节点要想从集群外部获得各种知识，就需要与集群外部节点之间建立强关系，强关系有利于促使各节点之间的相互信任。相反，聚集系数较低的网络往往会导致网络内各节点间的互不信任，都担心对方发生机会主义行为。这里，我们用 c_{ij} 表示集群内创业社会网络中任意节点 i 和节点 j 之间的连接强度。

下面将以上述三个变量为基础，在谈正达（2006）、李星（2011）等学者的研究基础上，考虑集群内创业社会网络结构对网络各行为主体之间信任关系的影响。为反映集群内创业社会网络结构对信任关系的影响，我们对不同时刻的各节点之间的信任程度用 $\{-M,\ -M+1,\ \cdots,\ 0,\ \cdots,\ M-1,\ M\}$ 来进行度量，同时，我们用这 $2M+1$ 个信任程度上的概率分布来表示网络内各行为主体之间的信任状态。用 $f_{ij}^{m}(t)$ 表示在 t 时刻主体 i 对主体 j 的信任程度为 m 的概率，显然，$\sum_{m=-M}^{M} f_{ij}^{m}(t)=1$；而 $f_{ij}(t)=\sum_{m=-M}^{M} mf_{ij}^{m}$ 则表示在 t 时刻集群网络内主体 i 对主体 j 信任状态的期望值。

在定义上述变量的基础上，结合状态转移方程的思想，这里，给出集群内创业社会网络中企业间信任关系的演化模型：

$$\frac{\mathrm{d}\dot{f}_{ij}^{m}}{dt} = w_{ij}(m \mid m-1)f_{ij}^{m-1} + w_{ij}(m+1 \mid m)f_{ij}^{m} - (w_{ij}(m \mid m+1)f_{ij}^{m+1} + w_{ij}(m-1 \mid m)f_{ij}^{m}) \tag{6.1}$$

其中：$w_{ij}(m \mid m-1)$ 表示集群内创业社会网络中主体 i 对主体 j 的信任程度由 $m-1$ 向 m 转移的概率，$w_{ij}(m \mid m-1)f_{ij}^{m-1}$ 表示集群内创业社会网络中主体 i 对主体 j 的信任程度由 $m-1$ 向 m 转移的概率波动。

由于集群内创业社会网络结构导致网络内企业间信任关系的改变是一个渐进的过程，因此，我们这里假设对变量 $f_{ij}^{m}(t)$ 的影响主要源于变量 $f_{ij}^{m-1}(t)$ 和变量 $f_{ij}^{m+1}(t)$，而不考虑变量 $f_{ij}^{m-2}(t)$ 和变量 $f_{ij}^{m+2}(t)$ 等的影响。也就是说，集群内创业社会网络结构会导致网络内企业间信任程度改变一个单位（增加或减少）。

从式（6.1）中可以看出，要解决上述问题，主要是要求解 $w_{ij}(m+1 \mid m)$ 和 $w_{ij}(m-1 \mid m)$。对于这两个变量的求解，在借鉴 D. W. Pearson（2002）、谈正达（2006）等学者的相关研究基础上，给出以下结果：

$$w_{ij}(m+1/m) = c_{ij}e^{-(a_{ij}-(m+1))^{2}/2} + (1-c_{ij})\Pi e^{-l_{ki}((m+1)-f_{ij}(t))^{2}/d_{i}} \tag{6.2}$$

$$w_{ij}(m-1/m) = c_{ij}e^{-(a_{ij}-(m-1))^{2}/2} + (1-c_{ij})\Pi e^{-l_{ki}((m-1)-f_{ij}(t))^{2}/d_{i}} \tag{6.3}$$

在式（6.2）和式（6.3）中，a_{ij} 表示初始状态下集群内创业社会网络中企业间信任状态的期望值。

6.3.2　仿真与结果分析

（1）参数设置

这里假设一个由集群内 6 个行为主体所构成的创业社会网络，每个行为主体之间均相互连接，同时，假设 $M=3$，网络内各行为主体间的信任程度为 $\{-3, -2, -1, 0, 1, 2, 3\}$，假设初始状态下各行为主体之间的信任状态存在以下两种情况：$f_{ij}^{m}{}_{1}(0) = \{0.6, 0.3, 0.1, 0, 0, 0, 0\}$ 和 $f_{ij}^{m}{}_{2}(0) = \{0, 0, 0, 0, 0.1, 0.3, 0.6\}$。同时，假定初始状态下行为主体 1 和行为主体 2 对网络中其他行为主体的信任程度较高，而初始状态下行为主体 5 和行为主体 6 对网络中其他行为主体的信任程度较低，而行为主体 3 和行为主体 4 则介于这两者之间。6 个行为主体之间信任状态的初始值及期望值见表 6.1 和表 6.2。

表 6.1 行为主体间信任状态的初始值

	主体 1	主体 2	主体 3	主体 4	主体 5	主体 6
主体 1	—	$f_{ij}^{m}{}_{2}(0)$	$f_{ij}^{m}{}_{2}(0)$	$f_{ij}^{m}{}_{2}(0)$	$f_{ij}^{m}{}_{2}(0)$	$f_{ij}^{m}{}_{2}(0)$
主体 2	$f_{ij}^{m}{}_{2}(0)$	—	$f_{ij}^{m}{}_{2}(0)$	$f_{ij}^{m}{}_{2}(0)$	$f_{ij}^{m}{}_{2}(0)$	$f_{ij}^{m}{}_{2}(0)$
主体 3	$f_{ij}^{m}{}_{2}(0)$	$f_{ij}^{m}{}_{2}(0)$	—	$f_{ij}^{m}{}_{1}(0)$	$f_{ij}^{m}{}_{2}(0)$	$f_{ij}^{m}{}_{2}(0)$
主体 4	$f_{ij}^{m}{}_{1}(0)$	$f_{ij}^{m}{}_{1}(0)$	$f_{ij}^{m}{}_{2}(0)$	—	$f_{ij}^{m}{}_{1}(0)$	$f_{ij}^{m}{}_{1}(0)$
主体 5	$f_{ij}^{m}{}_{1}(0)$	$f_{ij}^{m}{}_{1}(0)$	$f_{ij}^{m}{}_{1}(0)$	$f_{ij}^{m}{}_{1}(0)$	—	$f_{ij}^{m}{}_{1}(0)$
主体 6	$f_{ij}^{m}{}_{1}(0)$	$f_{ij}^{m}{}_{1}(0)$	$f_{ij}^{m}{}_{1}(0)$	$f_{ij}^{m}{}_{1}(0)$	$f_{ij}^{m}{}_{1}(0)$	—

表 6.2 初始状态企业间信任状的期望值

	主体 1	主体 2	主体 3	主体 4	主体 5	主体 6
主体 1	-	2.5	2.5	2.5	2.5	2.5
主体 2	2.5	-	2.5	2.5	2.5	2.5
主体 3	2.5	2.5	-	-2.5	2.5	2.5
主体 4	-2.5	-2.5	2.5	-	-2.5	-2.5
主体 5	-2.5	-2.5	-2.5	-2.5	-	-2.5
主体 6	-2.5	-2.5	-2.5	-2.5	-2.5	-

（2）仿真与结果分析

1）假设集群内创业社会网络中主体的中心度 d_i 均为 4，网络中平均最短路径长度 l_{ij} 均为 6，网络中的聚集系数 c_{ij} 均为 0.6，于是得到第一次仿真图（如图 6.1）。

图 6.1 反映了集群内创业社会网络中 6 个行为主体之间信任状态的期望值，从 6 个子图中可以看出，集群内创业社会网络中的主体 1 和主体 2 对网络中其他 5 个主体信任状态的期望值均在降低，而且主体 1 对主体 2、主体 5 和主体 6 信任状态的期望值降低幅度较大，主体 2 对主体 1、主体 5 和主体 6 信任状态的期望值降低幅度也较大；主体 3 对主体 1、主体 2、主体 5 和主体 6 信任状态的期望值变化很小，但对主体 4 信任状态的期望值降低幅度较大；主体 4 对主体 1、主体 2 信任状态的期望值变化不大，对主体 3 信任状态的期望值降低幅度较小，

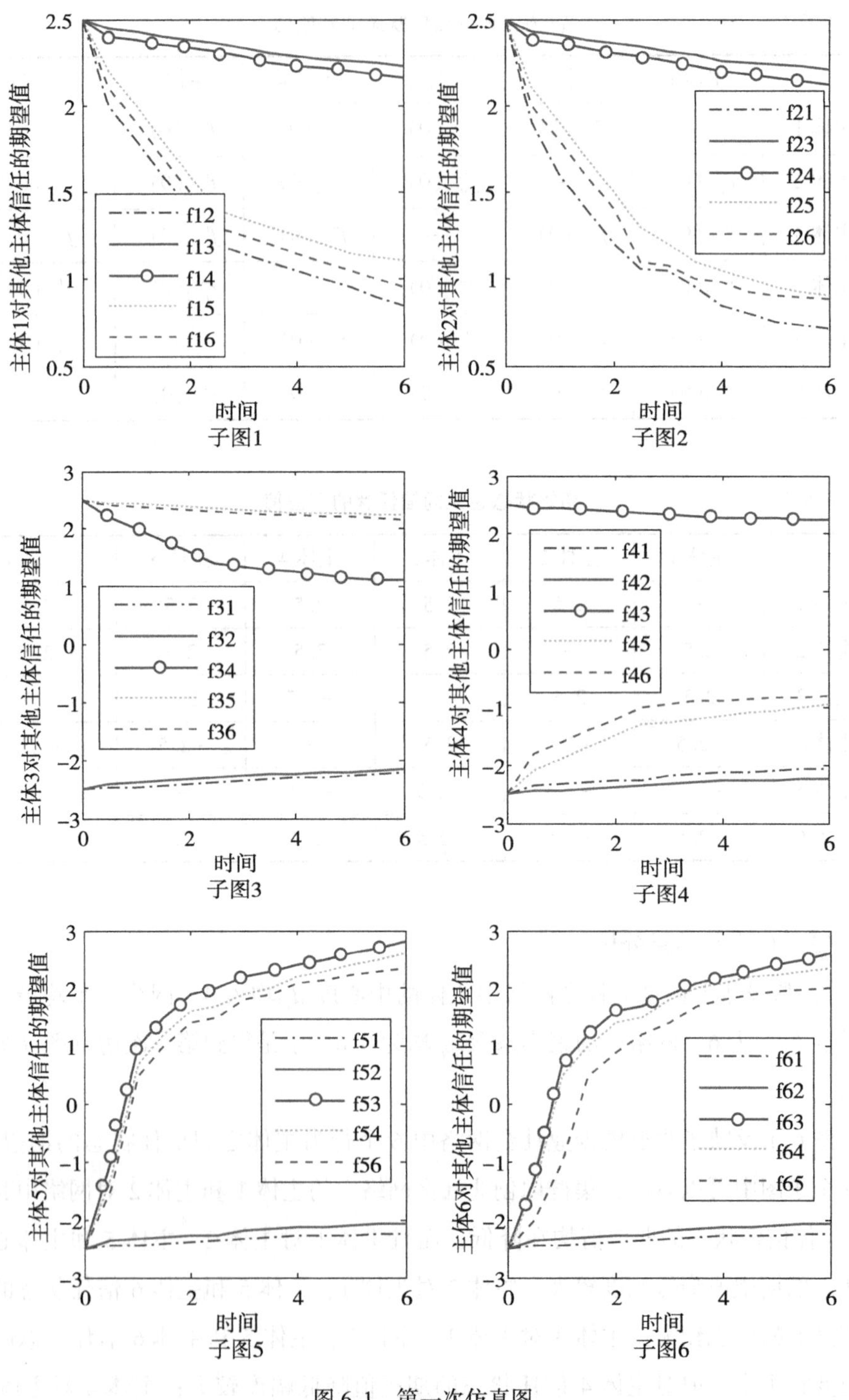
主体1对其他主体信任的期望值
时间
子图1
f12
f13
f14
f15
f16
主体2对其他主体信任的期望值
时间
子图2
f21
f23
f24
f25
f26
主体3对其他主体信任的期望值
时间
子图3
f31
f32
f34
f35
f36
主体4对其他主体信任的期望值
时间
子图4
f41
f42
f43
f45
f46
主体5对其他主体信任的期望值
时间
子图5
f51
f52
f53
f54
f56
主体6对其他主体信任的期望值
时间
子图6
f61
f62
f63
f64
f65

图 6.1　第一次仿真图

但对主体5和主体6信任状态的期望值都有所提高。主体5对主体1和主体2信任状态的期望值变化不大，对主体3、主体4和主体6信任状态的期望值提高幅度较大，主体6对主体1和主体2信任状态的期望值变化也不大，但主体3、主体4、和主体5信任状态的期望值提升幅度也较大。

2）基于第一次仿真实验，现改变网络中主体4的中心度，令 $d_4=6$，其他参数不变，于是可以得到第二次仿真实验图（如图6.2）。

通过比较图6.2和图6.1，我们可以发现，在提高集群内创业社会网络中主体4的中心度后，集群内创业社会网络中各行为主体之间信任状态的期望值均有所降低。主要原因在于主体4对网络中其他主体信任状态的初始值均较低，而主体4在集群内创业社会网络中的中心度提高后，也就意味着其在网络中的地位在不断提升，而这种地位的提升促使其能够较方便地在集群网络内外集结各种资源，增强其在网络中的竞争力，甚至发展成为网络中的主导企业，因而它往往能够对网络中其他主体的行为产生影响，从而导致集群内创业社会网络中各行为主体之间信任状态的期望值均出现不同程度的降低，于是我们可以得到如下结论：

结论1：具有较大中心度的主体的信任状态对集群内创业社会网络整体的信任程度产生正向作用；具有较大中心度的主体的信任状态值越低，越会导致集群内创业社会网络整体的信任程度降低。

3）同样基于第一次仿真的基础，改变集群内创业社会网络中各行为主体间的平均最短路径长度，令 $l_{ij}=14$，其他参数不变，于是可以得到第三次仿真实验图（见图6.3）。

通过比较图6.3和图6.1，我们可以发现，集群内创业社会网络中的平均最短路径变大后，集群网络整体信任状态的期望值在发生改变，但改变的幅度变弱。主要原因在于：集群内创业社会网络中各行为主体间的路径长度对彼此间的交流与互动学习会产生非常重要的影响，一般来说，网络中各行为主体间的距离越近，彼此之间交流的频率就会越高，面对面的交流往往更能促进彼此之间的了解和熟悉程度，有利于各行为主体之间形成良好的合作关系，而基于相互之间长期的合作关系，彼此之间相互影响的程度就会增加；相反，网络中各行为主体之间的距离越长，越不利于彼此之间的交流与合作，更谈不上对彼此之间的了解，因而往往会造成各行为主体各自为政，相互之间的影响程度就较小，甚至不会产

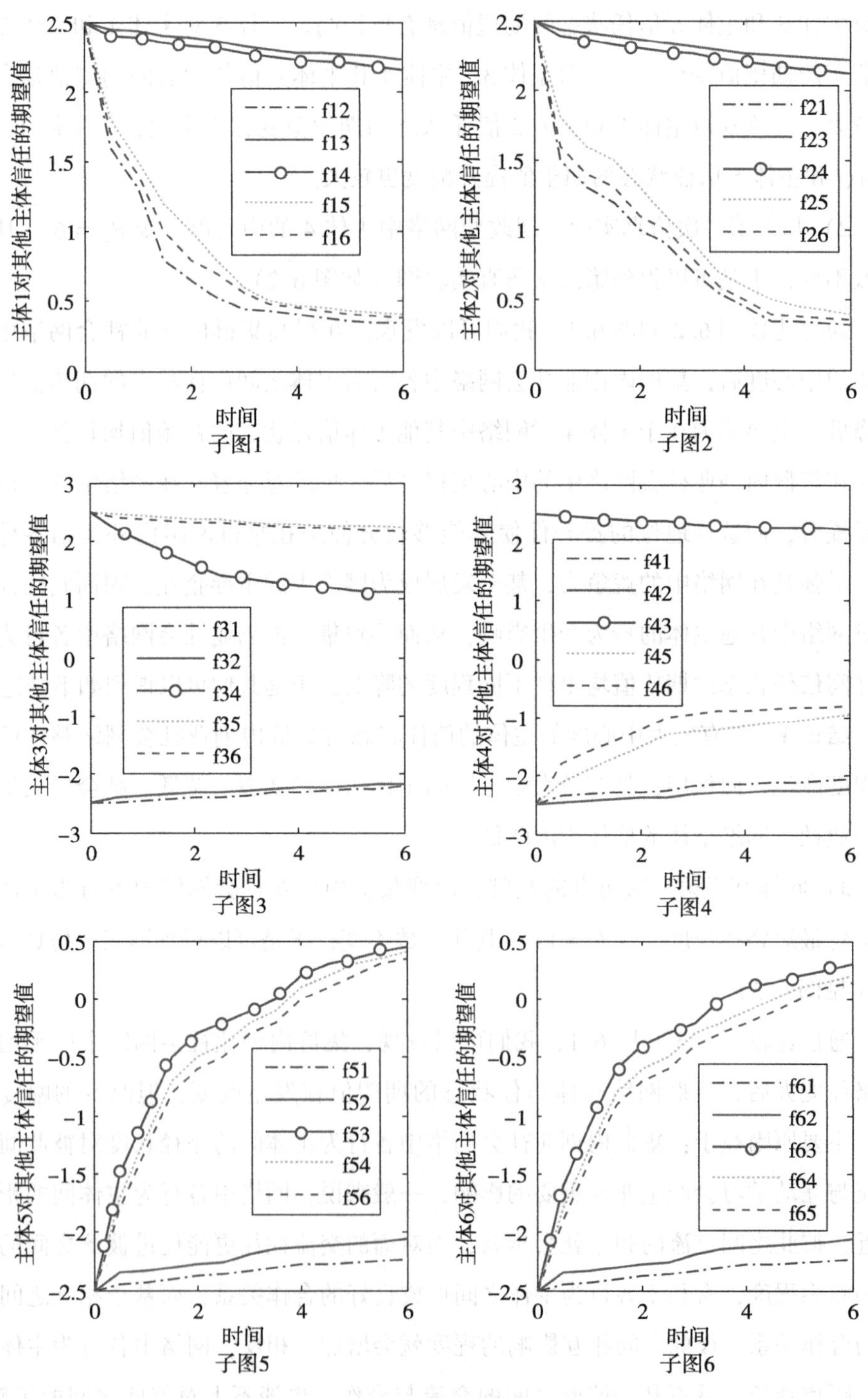
主体1对其他主体信任的期望值
f12
f13
f14
f15
f16
时间
子图1
主体2对其他主体信任的期望值
f21
f23
f24
f25
f26
时间
子图2
主体3对其他主体信任的期望值
f31
f32
f34
f35
f36
时间
子图3
主体4对其他主体信任的期望值
f41
f42
f43
f45
f46
时间
子图4
主体5对其他主体信任的期望值
f51
f52
f53
f54
f56
时间
子图5
主体6对其他主体信任的期望值
f61
f62
f63
f64
f65
时间
子图6

图 6.2　第二次仿真图

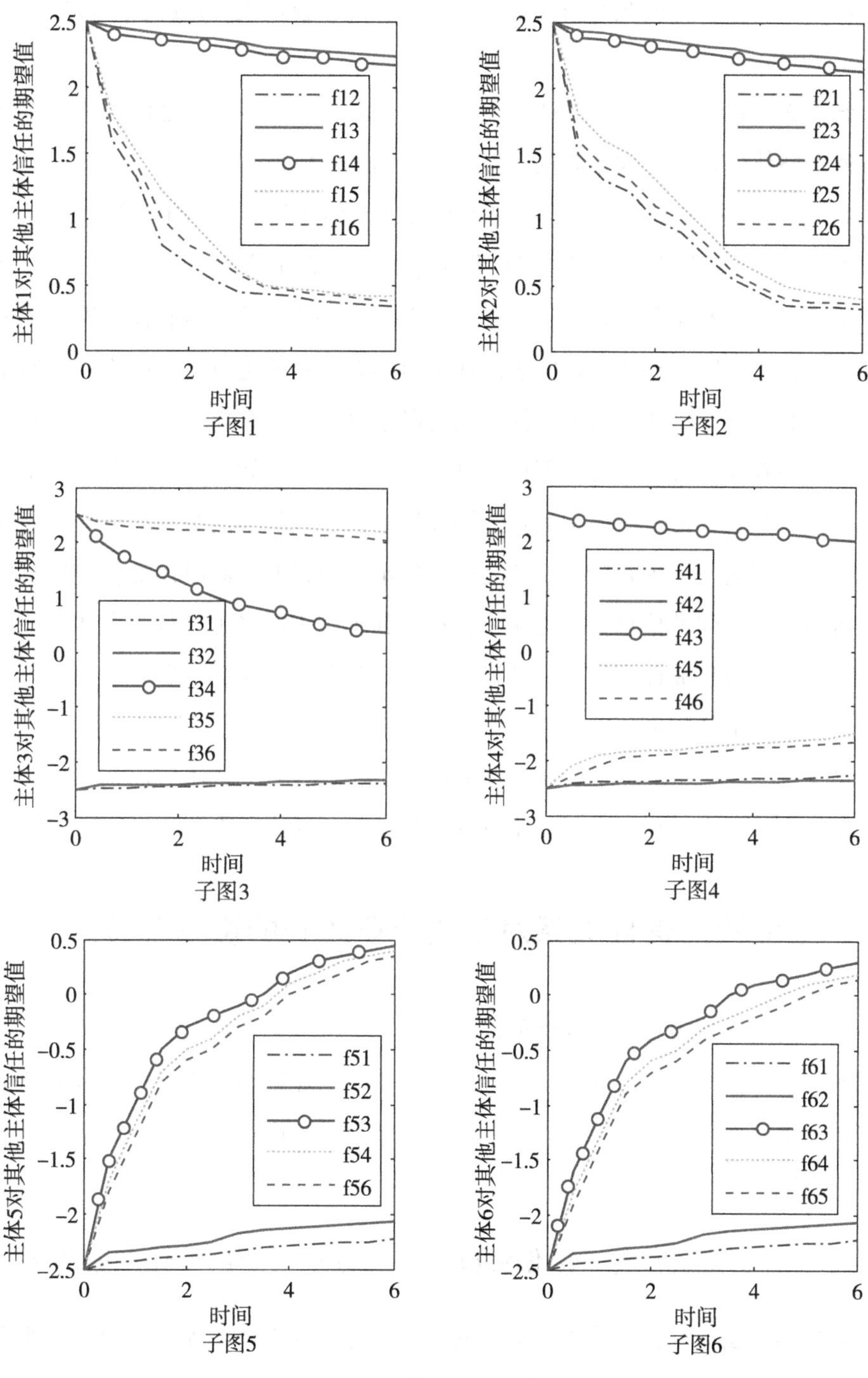
主体1对其他主体信任的期望值
f12
f13
f14
f15
f16
时间
子图1
主体2对其他主体信任的期望值
f21
f23
f24
f25
f26
时间
子图2
主体3对其他主体信任的期望值
f31
f32
f34
f35
f36
时间
子图3
主体4对其他主体信任的期望值
f41
f42
f43
f45
f46
时间
子图4
主体5对其他主体信任的期望值
f51
f52
f53
f54
f56
时间
子图5
主体6对其他主体信任的期望值
f61
f62
f63
f64
f65
时间
子图6

图 6.3　第三次仿真图

生任何影响，因而对彼此间信任状态的影响也就不会很大。由此，可以得到如下结论：

结论 2：集群内创业社会网络中各行为主体之间的路径长度的加大，会使得集群网络整体信任程度发生改变，但变化的幅度较弱。

4）基于第一次仿真的基础，现改变集群内创业社会网络中的聚集系数，令 $c_{ij} = 0.8$，其他参数不变，于是可以得到第四次仿真实验图（图 6.4）。

通过比较图 6.4 和图 6.1，我们可以发现，增强集群内创业社会网络中的聚集系数后，集群网络整体信任状态的期望值都有一定的提升。一般来说，网络中的聚集系数越高，说明各行为主体之间的联系更紧密，有助于彼此之间的互动学习，而这种互动学习不仅可以促使集群网络内各行为主体之间进行各种技术与知识的交流和改进，使得学习型信任能够在集群内创业社会网络中形成并不断强化与加深，以促进网络内各行为主体之间信任水平的提升，同时还能促使集群网络中各行为主体之间的信息更加透明化，这有利于增进网络中各行为主体之间的相互了解，从而促使彼此间形成长期稳定的合作关系，从而在长期合作的过程中提高相互之间的信任程度。因此，可以得到以下结论：

结论 3：集群内创业社会网络的聚集系数对集群网络整体信任状态会产生正向作用，聚集系数的增加会促使集群网络整体信任状态的期望值得到提高。

6.4　企业间的信任关系对创业企业成长的影响分析

通过前文分析可知，企业间的信任关系在集群内创业社会网络演化的不同阶段都发挥着不同的作用，那么，这种信任关系对创业社会网络内创业企业的成长究竟会产生哪些影响呢？总的来说，信任关系对网络内创业企业所产生的影响主要体现在以下几个方面：

6.4.1　信任关系有利于降低集群网络内创业企业的合作创新成本

在集群内创业社会网络中，创新的复杂性与技术难度的提升，使得创业企业纷纷寻求外部合作来实现技术创新，而在整个过程中会产生各种合作成本，如寻求合作伙伴需要花费一定的信息搜索成本，在实际合作过程中会产生各种监督费

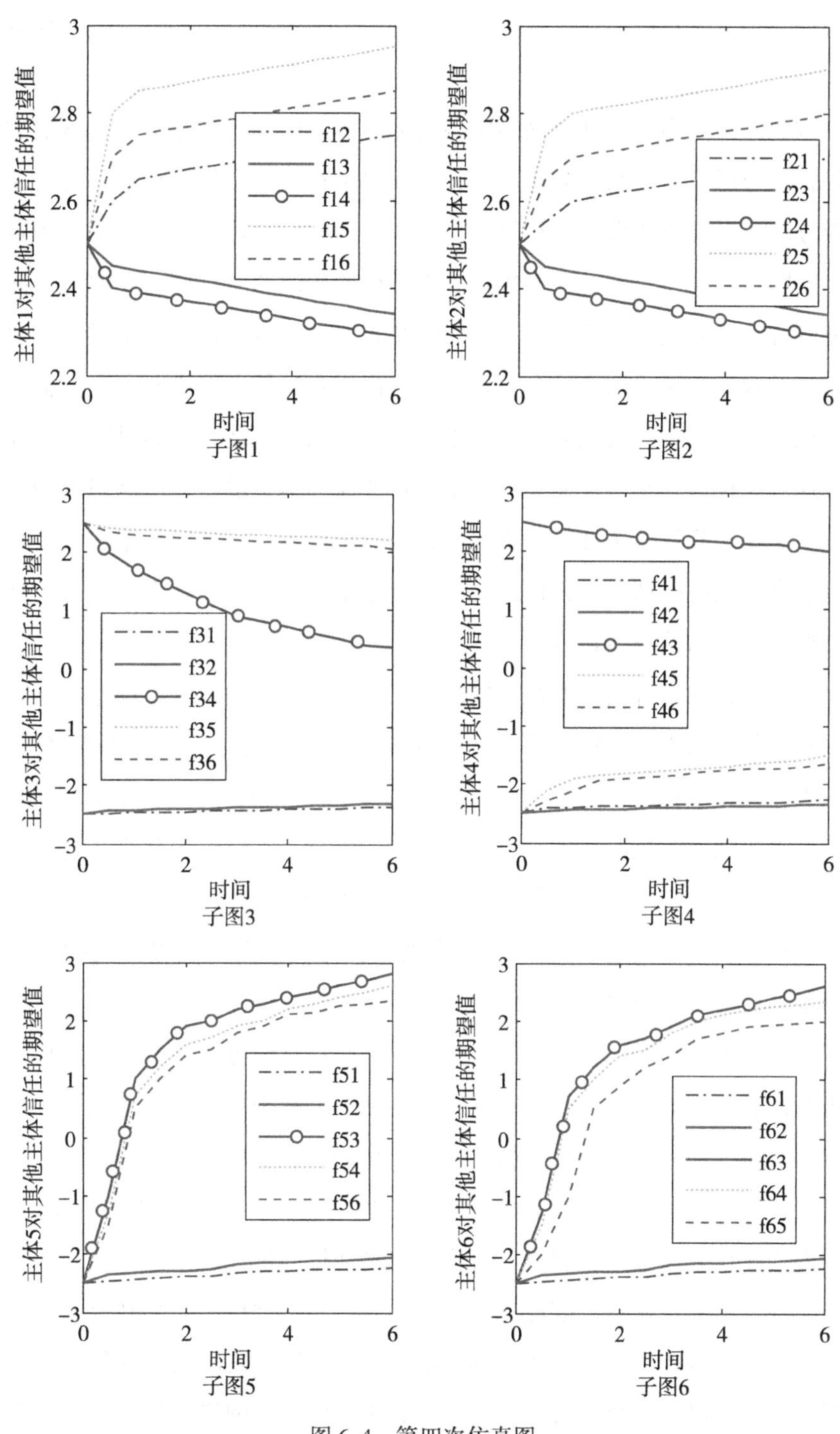
3
2.8
2.6
2.4
2.2
0
2
4
6
主体1对其他主体信任的期望值
f12
f13
f14
f15
f16
时间
子图1
主体2对其他主体信任的期望值
f21
f23
f24
f25
f26
时间
子图2
主体3对其他主体信任的期望值
f31
f32
f34
f35
f36
时间
子图3
主体4对其他主体信任的期望值
f41
f42
f43
f45
f46
时间
子图4
主体5对其他主体信任的期望值
f51
f52
f53
f54
f56
时间
子图5
主体6对其他主体信任的期望值
f61
f62
f63
f64
f65
时间
子图6

图 6.4 第四次仿真图

用与协调费用，而集群内创业社会网络中的信任关系可以大大节约其合作创新成本。

一方面，集群内创业社会网络中各行为主体之间的合作达成后，就需共同承担各种投入与风险，并共享合作收益，这就要求在实际合作过程中各行为主体在所有业务环节上都要取得一致意见，因而彼此间的反复协商与谈判需要消耗较多的人力、物力和财力。同时，当集群外部环境发生改变时，就需要根据实际情况对原有的合作关系进行重新评估，需判断是否要对原有的合作关系进行调整或重新寻找新的合作关系，因而这个过程中需付出一定的信息搜索成本。然而，集群内创业社会网络中各行为主体在空间上的集聚可以促使彼此之间进行面对面的交流与沟通，各种信息与知识在集群网络内快速流通与扩散，促使网络内的各行为主体能够快速找到符合条件的合作伙伴，因而可以减少信息的搜索成本。特别是双方有过合作经历的情况下，彼此之间已建立了一定的信任关系，双方重新合作就不需要花费任何信息搜索成本。

另一方面，在集群内创业社会网络中，各行为主体之间存在信息的不对称情形，而这种信息的不对称往往容易导致在合作过程中出现逆向选择与道德风险。比如双方在合作过程中，有一方已与对方共享了自己拥有的核心技术，而另一方却隐蔽自己所拥有的核心技术，不与合作伙伴进行共享，或者是将从合作过程中所获得的核心技术在未经授权的情况下用于其他地方，以获取经济效益。因此，这种合作过程中产生的逆向选择与道德风险所体现的合作伙伴不道德的合作动机，要求各行为主体不仅在合作之前需要对未来合作伙伴的动机进行考量，以判断未来发生不道德行为的可能，同时在双方合作过程中也需要时刻对合作伙伴的行为进行监督，因而，这一过程不仅会产生各种监督费用，可能还会影响彼此之间的合作关系。同时，为了促进彼此之间合作的顺利，集群网络内各行为主体之间往往会采取各种手段来协调各方的关系，因而也会产生各种协调成本。然而，在集群内创业社会网络中，如果各行为主体之间彼此信任，在面对创新的复杂性与未来的各种不确定性时，彼此之间就会以其善意的动机来共享其核心技术与信息，从而释放更多的核心资源用于创新活动，通过彼此之间的共同努力来实现技术创新，因而可以大大减少彼此间的监督成本，同时，网络中的信任关系在不确定性事件发生时能够增强合作双方的责任感，并努力实现双方的共同利益，从而使得合作过程中出现的各种问题均可以通过双方协调来解决，从而降低彼此之间的协调费用。

6.4.2 信任关系有利于降低集群网络内创业企业的经营风险

在集群内创业社会网络中，创业企业所面临的经营风险主要源于外部市场环境的变化与机会主义行为的发生两个方面。一方面，科技的不断发展必然会导致新兴技术与新产品的出现，这种外部市场环境的改变也会给创业企业的经营活动带来各种风险，而这些风险的解决可能会引起网络内创业企业间合作安排的重新调整，而当集群网络内各合作主体之间信任度较低时，合作安排的重新调整有可能会损害双方的合作关系，同时也会因为彼此之间的不信任而无法达成一致的决策，最终导致决策最佳时机的丧失，使合作双方的利益遭受到损失。而集群网络内较高的信任度则有利于合作双方迅速达成一致决策，彼此之间能够灵活应对外部市场环境的各种变化，从而可以降低各种损失。

另一方面，集群内创业社会网络中各行为主体都拥有各自的资源库，彼此之间形成了一种关系相对松散的合作联盟，但各行为主体又保持自身的独立性，对于合作过程中面对的各种问题，它们往往通过平等协商的方式来解决，由于合同的不完备性与各种交易成本的存在，在面对合作过程中的各种不确定性时，合作行为主体往往缺乏必要的约束，从而会导致合作行为主体的机会主义行为，如不共享自身的核心知识、不履行应承担的义务，或盗取合作伙伴的商业秘密等，而这些机会主义行为的发生会导致网络内各行为主体之间合作关系的终止。因此，要促使集群内创业社会网络中各行为主体间合作的顺利开展，合作成员间的信任是必需的，它可以减少网络内机会主义行为的产生。同一集群内创业社会网络中的各行为主体通过彼此之间的频繁交流，彼此之间形成了较稳定的信任关系，减少了彼此之间信息的不对称，机会主义者没有了信息优势，也就无法产生不道德行为。

6.4.3 信任关系能促进资源共享，为创业企业成长提供“养分”

在集群内创业社会网络中，创业企业由于自身能力有限，往往都会加入合作联盟中，以吸收和利用合作联盟其他行为主体的资源进行创新。为了实现彼此之间合作创新的预期目标，合作成员都需要投入一定的资源，这些资源既包括显性资源，如各种人力、物力、财力等，这些资源在合作初始便可以通过合同等各种契约关系来明确规定，也包括隐性资源，如各种知识资源、技术资源等，它们在合作创新过程中发挥的作用往往会更大，但这些资源并不能通过正式的途径来获取，而且这种隐性资源一旦暴露势必会影响到该企业的竞争优势，甚至会被集群网络中的其他合作伙伴反复使用，因而各合作成员对此类隐性资源的投入一般都较为谨慎。同时，这些隐性知识具有较高的黏性，只有在相互信任的环境下通过各合作行为主体进行面对面的互动交流才能实现共享，主要原因在于合作主体之间的信任关系有利于在合作创新中创造良好的交流氛围，促使各合作成员间紧密联系，从而在合作过程中加大对隐性知识资源的投入，因而在合作创新过程中隐性资源的实际投入量的波动性较大。

因此，集群内创业社会网络中的信任关系有助于加强网络内各行为主体间的互动学习，减少学习过程中的信息封闭与信息扭曲，快速促进各种知识与信息在网络的共享与扩散，使得集群内创业社会网络中的各行为主体能够从这种彼此间相互信任下的互动学习过程中获取其创新所需的各种知识。同时，集群网络中的信任关系还可以促使各合作行为主体加大对合作资源的投入，尤其是隐性资源的投入，真正推动各种知识在集群网络内实现有效共享，为创业企业成长提供“养分”。

6.5 本章小结

本章首先对集群内创业社会网络中信任的产生及其影响因素进行了分析，主要从直接原因与根本原因上对信任的产生进行了分析，并分别对基于计算的信任、基于关系的信任以及基于制度的信任产生的影响因素进行了分析；其次，对集群内创业社会网络中企业间信任关系的动态性进行了分析，主要基于集群内创业社会网络的演化阶段，分别对集群内创业社会网络萌芽阶段的信任关系、集群内创业社会网络发展阶段的信任关系以及集群内创业社会网络成熟阶段的信任关系进行了分析；再次，分析了集群内创业社会网络结构对企业间信任关系的影响，基于衡量集群内创业社会网络结构的三个变量，即度分布、平均最短路径长度、聚集系数，构建了集群内创业社会网络中企业间信任关系的演化模型，并利用仿真手段进行了分析，得出了三个重要结论；最后，从三个方面分析了集群内创业社会网络中企业间的信任关系对创业企业成长产生的影响。

第7章 产业集群内创业社会网络对创业企业成长影响的实证研究

在前面的章节中，我们已经分析了集群内创业社会网络对创业企业成长的作用机制，分别分析了集群内创业社会网络对创业企业成长过程中资源聚集及创生、集群组织学习效率、集群企业间的信任关系会的影响，同时还分析了这三个因素对创业企业成长绩效的影响。在本章，我们将通过对实际产业集群进行调研所获得的相关数据与资料，从实证的角度来验证集群内创业社会网络对创业企业成长的影响，而这种影响主要用创业企业成长绩效来衡量。

7.1 理论模型构建与研究假设的提出

7.1.1 理论模型的构建

产业集群内创业研究，是集群研究与创业研究两个领域的重叠。集群本身便是一个天然的企业孵化器，不断催生新的企业，而创业活动也不断完善、提升集群，正是集群与创业之间的互动机制存在，使得集群内创业活动异常活跃。对于集群内创业活动的研究，更多的学者立足于集群本身所具有的独特效应与优势对创业的影响，如集群溢出效应、规模化效应、协同作用等。然而，不可否认的是，集群本身便是一张严密的社会网络，由集群内众多企业的社会网络互相交叠编织而成。集群的各种效应与优势所带来的丰富资源、信息与知识，必须通过集群这张巨网流动才得以优化配置，因而基于社会网络角度分析集群内创业活动，更容易探明集群这一天然孵化器如何运作、催生大量新创企业。

创业社会网络是集群社会网络的重要组成部分，是直接作用于新创企业的外部环境资源。作为创业企业一种重要隐性资源，创业企业社会网络对新创企业的存在与成长具有重要的促进作用。“嵌入性”是社会网络的根本属性，正是由于在社会网络中嵌入了对于企业来说必不可少的大量隐性知识，渠道资源与高度互信，社会网络才显示其实际意义。通过社会网络提供的信息，创业家可以识别其中的创业机会，认清外部环境，制定有效的计划与战略；创业家不仅可以获得资源，更可以透过其社会网络整合与配置资源，提高企业效率，降低创业成本与创业风险。因此，创业家是植根于社会网络的主体，新创企业的存在与成长依赖创业家的社会网络。

那么创业社会网络是如何影响创业企业成长绩效的呢？这是本章的核心命题。在本书的前面几章中，我们已经分析了集群内创业社会网络对集群创业企业成长的作用机理，结果表明，集群内创业社会网络对网络内资源聚集及创生、集群组织学习效率以及企业间的信任关系都会产生重要的影响，而资源聚集及创生、集群组织学习效率以及企业间的信任关系对创业企业成长也产生重要作用，因此，资源聚集及创生、集群组织学习效率以及企业间的信任关系是创业社会网络与创业企业成长绩效之间的连接桥梁，起着中介作用。

基于上述分析过程，本章得到创业社会网络→资源聚集及创生、集群组织学习效率、企业间的信任关系→创业企业成长绩效的逻辑链条，并建立如图 7.1 所示的理论模型。

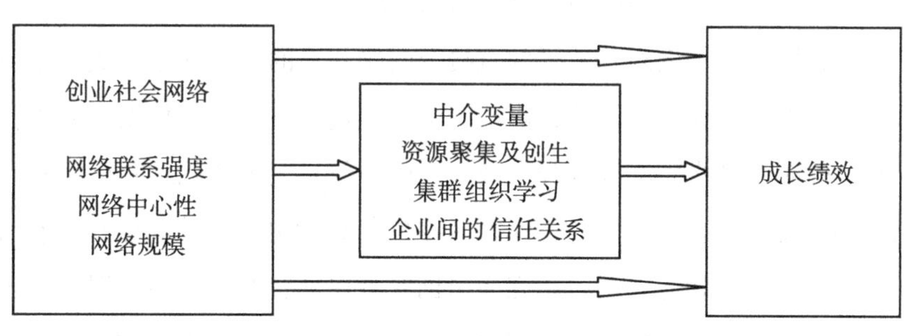

图 7.1 理论模型

由图 7.1 的模型可知，自变量为创业社会网络，它主要由网络联系强度、网络中心性、网络规模三个维度来测量；因变量为成长绩效；中介变量则由资源聚集及创生、集群组织学习、企业间的信任关系三个维度测量。

7.1.2　研究假设的提出

（1）创业社会网络对集群内创业企业成长绩效的影响

本章主要包括网络联系强度、网络中心性和网络规模三方面来考虑创业社会网络对创业企业成长绩效的影响。

1）集群内创业社会网络联系强度对创业企业成长绩效的影响

网络强度主要包括互动频率、情感强度、亲密度与互惠服务。互动时间越长，互动频率越高，那么联系强度将会明显加强，则相互之间更可能相互了解，基于相互了解之间的信任是创业阶段企业在行业树立形象、获得行业认可的重要因素；同时互动时间越长，互动频率越高，则创业家模仿学习成功企业家的机会越多，为日后创业积累更多的经验，提高创业的成功率。特别对于创业所需的隐性知识，必须通过近距离接触、模仿才能学习，这时就有必要经常性长时间地交往接触。Uzzi（1997）认为网络内各行为主体之间的联系越紧密，越有助于增强彼此之间的信任关系，可以加速各种信息在彼此之间扩散，有利于提高创业企业绩效。Freel（2000）认为创业企业与网络外部之间的合作关系越紧密，越有利于各种隐性知识的获取，从而可以降低新产品开发的各种成本，从而提升创业企业的创新绩效。

2）网络中心性对创业企业成长绩效的影响

网络中心性是指个人对外建立的直接及间接关系的量，间接的关系指的是个体与另一个体之间并无直接联系，而中间必须透过第三者作为桥梁，才能传递信息或资源。因而，网络中心性越强，越处于中心位置，个体就越有可能充当“桥梁”的作用，意味着在产业中越能掌握较多的信息和更具有独立性和控制力，越能在产业集群中获得利益。也有研究指出创业者在社会网络中的位置决定了企业创建的结果，处于创业阶段后期的创业者比前期的创业者有更多数量的联系。创业企业的中心性越强，越体现更强的独立生存能力，尤其更有利于建立信任、信誉等无形资产，提高企业的融资能力；另一方面，企业越处于中心位置，越有利于吸纳各种信息与知识，并转化为企业家能力的提高，对企业发展有重要促进作用。

3）网络规模对创业企业成长绩效的影响

集群内创业社会网络规模主要反映网络内企业可以建立与之相联系的主体的数量，同时也反映了网络内主体能够获取各种资源的途径范围。相关学者的研究表明，创业企业的网络规模与其创业绩效存在显著的正相关关系（Aldrich et a1.，1987；Burt，1992；Dimaggio，1992：Nohl ia，1992）。Batjargal（2003）采用时间序列数据对俄国的情况进行了实证研究，结果表明，企业拥有的关系数量与企业的绩效呈显著的正相关关系。杨锐（2005）、刘元芳（2006）分别以杭州地区的手机产业和苏浙沪闽地区的制造业企业为样本进行分析，发现企业拥有的技术联盟的数量越多，其绩效越好。

根据上述推论，得出如下假设：

H1：集群内创业社会网络对创业企业成长绩效会产生影响。

H1a：集群内创业社会网络联系强度对创业企业成长绩效有正向积极的影响。

H1b：集群内创业企业网络中心性对创业企业成长绩效有正向积极的影响。

H1c：集群内创业社会网络规模对创业企业成长绩效有正向积极的影响。

（2）中介变量对创业社会网络与创业企业成长绩效之间关系的中介作用

1）资源聚集及创生对创业社会网络与创业企业成长绩效之间关系的中介作用

集群内创业社会网络的存在是基于各行为主体之间的各种血缘、朋友、同事等关系形成，而创业社会网络内各种错综复杂的资源交换与整合渠道，不断为创业企业输送营养液——多样的信息、资金与设备等。首先，通过资源交换与整合渠道，新创业企业能够迅速捕捉市场信息、供货信息及政策信息，从而及时调整、配置企业内外资源以应对环境迅速变化，识别创业、创新机会及市场风险，增强企业的环境适应性以及生存能力，提高捕捉及利用发展机会的敏感性，通过集群资源聚集与创生，集群企业能比非集群企业更加快速地感知消费者和供应商的需求变化。其次，由于集群内聚集大量同行竞争者、客户、供应商与配套企业，使得在解决问题时可以迅速得到来自产业链的各方帮助，提高应对问题与风险的及时性，从而使企业具备较强的生存能力。最后，正是集群内创业企业社会网络提供高效的资源交换与整合渠道资源，使得信息在集群内相对透明，也就减少了信息不对称性，增强了企业之间的竞合氛围，尤其基于双方了解所形成相互信任犹如资源交换与整合渠道的“润滑剂”，降低了交易成本与融资成本。因此，嵌入集群内创业社会网络中的资源聚集及创生提高了利用资源的效率，并对创业绩效产生正向影响。

2）集群组织学习对创业社会网络与创业企业成长绩效之间关系的中介作用

知识是持续竞争优势的一项重要源泉。尤其对于新创企业来说，更多的是模仿创业，此时就迫切需要隐性知识这一重要资源的获取与吸收整合，也就需要促进组织学习和知识分享的网络，而集群恰好为集群内企业提供这样的社会网络。产业集群则能为隐性知识的流动提供便利的环境，集群内的创业社会网络嵌入了大量的隐性知识，为集群内企业所共享，主要基于以下几方面：首先在于集群在形成过程中，不断孕育与散播着企业家精神，企业家的创业故事很容易在集群社会网络间传播，使得整个集群形成一个良好的创业氛围，近距离接触与模仿有利于经营管理知识、技术与能力得到很好的继承，再加上创业条件的相似性，使得创业及企业运营所需的隐性知识得到有效的吸收。其次，集群内聚集着大量的同行业企业，如原材料采购商、客户、配套服务机构等，各个体通过社会网络紧紧联结在一起，分别占据不同节点地位，这为企业营造了大量的面对面交流的机会，使企业高效获得来自各节点的异质的隐性知识。最后，企业间的社会网络使得企业家有大量的非正式交流机会，如茶余饭后闲谈过程中涉及的市场、采购或管理方面的知识，使得企业家在潜移默化中获取并吸收到隐性知识。隐性知识具有黏滞性和区域根植性，很难流出区域之外，成为非集群企业不能获得的企业集群内部独特的资源，因此，产业集群中的隐性知识被认为是集群企业竞争优势的来源，能有效提升新创企业的创业绩效。

3）创业企业间的信任关系对创业社会网络与成长绩效之间关系的中介作用

在产业集群内部，许多集群企业主之间基于血缘、地缘和业缘关系很容易衍生出彼此的信任。首先，集群内资源聚集与创生的高度发达使得信息在企业间快速传播，整个集群信息高透明度促进企业之间相互了解，也使企业认识互信的重要性。其次，集群内企业产品或服务的差异性较小，相对竞争合作的氛围使得企业在选择合作伙伴时有更大的选择权，这就迫使企业争取相互之间的信任以维持长期合作收益；最后，基于社会网络的交易成本低的优势，集群内企业在选择合作伙伴时更倾向选择集群内企业，也即企业间的合作是长期性的，交易的决策更多立足双方互信的长期收益。

同时，产业集群内部企业间高度的相互信任也被认为是新创企业存在与发展的必备要件。日益激烈的竞争使得企业的经营环境日益动荡，更具不确定性，高度互信是能为企业带来相对确定性的因素，对于实现公司创业活动具有重要意义。因为相对于一般管理活动，公司创业活动存在高度的不确定性（Miller，1983）。创业不确定性体现在技术迅速改变、产品生命周期非常短、合作方的机会主义行为以及融资的困难，这些均可能会导致公司创业活动的彻底失败。嵌入于企业集群内部，集群企业与其他主体之间能够形成高度的最优信任关系，基于相互了解的最优信任关系使企业能与客户、供货商与配套机构间形成快速互通的信息通道，共同研发，合作创新，并为企业带来相对宽松的融资环境。因此，创业集群内部的最优信任能显著提高企业绩效。

基于上述分析，我们提出如下假设：

H2：中介变量对创业社会网络与创业企业成长绩效之间关系起到中介作用。

H2a：资源聚集及创生对创业社会网络与创业企业成长绩效之间关系起到中介作用。

H2b：集群组织学习对创业社会网络与创业企业成长绩效之间关系起到中介作用。

H2c：创业企业间的信任关系对创业社会网络与创业企业成长绩效之间关系起到中介作用。

（3）网络联系强度对中介变量的影响

1）网络联系强度对资源聚集与创生的影响

在集群内创业社会网络中，往往存在多个主导企业，这些企业在网络中与其他企业之间存在较高的连通度，彼此之间的关系密切，因而在集群内创业社会网络中会形成以主导企业为核心的群落，而这些群落之间的联系较少，正是由于集群内创业社会网络存在这种特殊的结构特征，使得集群内创业社会网络的联系强度将会对主体的资源聚集及创生能力产生影响。一方面，群落之间的联系较小，就不利于群落内部的主体与外部之间的沟通与联系，因而很难从外部吸收新成员加入，也就不能为群落内部聚集新的资源，同时也不利于从外部获取各种有效资源，所以最总会影响到群落内资源聚集与创生的范围。另一方面，群落之间的联系缺乏也不利于集群内创业社会网络中群落之间资源的有效共享，以及彼此之间的相互学习，从而最终会影响到群落内部资源聚集与创生的质量。另外，群落之间交流的缺乏，不利于群落内部主体与外部主体之间的交流与合作，同样会影响到群落内资源聚集与创生。

2）网络联系强度对集群组织学习的影响

在集群内创业社会网络中，创业社会网络联系强度对网络内各行为主体之间的互动与交流频率会产生影响，各行为主体之间的互动越频繁，越容易不断从外部获取新知识与新技术，从而降低网络内知识的转移成本与使用成本，同时提高了各行为主体之间的学习效率。另外，网络内各行为主体之间基于长期频繁的沟通与交流，彼此之间产生了高度的信任关系，在网络内形成了一种相同的文化环境，它们在此文化环境下建立了长期稳定的合作关系，为彼此之间的相互学习提供了良好氛围，从而不仅有助于提高各行为主体间的相互学习的接受与吸收能力，同时也加快了网络内知识传播与扩散的速度。

3）网络联系强度对创业企业间信任关系的影响

在集群内创业社会网络中，网络联系强度越高，表明各行为主体之间的联系越紧密，从而可以不断加强网络中各行为主体之间的互动交流，促使彼此之间长期合作的形成，因而这种强联结使得网络内各行为主体之间形成一种高度内聚性的网络结构，而这种高度内聚性的网络结构更加有助于各种信息在网络中的快速传播与扩散，一旦网络中的行为主体出现道德败坏行为，这种行为就会不断地在网络中扩散，从而被网络中其他行为主体所熟知，就会降低其他行为主体对该行为主体的信任程度，往往就会导致彼此之间合作关系的中断，对该行为主体造成的损失是不可估量的，因而网络联系强度比较高往往更加有利于网络中各行为主体之间信任程度的增强。同时，集群内创业社会网络中的行为主体要想从集群外部获得各种知识，就需要与集群外部节点之间建立强联系，强联系有利于促使各行为主体之间的相互信任。相反，联系强度较低的网络往往会导致网络内各行为主体之间的互不信任，都担心对方发生机会主义行为。

基于上述分析，我们提出如下假设：

H3：集群内创业社会网络联系强度对中介变量产生影响。

H3a：集群内创业社会网络联系强度对资源聚集及创生有正向的积极影响。

H3b：集群内创业社会网络联系强度对集群组织学习有正向的积极影响。

H3c：集群内创业社会网络联系强度对创业企业间的信任关系有正向的积极影响。

（4）网络中心性对中介变量的影响

1）网络中心性对资源聚集与创生的影响

在集群内创业社会网络中，由于存在多个主导企业，而这些主导企业往往具有较高的网络中心性，而网络中这些具有较高网络中心性的企业不仅能够有效解决网络内各企业在交易与合作过程中出现的各种矛盾与冲突问题，而且还能够对网络中的资源进行有效配置与管理。但集群内创业社会网络具备的这种特殊结构对网络内资源聚集及创生会产生不利影响。一方面，由于在集群内创业社会网络中存在多个高网络中心性的企业，在资源聚集及创生的过程中，各主导企业之间难免会出现意见不一致的情况，可能还需要较长时间去进行协调，因而会降低网络内资源聚集及创生的速度。另一方面，在集群内创业社会网络中，主导企业对群落内的其他企业会产生一定的约束力，从而限制了这些企业与群落外部企业之间的互动，导致无法从外部获取有效资源，因而最终会影响到群落内资源聚集及创生的范围。

2）网络中心性对集群组织学习的影响

集群内创业社会网络的网络中心性反映了网络内各行为主体在网络中的影响力，一般来说，主体位于网络的中心位置，说明它对网络中其他行为主体所产生的影响就会更大，因而这种网络中心性反映了集群内创业社会网络中各行为主体地位的不平等性。在集群内创业社会网络中，网络中心度越高的行为主体，由于利用其网络位置优势可以更加容易获取集群内创业社会网络中的各种资源与信息，通过对这些资源进行整合与创生之后，可以加快转化为自身的竞争优势，而这种竞争优势往往会促使网络中的其他行为主体对该主体产生一种吸引力的作用，从而加强了网络中这些行为主体的互动学习。同时，网络中心度高的行为主体也可以借助其网络位置与竞争力从集群网络外部聚集各种资源，并吸引大量外部优秀人才到集群中来，从而可以加强与集群网络外部之间的互动学习，有利于网络内外部组织学习的产生。

3）网络中心性对创业企业间信任关系的影响

在集群内创业社会网络中，成为网络的核心成员，往往更容易对网络中其他主体的行为产生影响。在集群内创业社会网络中，网络中心度高的行为主体在网络中拥有的资源较多，它在网络中的地位也较高，对网络中其他节点的影响程度也较大，因而往往会导致网络中的其他行为主体愿意与主体之间进行合作，以获取它们所需的各种资源。随着这些主体之间长期合作关系的形成，彼此之间的信任关系也会不断增强，逐步成为一种基于高度信任的合作关系。

基于上述分析，我们提出如下假设：

H4：集群内创业社会网络中心性对中介变量产生影响。

H4a：集群内创业社会网络中心性对资源聚集及创生有正向的积极影响。

H4b：集群内创业社会网络中心性对集群组织学习有正向的积极影响。

H4c：集群内创业社会网络中心性对创业企业间的信任关系有正向的积极影响。

(5) 网络规模对中介变量的影响

1）网络规模对资源聚集与创生的影响

许多研究表明网络规模对企业获取外部知识具有重要影响。Von Hippel（1988）研究表明大多数企业创新源自组织外部，特别是容易产生于与网络内部的供应商及客户之间的交流与沟通过程中。Freel（2000）认为企业可以利用自身建立起的社会网络关系从外部获得各种技术与知识。Wijk 等（2001）通过实证研究表明网络规模越大，从外部获取的各种资源的途径就越广，而且越容易获取高质量的资源。马刚（2005）也认为网络规模对资源的聚集会产生影响，而且两者之间呈现正向关系。在产业集群内创业社会网络中，由于广大中小企业自身能力有限，这就需要借助外部力量来获取各种资源和信息。因此，网络规模越大，企业就越容易从外部获得各种技术与知识等资源，从而实现对这些资源的创生，有助于提高企业的创新能力，为企业成长提供多方面的资源支持。

2）网络规模对集群组织学习的影响

在集群内创业社会网络中，主体可以进行交互与学习的对象越多，越有助于增强彼此之间的信任关系，进而增强相互之间的互动学习。创业社会网络规模的变化也就意味着网络中主体的数量在不断发生变化，而网络外部主体的加入并不是随意加入，而是基于与网络内部主体有一定的熟悉程度，因而，网络规模的变化也就伴随着网络主体之间的不断互动，并吸收彼此之间的管理技能与各种创业经验。同时，集群内创业社会网络规模的扩大，意味着网络主体的数量也在增加，为网络内主体之间的学习提供了更多的机会。

3）网络规模对创业企业间信任关系的影响

Burt（1983）认为网络规模反映了网络中节点的数目，节点数目越多则网络规模越大。网络中的节点的增加并不是随意的，而是要遵循一定的规则与要求，即新节点的进入（增加）往往会遵循“择优连接”机制，也就是说，新节点是否考虑进入网络中来，需要通过与网络中其他节点之间进行不断交互，通过彼此之间的沟通交流来了解对方的经营状况以及资源优势、竞争能力等方面，只有彼此之间具有较强的吸引能力时，新节点才会考虑进入网络中，因而才能导致网络中节点数目的增加，网络规模的扩大。因此，在集群内创业社会网络中，集群外部企业加入集群网络中来的一个重要原因在于网络对其产生足够的吸引力，而这种吸引力的评判需要与网络中的其他行为主体之间进行不断互动，以熟知网络内部情况，而彼此之间互动与交流会对双方的信任关系产生影响。

基于上述分析，我们提出如下假设：

H5：集群内创业社会网络规模对中介变量产生影响。

H5a：集群内创业社会网络规模对资源聚集及创生有正向的积极影响。

H5b：集群内创业社会网络规模对集群组织学习有正向的积极影响。

H5c：集群内创业社会网络规模对创业企业间的信任关系有正向的积极影响。

（6）中介变量对创业企业成长绩效的影响

1）资源聚集及创生对创业企业成长绩效的影响

在信息技术日益发展的情况下，企业创新所带来的先行者优势逐渐消失，创新风险日益增加。同时，技术复杂性程度的日益加大，远远超过了单个创业企业自身条件的限制，自己不可能生产所需的全部新知识。这种情况下，企业必须从其传统的封闭模式向开放的网络模式转变，寻求与其他主体的合作，分散创新风险，提高创新效率，整合创新资源。并借助网络主体优势互补、共同协作，充分实现网络内各种资源聚集及创生，从而克服单个创业企业创新资源的稀缺性和创新能力的有限性，增加其获取创新资源的途径，从而有利于提高集群创业企业的绩效。

2）集群组织学习对创业企业成长绩效的影响

在集群内创业社会网络中，每个行为主体拥有的知识资源各不相同。创业企业作为网络中的核心主体，是将网络中的研究成果转化为实际生产力的纽带，它们与网络中的其他行为主体紧密联系，通过互动与从事实际的生产经营活动与创新活动积累了大量的应用性知识。这种知识溢出所产生的创新资源对集群内创业社会网络中创业企业的成长起到了非常重要的作用。与大中型企业相比，创业企业的突出劣势在于能力有限、管理经验缺乏、创新资源不足。但在集群内创业社会网络中，各行为主体在地理位置上的集聚为彼此之间的频繁互动学习提供了便利，促使各行为主体之间形成了各种正式网络关系与非正式网络关系。创业企业所需的创新知识包含显性知识与隐性知识，而且两种知识的获取途径是不相同的，显性知识需依靠各种政策文件的方式来获取，隐性知识的获取需各行为主体之间面对面沟通与交流，因而对于不同的创新知识，就需要借助网络内各行为主体之间的互动学习来获取。通过与网络内其他行为主体间的合作，地理位置上的靠近和联合，来实现资源共享，以弥补自身创新资源的不足，从而提高其创新能力，促使创业企业不断成长。

3）创业企业间的信任关系对创业企业成长绩效的影响

在集群内创业社会网络中，创新的复杂性与技术难度的提升，使得创业企业纷纷寻求外部合作来实现技术创新，而在整个过程中会产生各种合作成本，如寻求合作伙伴需要花费一定的信息搜索成本，在实际合作过程中会产生各种监督费用与协调费用，而集群内创业社会网络中的信任关系可以大大节约其合作创新成本。另外，集群内创业社会网络中的信任关系有助于加强网络内各行为主体间的互动学习，减少学习过程中的信息封闭与信息扭曲，快速促进各种知识与信息在网络中的共享与扩散，使得集群内创业社会网络中的各行为主体能够从这种彼此间相互信任下的互动学习过程中获取其创新所需的各种知识。同时，集群网络中的信任关系还可以促使各合作行为主体加大对合作资源的投入，尤其是隐性资源的投入，真正推动各种知识在集群网络内实现有效共享，为创业企业成长提供“养分”，从而提高其创新能力。

基于上述分析，我们提出如下假设：

H6：中介变量对创业企业的成长绩效产生影响。

H6a：资源聚集及创生与成长绩效之间存在显著的正相关关系。

H6b：集群组织学习与成长绩效之间存在显著的正相关关系。

H6c：创业企业间的信任关系与成长绩效之间存在显著的正相关关系。

研究假设汇总情况如表 7.1 所示。

表 7.1 **研究理论假设汇总**

序号		假设内容
H1		集群内创业社会网络对创业企业成长绩效会产生影响。
	H1a	集群内创业社会网络联系强度对创业企业成长绩效有正向积极的影响。
	H1b	集群内创业企业网络中心性对创业企业成长绩效有正向积极的影响。
	H1c	集群内创业社会网络规模对创业企业成长绩效有正向积极的影响。
H2		中介变量对创业社会网络与创业企业成长绩效之间关系起到中介作用。
	H2a	资源聚集及创生对创业社会网络与创业企业成长绩效之间关系起到中介作用。
	H2b	集群组织学习对创业社会网络与创业企业成长绩效之间关系起到中介作用。
	H2c	创业企业间的信任关系对创业社会网络与创业企业成长绩效之间关系起到中介作用。
H3		集群内创业社会网络联系强度对中介变量产生影响。
	H3a	集群内创业社会网络联系强度对资源聚集及创生有正向的积极影响。
	H3b	集群内创业社会网络联系强度对集群组织学习有正向的积极影响。
	H3c	集群内创业社会网络联系强度对创业企业间的信任关系有正向的积极影响。
H4		集群内创业社会网络中心性对中介变量产生影响。
	H4a	集群内创业社会网络中心性对资源聚集及创生有正向的积极影响。
	H4b	集群内创业社会网络中心性对集群组织学习有正向的积极影响。
	H4c	集群内创业社会网络中心性对创业企业间的信任关系有正向的积极影响。
H5		集群内创业社会网络规模对中介变量产生影响。
	H5a	集群内创业社会网络规模对资源聚集及创生有正向的积极影响。
	H5b	集群内创业社会网络规模对集群组织学习有正向的积极影响。
	H5c	集群内创业社会网络规模对创业企业间的信任关系有正向的积极影响。

续表

序号		假设内容
H6		中介变量对创业企业的成长绩效产生影响。
	H6a	资源聚集及创生与成长绩效之间存在显著的正相关关系。
	H6b	集群组织学习与成长绩效之间存在显著的正相关关系。
	H6c	创业企业间的信任关系与成长绩效之间存在显著的正相关关系。

7.2 研究方法

7.2.1 问卷设计

本研究的问卷设计主要围绕产业集群背景下创业社会网络与成长绩效的关系及作用机制展开。根据上节所阐述的框架模型与研究假设，本调查问卷所设计的变量主要包括：创业社会网络（网络联系强度、网络中心性、网络规模）、中介变量（资源聚集与创生、集群组织学习、信任关系）、成长绩效等。在变量测量方面，主要以 Likert5 分量表为基准，其中，“1” 是完全不同意，“2” 是不同意，“3” 是不确定，“4” 是同意，5 代表完全同意。

根据本书的研究内容，本调查问卷的主要内容主要包括：

1）企业基础信息，包括企业名称、企业地址、注册时间、企业规模、资产规模等；

2）创业社会网络情况，包括网络联系强度、网络中心性、网络规模；

3）中介变量情况，包括资源聚集及创生、组织学习、信任关系；

4）集群内创业企业成长绩效表现；

5）问卷填写者的基本信息。

7.2.2 变量测量

（1）创业社会网络测量

关于社会网络的测量，学者们也进行了相关研究，邬爱其（2004）选择以网络中心度、网络规模以及网络位差来研究集群网络结构，马刚（2005）在研究中也采取了与此类似的变量。许小虎等人（2005）认为社会网络元素主要有关系要素与结构要素两类。基于上述学者的研究，本书对集群内创业社会网络测量主要从网络联系强度、网络中心性与网络规模三个方面来进行研究。

从目前对创业网络强度度量的情况看，研究主要集中在长期性、频繁性、亲密性三个方面。Bruderl 和 Preisendorfer（1998）倾向于测量支持程度，集中在对亲友、商业伙伴和熟人三个对象上；Shane 和 Cable（2002）则偏向于联系的稳定度和亲密度；Christian 和 Bastelaer（2002）采用的是联系的频繁性和亲密度，Premaratne（2002）和 Zhang（2005）则直接采用网络联系的强弱来反映网络强度。以上学者关于网络强度的度量存在较大的分歧，但仍集中在关于创业网络内创业者与联系节点的关系密切度上。

在网络中心性方面，学者们认为网络的中心性可以为网络主体带来各种正式或非正式的社会影响（Brass and Burkhart，1992），能够垄断信息流动（Granovetter，1973；Burt，1992）和获取重要的消息和知识（Luo，Chi and Lin，2002）。中心性越高意味着企业在网络中关键的联系节点占据一种越重要的策略性地位，也就是中心性越高，企业所能掌握的信息、知识等资源就越多。

从目前对创业网络规模度量的情况看，Steier 和 Greenwood（2000）采用的是创业资源提供者的数目，Baron 和 Markman（2003）采用的是与创业者有关系的主体的数量，Hill 和 Dunbar（2003）运用交往的亲友的数量，Sarah 等（2005）计算的是朋友和交往社会团体的数量，Zhang 和 Aram（2005）与 Watson（2007）则区分了正式网络与非正式网络，仍然以联系数量来进行度量。

基于上述分析，在借鉴目前的研究成果的基础上，本书最终确定使用表 7.2 所示的度量指标对集群内创业社会网络进行测量。

表 7.2　　**集群内创业社会网络测量表**

变量维度	编号	测量问题	分值				
			1	2	3	4	5
网络联系强度	H11	贵企业经常与亲戚朋友、同事保持联系					
	H12	贵企业与上下游企业保持长期联系					

续表

变量维度	编号	测量问题	分值				
			1	2	3	4	5
网络联系强度	H13	贵企业与合作伙伴长期保持联系					
	H14	贵企业与地方政府部门长期保持联系					
	H15	贵企业与本地大学或科研机构长期保持联系					
	H16	贵企业与本地金融机构长期保持联系					
	H17	贵企业与本地中介机构长期保持联系					
	H18	贵企业与竞争者长期保持联系					
网络中心性	H21	贵企业从集群内外部获取的知识和信息量大					
	H22	贵企业从集群内外部获取知识与信息的速度快					
	H23	贵企业在集群中占有主导或支配地位					
	H24	集群内企业与贵企业的合作意愿强烈					
	H25	贵企业能从集群外部吸引较多优秀人才					
网络规模	H31	贵企业拥有较多可以交流的亲戚朋友、同事					
	H32	贵企业拥有较多可以交流的合作伙伴					
	H33	贵企业拥有较多可以交流的金融机构人员					
	H34	贵企业拥有较多可以交流的地方政府人员					
	H35	贵企业拥有较多可以交流的大学或科研机构人员					
	H36	贵企业拥有较多可以交流的上下游成员					
	H37	贵企业拥有较多可以交流的中介机构人员					

（2）成长绩效

这里，本研究借鉴学者们提出的关于成长绩效的度量指标，主要选择新员工增长速度、市场份额增长速度、销售额增长速度、投资收益率增长速度、新产品或服务发展速度 5 类指标（见表 7.3）。

表 7.3 **创业企业成长绩效测量**

变量	编号	测量问题	分值				
			1	2	3	4	5
成长绩效	H41	贵企业与竞争者相比，近三年新员工增长速度更快					
	H42	贵企业与竞争者相比，近三年市场份额增长速度更快					
	H43	贵企业与竞争者相比，近三年市场销售额增长更快					
	H44	贵企业与竞争者相比，近三年投资报酬率增长更快					
	H45	贵企业与竞争者相比，近三年新产品发展速度更快					

(3) 中介变量

本书采用的中介变量主要包括资源聚集及创生、集群组织学习、信任关系，具体测量问题见表 7.4。

表 7.4 **中介变量测量**

变量维度	编号	测量问题	分值				
			1	2	3	4	5
资源聚集与创生	H51	贵企业内部各部门之间经常能有效沟通					
	H52	贵企业经常与集群内其他企业就各种原材料、设备、资金等资源方面进行拆借与交易					
	H53	贵企业经常与集群内其他企业就产品信息或技术方面进行交流					
	H54	贵企业经常与集群内其他企业就各种市场信息或顾客信息方面进行交流					
	H55	贵企业与集群内客户、供应商、竞争对手经常进行交流					
	H56	贵企业能有效配置集群本地及外部资源					

续表

变量维度	编号	测量问题	分值				
			1	2	3	4	5
集群组织学习	H61	贵企业内部各部门成员之间经常进行各种专业交流与培训					
	H62	贵企业与集群内其他企业之间经常进行研发交流与专业探讨					
	H63	贵企业与大学或科研机构之间经常进行合作研发					
	H64	贵企业能较快模仿集群内其他企业进行产品研发与技术创新					
信任关系（高度互信）	H71	贵企业与集群内其他企业之间相互了解					
	H72	贵企业与集群内其他企业之间进行交易活动的过程中经常可以延期支付					
	H73	贵企业与集群内其他企业进行合作的过程中不需要保持较高的警惕性					
	H74	贵企业与集群内其他企业进行经济活动的过程中经常使用非文字性契约					

7.2.3　数据收集与样本描述

(1) 数据收集

本研究的调查时间从 2012 年 10 月开始到 2013 年 6 月结束，主要抽样选取武汉东湖新技术开发区激光产业集群、武汉市蔡甸区电子产业集群、武汉市汉南区包装印务产业集群、武汉江夏区重工机械产业集群、武汉新洲区钢铁制品产业集群，并在相应产业集群中选择企业年限介于 3~10 年、公司人数介于 5~200 的创业企业中的中高层管理者与员工为调查对象。笔者共发放问卷 270 份，有效问卷为 200 份，回收率为 83%。

(2) 样本描述

1) 样本企业特征分布统计见表 7.5。

表 7.5 **样本企业特征统计表**

样本企业特征		数量	所占比例（%）
特性	特征分布		
所属产业	激光	35	17.5
	电子	47	23.5
	包装印务	21	10.5
	重工机械	65	32.5
	钢铁制品	32	16
企业成立年数	2 年以下	32	16
	2~4 年	66	33
	4~7 年	84	42
	7~10 年	18	9
企业规模	20 人以下	32	16
	20~80 人	86	43
	80~130 人	65	32.5
	130~200 人	17	8.5

从表 7.5 可以看出，所调研企业主要以电子和重工机械企业为主，企业成立年限主要以 2~4 年与 4~7 年为主，分别占到了 33%和 42%，企业规模主要以 20~80 与 80~130 居多，分别占到了 43%和 32.5%。

2）被访者分布特征统计见表 7.6。

表 7.6 **被访者分布特征统计**

被访者特征		样本数量	百分比（%）
特征	特征分布		
年龄	20~29	126	63
	30~39	45	22.5
	40~49	17	8.5
	50 以上	12	6

续表

被访者特征		样本数量	百分比（%）
特征	特征分布		
学历	高中及以下	8	4
	专科	44	22
	大学本科	97	48.5
	硕士	45	22.5
	博士	6	3
职务	高层管理人员	84	42
	中层管理人员	57	28.5
	基层管理人员	35	17.5
	普通员工	24	12

从表7.6中可以看出，被访者的年龄主要以20~29岁为主，占比达到了63%，学历以大学本科生居多，占比达到了48.5%，职务方面主要以中高层管理人员为主，占比分别占到了28.5%和42%。

（3）各变量的均值与标准差（见表7.7）

表7.7　变量的均值与标准差

变量	均值	方差
网络联系强度	4.862	0.975
网络中心性	5.437	0.859
网络规模	5.325	0.852
资源的聚集与创生	4.673	1.174
集群组织学习	5.672	0.947
信任关系（高度互信）	5.583	0.908
创业企业成长绩效	5.117	0.793

7.3 实证研究

7.3.1 因子分析

这里，我们基于通过调研200份问卷获得的数据，采用SPSS对产业集群内创业社会网络与成长绩效关系进行探索性因子分析。

(1) 创业社会网络的因子分析

1) 网络联系强度的因子分析（见表7.8）

表7.8 **网络联系强度因子分析**

测 量 问 题	因 子 荷 载
H11 贵企业经常与亲戚朋友、同事保持联系	0.827
H12 贵企业与上下游企业保持长期联系	0.787
H13 贵企业与合作伙伴长期保持联系	0.797
H14 贵企业与地方政府部门长期保持联系	0.713
H15 贵企业与本地大学或科研机构长期保持联系	0.735
H16 贵企业与本地金融机构长期保持联系	0.697
H17 贵企业与本地中介机构长期保持联系	0.719
H18 贵企业与竞争者长期保持联系	0.677
解释方差百分比（%）	61.486
KMO	0.705
Bartlett 检验卡方值	316.282
显著性概率	0.000
α 系数	0.7267

从表7.8可以看出，网络联系强度的8个测量问题总共解释了61.486%的变异，测量问题的因子负荷最小值是0.677，最大值是0.827，同时，α 的值为0.7267，符合统计要求。

2) 网络中心性的因子分析（见表7.9）

表 7.9　　**网络中心性因子分析**

测量问题	因子荷载
H21　贵企业从集群内外部获取的知识和信息量大	0.827
H22　贵企业从集群内外部获取知识与信息的速度快	0.757
H23　贵企业在集群中占有主导或支配地位	0.815
H24　集群内企业与贵企业的合作意愿强烈	0.783
H25　贵企业能从集群外部吸引较多优秀人才	0.873
解释方差百分比（%）	72.396
KMO	0.846
Bartlett 检验卡方值	257.407
显著性概率	0.000
α 系数	0.8485

从表 7.8 可以看出，网络中心性的 5 个测量问题总共解释了 72.396%的变异，测量问题的因子负荷最小值是 0.757，最大值是 0.873，α 的值为 0.8485，符合统计要求。

3）网络规模的因子分析（见表 7.10）

表 7.10　　**网络规模因子分析**

测量问题	因子荷载
H31　贵企业拥有较多可以交流的亲戚朋友、同事	0.814
H32　贵企业拥有较多可以交流的合作伙伴	0.759
H33　贵企业拥有较多可以交流的金融机构人员	0.707
H34　贵企业拥有较多可以交流的地方政府人员	0.725
H35　贵企业拥有较多可以交流的大学或科研机构人员	0.787
H36　贵企业拥有较多可以交流的上下游成员	0.737
H37　贵企业拥有较多可以交流的中介机构人员	0.721
解释方差百分比（%）	68.386
KMO	0.767
Bartlett 检验卡方值	288.307
显著性概率	0.000
α 系数	0.7973

从表7.10可以看出，网络规模的7个测量问题总共解释了68.386%的变异，项目的因子负荷最小值为0.707，最大值为0.814，内部一致性系数α为0.7973，符合统计要求。

（2）创业企业成长绩效的因子分析（见表7.11）

表7.11　　**成长绩效因子分析**

测量问题	因子荷载
H41　贵企业与竞争者相比，近三年新员工增长速度更快	0.772
H42　贵企业与竞争者相比，近三年市场份额增长速度更快	0.759
H43　贵企业与竞争者相比，近三年市场销售额增长更快	0.737
H44　贵企业与竞争者相比，近三年投资报酬率增长更快	0.695
H45　贵企业与竞争者相比，近三年新产品发展速度更快	0.647
解释方差百分比（%）	60.819
KMO	0.693
Bartlett 检验卡方值	325.779
显著性概率	0.000
α 系数	0.7087

从表7.11可以看出，创业企业成长绩效的5个测量问题总共解释了60.819%的变异，测量问题的因子负荷最小值是0.647，最大值是0.772，同时，α的值为0.7087，符合统计要求。

（3）中介变量的因子分析

1）资源聚集与创生的因子分析（见表7.12）

表7.12　　**资源聚集与创生因子分析**

测量问题	因子荷载
H51　贵企业内部各部门之间经常能有效沟通	0.752
H52　贵企业经常与集群内其他企业就各种原材料、设备、资金等资源方面进行拆借与交易	0.695

续表

测量问题	因子荷载
H53　贵企业经常与集群内其他企业就产品信息或技术方面进行交流	0.683
H54　贵企业经常与集群内其他企业就各种市场信息或顾客信息方面进行交流	0.727
H55　贵企业与集群内客户、供应商、竞争对手之间经常进行交流	0.772
H56　贵企业能有效配置集群本地及外部资源	0.793
解释方差百分比（%）	64.727
KMO	0.718
Bartlett 检验卡方值	317.175
显著性概率	0.000
α 系数	0.7185

从表 7.12 可以看出，资源聚集与创生的 6 个测量问题总共解释了 64.727%的变异，测量问题的因子负荷的最小值是 0.683，最大值是 0.793，同时，α 的值是 0.7185，符合统计要求。

2）集群组织学习的因子分析（见表 7.13）

表 7.13　**集群组织学习因子分析**

测量问题	因子荷载
H61 贵企业内部各部门成员之间经常进行各种专业交流与培训	0.826
H62 贵企业与集群内其他企业之间经常进行研发交流与专业探讨	0.737
H63 贵企业与大学或科研机构之间经常进行合作研发	0.867
H64 贵企业能较快地模仿集群内其他企业进行的产品研发与技术创新	0.717
解释方差百分比（%）	72.652
KMO	0.837
Bartlett 检验卡方值	277.075
显著性概率	0.000
α 系数	0.8297

从表 7.13 可以看出，集群组织学习的 4 个测量问题总共解释了 72.652%的

变异，测量问题的因子负荷最小值是 0.717，最大值是 0.867，同时，α 值为 0.8297，符合统计要求。

3）信任关系（高度互信）（见表 7.14）

表 7.14　　高度互信因子分析

测量问题	因子荷载
H71　贵企业与集群内其他企业之间相互了解	0.787
H72　贵企业与集群内其他企业之间进行交易活动过程中经常可以延期支付	0.729
H73　贵企业与集群内其他企业进行合作的过程中不需要保持较高的警惕性	0.753
H74　贵企业与集群内其他企业进行经济活动的过程中经常使用非文字性契约	0.713
解释方差百分比（%）	64.719
KMO	0.735
Bartlett 检验卡方值	303.293
显著性概率	0.000
α 系数	0.7473

从表 7.14 可以看出，信任关系（高度互信）的 4 个测量问题总共解释了 64.719%的变异，测量问题的因子负荷最小值是 0.713，最大值是 0.787，同时，α 值为 0.7473，符合统计要求。

7.3.2　相关分析

接下来，我们对自变量创业社会网络（网络联系强度、网络中心性、网络规模）、中介变量（资源聚集与创生、集群组织学习、信任关系）和因变量（创业企业成长绩效）进行了两两相关分析，具体分析结果见表 7.15。

表 7.15　　各变量间的相关分析

变　量	1	2	3	4	5	6	7
1　网络联系强度	1.000						
2　网络中心性	0.219*	1.000					

续表

变　　量	1	2	3	4	5	6	7
3　网络规模	0.255**	0.176*	1.000				
4　资源的聚聚与创生	0.436**	0.375**	0.356**	1.000			
5　集群组织学习	0.483**	0.473**	0.416**	0.378**	1.000		
6　信任关系（高度互信）	0.527**	0.497**	0.476**	0.359**	0.566**	1.000	
7　创业企业成长绩效	0.515**	0.569**	0.534**	0.424**	0.486**	0.471**	1.000

注：* 表示显著性水平，P<0.05（双尾检验），** 表示显著性水平，P<0.01（双尾检验）

从表 7.15 的分析结果可以看出，创业社会网络（网络联系强度、网络中心性与网络规模）和资源的聚集变与创生、集群组织学习、信任关系以及创业企业成长绩效之间均呈显著的相关关系，而资源的聚集变与创生、集群组织学习、信任关系与创业企业成长绩效之间也呈显著的相关关系，因此，从相关分析的结果来看，所有假设都得到数据的检验。

7.3.3　结构方程分析与模型假设检验

下面，我们通过结构方程模型来分析创业社会网络（网络联系强度、网络中心性、网络规模）、创业企业成长绩效、资源聚集及创生、集群组织学习、信任关系变量之间的关系，分析结果如表 7.16 所示。

表 7.16　**研究假设检验结果**

待检验关系	标准化路径系数	是否支持假设
假设回归路径		
H1：创业社会网络→成长绩效		
H1a：网络联系强度→成长绩效	0.127（0.000）**	支持
H1b：网络中心性→成长绩效	0.135（0.000）**	支持
H1c：网络规模→成长绩效	0.107（0.266）	不支持
H2：中介变量→创业社会网络与成长绩效之间的关系		

续表

待检验关系	标准化路径系数	是否支持假设
H2a：资源聚集与创生→创业社会网络与成长绩效之间的关系	0.263 (0.000)**	支持
H2b：集群组织学习→创业社会网络与成长绩效之间的关系	0.249 (0.000)**	支持
H2c：信任关系（高度互信）→创业社会网络与成长绩效之间的关系	0.097 (0.009)*	支持
H3：网络联系强度→中介变量		
H3a：网络联系强度→资源聚集及创生	0.207 (0.000)**	支持
H3b：网络联系强度→集群组织学习	0.191 (0.000)**	支持
H3c：网络联系强度→信任关系	0.187 (0.000)**	支持
H4：网络中心性→中介变量		
H4a：网络中心性→资源聚集及创生	0.117 (0.000)**	支持
H4b：网络中心性→集群组织学习	0.078 (0.013)*	支持
H4c：网络中心性→信任关系	0.091 (0.011)*	支持
H5：网络规模→中介变量		
H5a：网络规模→资源聚集及创生	0.161 (0.000)**	支持
H5b：网络规模→集群组织学习	0.153 (0.000)**	支持
H5c：网络规模→信任关系	0.087 (0.175)	不支持
H6：中介变量→成长绩效		
H6a：资源聚集及创生→成长绩效	0.305 (0.000)**	支持
H6b：集群组织学习→成长绩效	0.289 (0.000)**	支持
H6c：信任关系→成长绩效	0.174 (0.000)**	支持
拟合优度指标 $\chi^2=2657.369$；$df=1359$；$P=0.000$；$\chi^2/df=1.955$；RMR=0.077；RMSEA=0.063；GFI=0.883；AGFI=0.831；IFI=0.947；CFI=0.932		

从表7.16的结果中可以看出，结构方程模型的拟合情况为：$\chi^2=2657.369$、$df=1359$、$P=0.000$、$\chi^2/df=1.955$、RMR=0.077、RMSEA=0.063、GFI=0.883、AGFI=0.831、IFI=0.947、CFI=0.932，因此，该模型检验的结果拟合

情况较好。

1）集群内创业社会网络对创业企业成长绩效的影响

为验证创业社会网络与创业企业成长绩效的关系，我们通过三个分假设来检验，即假设 H1a，H1b 和 H1c。从分析结果中可以看出，假设 H1a 的回归路径影响系数为 0. 127，假设 H1b 的回归路径影响系数为 0. 135，并且两个假设均在 0. 01 的水平上显著，这也证明了假设 H1a 和假设 H1b 成立，假设 H1c 的回归路径影响系数为 0. 107，但在 0. 01 的水平上显著，这也证明了假设 H1c 不成立。

2）中介变量在创业社会网络与创业企业成长绩效关系中起到的中介作用

为验证中介变量在创业社会网络与创业企业成长绩效关系中起到的作用，我们通过三个分假设来检验，即假设 H2a，H2b 和 H2c。从分析结果中可以看出，假设 H2a 的回归路径影响系数为 0. 263，假设 H2b 的回归路径影响系数为 0. 249，假设 H2c 的回归路径影响系数为 0. 097，同时，假设 H2a 和假设 H2b 均在 0. 01 的水平上显著，假设 H2c 在 0. 05 的水平上显著，这也证明了假设 H2a、H2b、H2c 成立。

3）网络联系强度对中介变量的影响

为验证创业社会网络联系强度对中介变量产生的影响，我们通过三个分假设来检验，即假设 H3a、H3b 和 H3c。从分析结果中可以看出，假设 H3a 的回归路径影响系数为 0. 207，假设 H3b 的回归路径影响系数为 0. 191，假设 H3c 的回归路径影响系数为 0. 187，同时，假设 H3a、假设 H3b 和假设 H3c 均在 0. 01 的水平上显著，这也证明了假设 H3a、H3b、H3c 成立。

4）网络中心性对中介变量的影响

为验证集群内创业社会网络中心性对中介变量产生的影响，我们通过三个分假设来检验，即假设 H4a、H4b 和 H4c。从分析结果中可以看出，假设 H4a 的回归路径影响系数为 0. 117，假设 H4b 的回归路径影响系数为 0. 078，假设 H4c 的回归路径影响系数为 0. 091，同时，假设 H4a 在 0. 01 的水平上显著，假设 H4b 和假设 H4c 均在 0. 05 的水平上显著，这也证明了假设 H4a、H4b、H4c 成立。

5）网络规模对中介变量的影响

为验证集群内创业社会网络规模对中介变量产生的影响，我们通过三个分假设来检验，即假设 H5a，H5b 和 H5c。从分析结果中可以看出，假设 H5a 的回归路径影响系数为 0.161，并在 0.01 的水平上显著，这也证明了假设 H5a 成立。假设 H5b 的回归路径影响系数为 0.153，并在 0.01 的水平上显著，这也证明了假设 H5b 成立。假设 H5c 的回归路径影响系数为 0.087，但在 0.01 的水平上不显著，这也说明了假设 H5c 不成立。

6）中介变量对创业企业成长绩效的影响

为验证中介变量对创业企业的成长绩效产生的影响，我们通过三个分假设来检验，即假设 H6a，H6b 和 H6c。从分析结果中可以看出，假设 H6a 的回归路径影响系数为 0.305，假设 H6b 的回归路径影响系数为 0.289，假设 H6c 的回归路径影响系数为 0.174，并且这三个假设均在 0.01 的水平上显著，这也证明了假设 H6a，H6b 和 H6c 成立。

因此，通过上述实证研究结果表明，整体模型检验获得通过，提出的 18 个假设中有 16 个获得通过，2 个未获得支持，即集群内创业社会网络规模对创业企业的成长绩效与创业企业间信任关系没有显著影响。

7.4 本章小结

本章首先基于创业社会网络→资源聚集及创生、集群组织学习效率、企业间的信任关系→创业企业成长绩效的逻辑链条，构建了实证研究的理论模型，并在此基础上，提出了创业社会网络对创业企业成长绩效的影响、创业社会网络对中介变量的影响以及中介变量对创业企业成长绩效的影响三大方面的研究假设。其次，阐述了问卷的基本结构与设计过程，并提出了创业社会网络、成长绩效以及中介变量的测量问题，同时对所调研的企业样本特征、被访者分布特征以及各变量的均值与标准差进行了分析；最后，根据调研所获得数据，运用 SPASS 对创业社会网络（网络联系强度、网络中心性、网络规模）、成长绩效以及中介变量（资源聚集与创生、集群组织学习、信任关系）进行因子分析，对涉及的相关变量进行效度和信度的验证，并对自变量创业社会网络、中介变量和因变量创业企业成长绩效进行两两相关分析，同时通过结构方程模型对它们之间的相互影响进行了分析。

附录1：调研访谈

1. 请您介绍一下贵企业的创业历程与近年来的发展情况？

2. 贵企业在创业活动过程中，是否与其他企业建立了各种关系？同时哪些对您的企业创立发展产生过重要影响？

3. 贵企业获得信息的速度如何？在本区的企业关系网络中是处在中心，还是支配位置？你所处的社会关系网中存在许多彼此之间互不相识或联系的厂、机构或个人吗？

4. 贵企业在与其他组织建立关系的过程中是否需要投入大量的人力与资金？这些投入占企业总体开支多大比例？

5. 贵企业与哪些企业建立了稳定的合作关系？这些合作关系对贵企业的发展有什么帮助？

6. 公司在创业过程中，应该拥有哪些资源？怎么获得的？请简单谈谈您认为最重要的创业资源在贵公司的情况。

7. 您认为这些创业资源具体对企业起到什么作用？具体是通过哪些方式来提高创业成功率的，请您举一些关键事例说明一下。

8. 您是如何衡量公司创业绩效的，请列举几个您认为最重要的指标。

9. 您怎么看待产业集群的作用？产业集群与创业之间有联系吗？相对于集群外的独立企业，产业集群能为创业带来哪些独特的资源？

10. 您觉得贵企业过去三年的绩效状况如何？贵企业未来的发展战略是怎样的？

附录2：调 查 问 卷

尊敬的先生/女士：

您好！我们是产业集群发展调查研究小组，本问卷旨在调查武汉市产业集群内创业社会网络对创业企业成长绩效的影响情况，从而为促使武汉市集群内创业企业良好发展提供相关理论指导与政策建议。该问卷调查结果仅用于学术研究，调查内容未涉及贵企业的任何商业机密，衷心感谢您的合作与支持！

一、企业基本情况

1. 企业名称______________________________

2. 企业成立时间____年

3. 企业主营业务____

4. 目前有员工人数：□20人以下　□21~80　□81~130　□131~200

5. 本企业经营规模在行业中属：A. 小型；B. 偏小型；C. 中型；D. 偏大型；E. 大型

6. 贵企业主要是一家：

□原材料供应商　□零部件生产商　□成品生产商　□经销商或代理商　□其他

7. 相对行业水平，本企业所处的创业阶段的时期：□初创期　□成长期

二、请根据贵企业创业社会网络实际情况，对下列事项进行选择：

序号	贵　企　业	完全不同意	不同意	不确定	同意	完全同意
1	贵企业经常与亲戚朋友、同事保持联系	1	2	3	4	5
2	贵企业与上下游企业保持长期联系	1	2	3	4	5

续表

序号	贵 企 业	完全不同意	不同意	不确定	同意	完全同意
3	贵企业与合作伙伴长期保持联系	1	2	3	4	5
4	贵企业与地方政府部门长期保持联系	1	2	3	4	5
5	贵企业与本地大学或科研机构长期保持联系	1	2	3	4	5
6	贵企业与本地金融机构长期保持联系	1	2	3	4	5
7	贵企业与本地中介机构长期保持联系	1	2	3	4	5
8	贵企业与竞争者长期保持联系	1	2	3	4	5
9	贵企业从集群内外部获取的知识和信息量大	1	2	3	4	5
10	贵企业从集群内外部获取知识与信息的速度快	1	2	3	4	5
11	贵企业在集群中占有主导或支配地位	1	2	3	4	5
12	集群内企业与贵企业的合作意愿强烈	1	2	3	4	5
13	贵企业能从集群外部吸引较多优秀人才	1	2	3	4	5
14	贵企业拥有较多可以交流的亲戚朋友、同事	1	2	3	4	5
15	贵企业拥有较多可以交流的合作伙伴	1	2	3	4	5
16	贵企业拥有较多可以交流的金融机构人员	1	2	3	4	5
17	贵企业拥有较多可以交流的地方政府人员	1	2	3	4	5
18	贵企业拥有较多可以交流的大学或科研机构人员	1	2	3	4	5
19	贵企业拥有较多可以交流的上下游成员	1	2	3	4	5
20	贵企业拥有较多可以交流的中介机构人员	1	2	3	4	5

三、请根据贵企业创业绩效实际情况，对下列事项进行选择：

序号	贵 企 业	完全不同意	不同意	不确定	同意	完全同意
1	贵企业与竞争者相比，近三年新员工增长速度更快	1	2	3	4	5
2	贵企业与竞争者相比，近三年市场份额增长速度更快	1	2	3	4	5

续表

序号	贵　企　业	完全不同意	不同意	不确定	同意	完全同意
3	贵企业与竞争者相比，近三年销售额增长速度更快	1	2	3	4	5
4	贵企业与竞争者相比，近三年投资收益率增长速度更快	1	2	3	4	5
5	贵企业与竞争者相比，近三年新产品发展速度更快	1	2	3	4	5

四、请根据贵企业在资源聚集与创生、集群组织学习以及与其他企业信任关系的实际情况，对下列事项进行选择：

序号	贵　企　业	完全不同意	不同意	不确定	同意	完全同意
1	贵企业内部各部门之间经常能有效沟通	1	2	3	4	5
2	贵企业经常与集群内其他企业就各种原材料、设备、资金等资源方面进行拆借与交易	1	2	3	4	5
3	贵企业经常与集群内其他企业就产品信息或技术方面进行交流	1	2	3	4	5
4	贵企业经常与集群内其他企业就各种市场信息或顾客信息方面进行交流	1	2	3	4	5
5	贵企业与集群内客户、供应商、竞争对手之间经常进行交流	1	2	3	4	5
6	贵企业能有效配置集群本地及外部资源	1	2	3	4	5
7	贵企业内部各部门成员之间经常进行各种专业交流与培训	1	2	3	4	5
8	贵企业与集群内其他企业之间经常进行研发交流与专业探讨	1	2	3	4	5
9	贵企业与大学或科研机构之间经常进行合作研发	1	2	3	4	5

续表

序号	贵　企　业	完全不同意	不同意	不确定	同意	完全同意
10	贵企业能较快地模仿集群内其他企业进行产品研发与技术创新	1	2	3	4	5
11	贵企业与集群内其他企业之间相互了解	1	2	3	4	5
12	贵企业与集群内其他企业之间进行交易活动的过程中经常可以延期支付	1	2	3	4	5
13	贵企业与集群内其他企业进行合作的过程中不需要保持较高的警惕性	1	2	3	4	5
14	贵企业与集群内其他企业进行经济活动的过程中经常使用非文字性契约	1	2	3	4	5

五、请附您的个人信息：

本人是企业的：

□所有者之一　□非业主的高层管理人员　□中层管理人员　□其他

如您不是企业业主，对以下三个问题请选择：

本人在企业的工作年限为：□一年以下　□1~5年　□5~10年　□10年以上

本人的职位为：□总经理　□副总经理　□办公室主任　□部门经理　□其他____

参 考 文 献

[1] 包丽华，李南，冯夏宗．产业集群的强链接与弱链接现象．经济视角，2007（5）：55-56.

[2] 宝贡敏，余红剑．关系网络与创业互动机制研究．研究与发展管理，2005，17（3）：46-51.

[3] 曹瑄玮，席酉民．产业集群发展中路径依赖的形成——社会心理学的观点．经济社会体制比较，2007（4）：36-42.

[4] 陈旭，李仕明．产业集群内双寡头企业合作创新博弈分析．管理学报，2007（1）：94-96.

[5] 曹之然，曹娜娜．创业绩效结构模型：基于创业绩效测量理论的修正．商业研究，2011（2）：122-127.

[6] 池仁勇．中小企业创新网络的理论与实践．北京：科学出版社，2009：54.

[7] 陈继祥，徐超等．产业集群与复杂性．上海：上海财经大学出版社，2005（12）：35-39.

[8] 陈震红，董俊武，刘国新．创业理论的研究框架与成果综述．经济前沿，2004（9）：30-33.

[9] 陈学军，王重鸣．绩效模型的最新研究进展．心理科学，2001，24（6）：737-738.

[10] 陈莉平，万迪昉．嵌入社会网络的中小企业资源整合模式．软科学，2006，20（6）：133-136.

[11] 蔡莉，崔启国，史琳．创业环境研究框架．吉林大学社会科学学报，2007（1）：50-56.

[12] 陈馨佳．产业集群绩效及其影响因素研究——以浙江海宁皮革产业集群为

例. 杭州：浙江大学，2010.

[13] 蔡宁，吴结兵，殷鸣．产业集群复杂网络的结构与功能分析．经济地理，2006，26（3）：378-382.

[14] 范旭，方一兵．区域创新系统中高校与政府和企业互动的五种典型模式，中国科技论坛，2004（1）.

[15] 冯华，杜红．创业胜任力特征与创业绩效的关系分析．技术经济与管理研究，2005（6）：17-18.

[16] 郭毅，朱淼．企业家及企业家网络构建的理论分析．苏州城市建设环境保护学院学报，2002，4（1）：44-48.

[17] 顾慧君．基于社会网络演化分析的产业集群升级研究．济南：山东大学，2006.

[18] 郭毅，朱淼．企业家及企业家网络构建的理论分析——基于社会网络的分析观点．苏州城市建设环境保护学院学报，2002，4（1）：44-48.

[19] 郭毅，朱扬帆，朱熹．人际关系互动与社会结构网络化．社会科学，2003（8）：64-74.

[20] 葛萍萍．集群企业合作创新的风险及信任机制研究．金华：浙江师范大学，2009.

[21] 韩新严．非正式创新网络在中小企业创新中的应用．杭州：浙江工业大学，2001.

[22] 侯杰泰，温忠麟，成子娟．结构方程模型及其应用．北京：教育科学出版社，2004.

[23] 姜明辉，牛晓妹．政府在区域创新网络中的角色定位．学习与探索，2005（4）：214-216.

[24] 柳青，蔡莉，单标安等．中国创业研究回顾与展望．科学学与科学技术管理，2010（4）：66-71.

[25] 刘昱．创业活动与产业集群的互动机制分析．华南师范大学学报（社会科学版），2009，13（2）：139-141.

[26] 李乾文．创业绩效理念视角及其评述．经济界，2004（6）：93-96.

[27] 李乾文．公司创业活动与绩效关系测度体系评价．外国经济与管理，2005，

27（2）：2-9.
[28] 廖文琛．基于产业集群的创新网络研究．福州：福建师范大学，2006.
[29] 李金华，孙东川．创新网络的演化模型．科学研究，2006（2）：136-139.
[30] 李金华．非正式创新网络的演化模型．科技管理研究，2007（9）：5-6.
[31] 李星，企业集群创新网络多主体合作创新机理研究．武汉：武汉大学，2011.
[32] 李京文，任伶．通过合作创新提升企业核心能力的模式研究．经济纵横，2009（4）.
[33] 李新安．产业集群合作创新优势的演变机制研究．科技进步与对策，2007，24（2）：65-67.
[34] 林强，姜雁福，张健．创业理论及其构架分析．经济研究，2001（9）：58-94.
[35] 骆俊，王重鸣．创业企业社会网络胜任力与创业绩效关系研究．杭州：浙江大学，2006.
[36] 买忆媛，彭一林，乔俊杰．创业活动与产业集群不同发展阶段之间的相互关系．科学学与科学技术管理，2007，（28）4：161-164.
[37] 孟韬，史达．论产业集群的信任机制．社会科学辑刊，2006（2）：99-100.
[38] 孟华兴，赵瑞君．产业集群中的信任问题研究．北京工商大学学报，2007（4）：108-109.
[39] 彭华涛，谢科范．创业管理社会网络构建的理论研究．科学技术与工程，2004，4（2）：131-134.
[40] 彭华涛，谢科范．创业社会网络的概念界定及拓展分析．学术论坛，2002（2）：75-78.
[41] 彭华涛，谢科范．企业理论演变与创业社会网络的存在机理．武汉理工大学学报（社会科学版），2005，18（2）：220-223.
[42] 田莉．新企业初始条件与生存及成长关系研究前沿探析．外国经济与管理，2010，32（8）：27-34.
[43] 谈正达．基于信任和知识共享的产业集群创新机制研究．南京：东南大学，2006.

[44] 王笑君，朱强．论产学研联合技术创新风险承担的合理性．软科学，2001，15（4）：56-57.

[45] 王春晓，和丕禅．信任、契约与规制：集群内企业间信任机制动态变迁研究．中国农业大学学报（社会科学版），2003（2）：33-34.

[46] 魏江，焦豪．创业导向、组织学习与动态能力关系研究．外国经济与管理，2008，30（2）：36-41.

[47] 徐涛，张昭华．高技术产业集群的信任与声誉机制研究．当代经济管理，2008（8）：43-44.

[48] 谢振东，王重鸣．产业集群背景下企业社会网络与创业绩效的关系研究．杭州：浙江大学，2007.

[49] 薛澜，陶海青．产业集群成长中的企业家社会网络演化——一种“撒网”模型．当代经济科学，2004（6）：60-66.

[50] 肖冬平，梁臣．社会网络研究的理论模式综述．广西社会科学，2003（12）：166-168.

[51] 余维清．中小企业关系网络的演进分析．经济问题探索，2008（2）：100-103.

[52] 姚小涛，席酉民．社会网络理论及其在企业研究中的应用．西安交通大学学报（社会科学版），2003，23（3）：22-27.

[53] 杨冬梅、陈柳钦．基于产业集群的区域创新体系构建．科学学与科学技术管理，2005（10）：79-83.

[54] 杨俊，张玉利．基于企业家资源禀赋的创业行为过程分析．外国经济与管理，2004，26（2）：2-6.

[55] 姚先国，温伟祥，任洲麒．企业集群环境下的公司创业研究——网络资源与创业导向对集群企业绩效的影响．中国工业经济，2008（3）：84-92.

[56] 叶建亮．知识溢出与企业集群．经济科学，2001（3）：23-30.

[57] 叶华光．横向产业集群形成的动力机制研究．科技和产业，2009（8）.

[58] 张平．基于资源配置的武汉光谷产业集群发展研究．武汉：华中科技大学，2004.

[59] 张存刚，李明，陆德梅．社会网络分析——一种重要的社会学研究方法．

甘肃社会科学，2004（2）.

[60] 张帏．郭鲁伟．从硅谷的产业发展看创新与创业精神集成的重要性．中国软科学，2003（9）：12-16.

[61] 张玉利，薛红志，杨俊．论创业研究的学科发展及其对管理理论的挑战．外国经济与管理，2007，29（1）：1-9.

[62] 朱秀梅，陈深，蔡莉．网络能力、资源获取与新企业绩效关系实证研究．管理科学学报，2010，13（4）：44-56.

[63] 朱秀梅，费宇鹏．关系特征、资源获取与初创绩效关系实证研究．南开商业评论，2010，13（3）：125-135.

[64] 曾一军．嵌入社会网络与新创企业成功的必由之路．企业活力，2006（9）：94-95.

[65] 赵都敏．社会网络视角在创业研究中的进展．科学学与科学技术管理，2007（8）：71-76.

[66] 张荣祥，伍满桂．网络动态能力．创新网络质量及其创新绩效关系研究．兰州大学学报（社会科学版），2009，37（2）：107-113.

[67] 祖廷勋，张云虎，陈天仁，罗光宏．产学研合作创新的动力机制——基于新制度经济学层面的分析．河西学院学报，2006，22（1）：24.

[68] 朱桂龙，彭有福．产学研合作创新网络组织模式及其运作机制研究．软科学，2003，17（4）：49-50.

[69] 周泯非，魏江．产业集群创新能力的概念、要素与构建研究．外国经济与管理，2009（09）.

[70] 王任飞．创业学：战略与资源．北京：中国人民大学出版社，2006.

[71] Antoncic B，Hisrich R D. 2001. Intrapreneurship：Construct refinement and cross-cultural validation. Journal of Business Venturing，(16)：495-527.

[72] Adler E，Kwon，S. 2002. Social Capital：Prospects for a New Concept. Academy of Management Review，27（1）：1 7-40.

[73] Anderson U，Forsgren M，Holm U. 2002. The Strategic Impact of Extemal Networks：Subsidiary Performance and Competence Development in the Multinational Corporation. Strategic Management Journal，(23)：979-996.

[74] Anil K, Gupta V. 2000. Knowledge flows within multinational corporations. Strategic Management Journal, 21 (4): 473-496.

[75] Bell G. 2005. Clusters, Network, and Firm Innovativeness. Strategic Management Journal, (26): 287-295.

[76] Bruyat C, Julien P A. 2002. Defining the field of research in entrepreneurship. Journal of Business Venturing, (16): 165-180.

[77] Brown DW, Konrad A M. 2001. Granovetter was right. The importance of weak ties to a contemporary job search. Group&Organization Management 26: 434-462.

[78] Britton J. 2003. Network structure of an industrial cluster: electronics in Toronto. Environment and Planning (A), (6): 983-1006.

[79] Boschma, Lambooy J G. 2002. Knowledge, market structure, and economic coordination: Dynamics of industrial districts. Growth and Change, 33 (Summer): 291-311.

[80] Bernhard D, Bernd E, Hans L. 2008. The innovative performance of foreign-owned enterprises in small open economics. The Journal of Technology Transfer, 33 (4): 393-406.

[81] Chung S H, Singh, Lee K. 2000. Complementarity, Status Similarity and Social Capital as Drivers of Alliance Formation. Strategic Management Journal, 21 (1): 1-22.

[82] Calabrese T, Baum J A C, Silverman B. 2000. Canadian biotechnology start-ups, 1991-1997: the role of incumbents' patents and strategic alliances in controlling competition. Social Science Research, 29 (4): 503-534.

[83] Christian L, Michael D. 2003. Firm networks: external relationships as sources for the growth and competitiveness of entrepreneurial firms. Entrepreneurship and Regional Development, (15): 1-26.

[84] Watts D J, Strogatz S H. 1998. Collective dynamics of "small-world" networks, Nature, 393: 440-442.

[85] Doebeli M, Hauert C, 2005. Models of cooperation based on the Prisoner's Dilemma and the nowdrift game, Ecology Letters, 8 (7): 748-766.

[86] Pearson D W, Albert P, Besombes B, et al. 2002. Modeling enterprise networks: A master quation approach. European Journal of Operational Research, (3): 663-670.

[87] Davidsson P, Wiklund J. 2001. Levels ofanalysis in entrepreneurship research: current research practice and suggestions for the future, Entrepreneurship Theory&Practice, 25: 81-100.

[88] Davidsson P, Benson H. 2003. The role of social and human capital among nascent entrepreneurs. Journal of Business Venture, 18: 301-331.

[89] David L, Deeds. 2001. The role of R&D intensity r technical development and absorptive capacity in creating entrepreneurial wealth in high technology start-upst Journal of Engineering Technology Management, 8: 9- 47.

[90] Donna J. Kelley, Rice M P. 2002. Advantage beyond founding: the strategic use of technologies, Journal of Business Venture, 17: 41-57.

[91] Echols A, Tsai W. 2005. Niche and Performance: The Moderating Role of Network Embeddedness. Strategic Management Journal, 26 (3): 219-238.

[92] Etzkowitz H, Leydesdorff L. 2000. The dynamics of innovation: from National Systems and "Mode 2" to a Triple Helix of university-industry-government relation. Research Policy, (2): 109-123.

[93] Lamine W, Fayolle A, Jack S, et al. 2019. The role of materially heterogeneous entities in the entrepreneurial network. Industrial Marketing Management, 80, 99-114.

[94] Honig B, Davidsson P, & Karlsson T. 2005. Learning strategies of nascent entrepreneurs. Journal of Competence-based Management, 1 (3): 67-88.

[95] Gulati R, Lawrence P, Puranam P. 2005. Adaptation in Vertical Relationships: Beyond Incentive Conflict. Strategic Management Journal, 26 (5): 415-440.

[96] Granovetter M. The Strenth of Weak Ties. 1973. American Journal of Sociology, (78): 1360-1380.

[97] Gomez-Gardenes J, Campillo M, Floria L M, et al. 2007. Dynamical Organization of Cooperation in Complex Topologies, Physical Review LeRers, 98

(10): 103-108.

[98] Hideki Y. 2002. The evolution and structure of industrial clusters in Japan. Small Business Economic, (18): 121-140.

[99] Hoang H, Antonicic B. 2003. Network-based Research in Entrepreneurship: A Critical Review. Journal ofBusiness Venturing, 18: 165-187.

[100] Hoang H. Antoncic B. 2001. Network—based research in entrepreneurship: A critical review. Journal of Business Venturing, 18: 165-187.

[101] Jorge A, Maria J, Irina S, Pedro M. 2007. Creativity and Innovation through Multidisciplinary and Multisectoral Cooperation, 16 (1): 4-6.

[102] Johnston R. 2004. Clusters: a review of their basis and development in Australia. Innovation: Management, Policy & Practice, (3): 380-391.

[103] Johnston R. 2004. Clusters: a review of their basis and development in Australia. Innovation: Management, Policy & Practice, (3): 380-391.

[104] Jambulingam, Kathuria, Doucette. 2005. Entrepreneurial orientation as a basis for classification within a service industry: the case of retail pharmacy industry. Journal of Operations Management, 23 (1): 23-42.

[105] Kreiser P M, Marino L D, Weaver K M. 2002. Assessing the Psychometric properities of the entrepreneurial orientation scale: a muti-country analysis. Entrepreneurship: Theory and Practice, (26): 71-92.

[106] Kim B J, Tmsina A, Holme P, et al. 2002. Dynamic instabilities induced by asymmetric influence: Prisoners'dilemma game in small world networks. Physical Review E, 66 (2).

[107] Langer P, Nowak M A, Hauert C. 2008. Spatial invasion of cooperation, Journal of Theoretical Biology, 250 (4): 636-643.

[108] Lechner C, & Dowfing M. 2003. Firm networks: external relationships as sources for the growth and competitiveness ofentrepreneurial firms. Entrepreneurship & Regional Development, 15: 1-26.

[109] Leung A. 2003. Different ties for different needs: recruitment practices of entrepreneurial firms at different development phases. Human Resources

Management, 42 (4): 303-320.

[110] Maccoby M. 2000. Creating network competence. Research Technology Management, 43 (3): 59-60.

[111] Moran E. 2005. Structure Relational Embeddedness: Social Capital and Management Performance. Strategic Management Journal, (26): 1129-1151.

[112] McEvily B, & Marcus A. 2005. Embedded ties and the acquisition of competitive capabilities. Strategic Management Journal, (26): 1033-1055.

[113] Vainstein M H, Arenzon J. 2001. Disordered environments in spatial games, Phys. Rev. E 64: 051905.

[114] Porter M E. The Competitive Advantage of Nations. New York: The Free Press, 1990.

[115] Porter M E. 2000. Location, Competition, and Economic Development: Local Clusters in a Global Economy. Economic Development Quarterly, 14 (1): 15-34.

[116] Santos F C, Rodrigues J F, Pacheco J M. 2006. Graph topology plays a determinant role in the evolution of cooperation. Proceedings of the Royal Society B, 273 (1582): 51-55.

[117] Tomassini M, Luthi L, Giacobini M. 2006. Hawks and Doves on small-world networks. Physical Review E, 73 (1): 016132.

[118] Wilkinson L E, & Young L. 2002. On cooperating: firms, relations and networks. Journal of Business Research, 55 (2): 123-132.

[119] Tello S. Yang Y, & Latham S. 2012. Nascent entrepreneurs' access and use of network resources in a technology incubator. Journal of Small Business & Entrepreneurship, 25 (3): 375-397.

[120] Davidsson P, Honig B. 2003. The role of social and human capital among nascent entrepreneurs. Journal of Business Venturing, 18 (3): 301-331.

[121] Karatas-Ozkan M, Chell E. 2010. Nascent entrepreneurship and learning. Cheltenham: Edward Elgar.

[122] Hoang H, & Antoncic B. 2003. Network-based research in entrepreneurship. A

critical review. Journal of Business Venturing, 18 (2): 165-187.

[123] Aaboen L, Dubois A, & Lind F. 2013. Strategizing as networking for new ventures. Industrial Marketing Management, 42 (7): 1033-1041.

[124] La Rocca A, Ford D, & Snehota I. 2013. Initial relationship development in new business ventures. Industrial Marketing Management, 42 (7): 1025-1032.

[125] Baron R A, & Tang J. 2009. Entrepreneurs' social skills and new venture performance: Mediating mechanisms and cultural generality. Journal of Management, 35 (2): 282-302.

[126] Johannisson B. 2011. Towards a practice theory of entrepreneuring. Small Business Economics, 36: 135-150.

[127] Hernes T. 2007. Understanding organization as process: Theory for a tangled world. London: Routledge.

[128] Lamine W, Jack S, Fayolle A, & Chabaud D. 2015. One step beyond? Towards a process view of social networks in entrepreneurship. Entrepreneurship and Regional Development, 27 (7-8): 413-429.

[129] Gurrieri A R. 2013. Networking entrepreneurs. Journal of Socio-Economics, 47 (dec.): 193-204.

[130] Boschma R A, Lambooy J G. 1999. Evolutionary economics and economic geography. Journal of Evolutionary Economics 9: 411-429.

[131] Stuart T E, Sorenson O. 2007. Strategic networks and entrepreneurial ventures. Strategic Entrepreneurship Journal, 1: 211-227.

[132] Boschma R A. 2005. Proximity and innovation: a critical assessment. Regional Studies, 39 (1): 61-74.

[133] Capello R, Faggian A. 2005. Collective learning and relational capital in local innovation process. Regional Studies, 39 (1): 75-87.

[134] Cooke P. 2005. Regionally asymmetric knowledge capabilities and open innovation. exploring 'globalisation 2? '—A new model of industry organisation. Research Policy, 34: 1128-1149.

[135] Acs Z J, Audretsch D B, Braunerhjelm, P, Carlsson B. 2009. The knowledge spillover theory of entrepreneurship. Small Business Economics, 32: 15-30.

[136] Qian H, Acs Z J. 2011. An absorptive capacity theory of knowledge spillover entrepreneurship. Small Business Economic, 31: 1-13.

[137] Bathelt H, Malmberg A, Maskell P. 2004. Clusters and knowledge: local buzz, global pipelines and the process of knowledge creation. Progress in Human Geography, 28: 31-56.

[138] Rallet A, Torre A. 2005. Proximity and localization. Regional Studies, 39: 47-59.

[139] Andersson M, Karlsson C. 2004. The role of accessibility for regional innovation systems. In: Karlsson, C., Flensburg, P., Horte, S.-A. (Eds.), Knowledge Spillovers and Knowledge Management. Edward Elgar, Cheltenham, 283-310.

[140] Massard N, Mehier C. 2009. Proximity and innovation through an accessibility to knowledge lens. Regional Studies, 43: 77-87.

[141] Hernández-Carrión C, Camarero-Izquierdo C, Gutiérrez-Cillán J. 2019. The internal mechanisms of entrepreneur's social capital: A multi-network analysis. Brq Business Research Quarterly.

[142] Barney J B. 1991. Firm resources and sustained competitive advantage. J. Manag, 17 (1): 99-120.

[143] Grant R M. 1991. The resource-based theory of competitive advantage: implications for strategy formulation. Calif. Manag. Rev., 33 (3): 114-135.

[144] Stam W, Arzlanian S, Elfring T. 2014. Social Capital of entrepreneurs and small firm performance: a meta-analysis of temporal and contextual contingencies. J. Bus. Ventur, 29 (1): 152-173.

[145] Zhao H, Seibert S E, Lumpkin G T. 2010. The relationship of personality to entrepreneurial intentions and performance: a meta-analytic review. J. Manag., 36 (2): 381-404.

[146] Cousins P D, Handfield R B, Lawson B, Petersen K J. 2006. Creating supply

chain relational capital: the impact of formal and informal socialization processes. J. Oper. Manag., 24 (6): 851-863.

[147] Pirolo L, Presutti M. 2010. The impact of social capital on the start-ups' performance growth. J. Small Bus. Manag. 48 (2): 197-227.

[148] Batt P J. 2008. Building social capital in networks. Ind. Mark. Manag., 37 (5): 487-491.

[149] Gedajlovic E, Honing B, Moore C B, Payne G T, Wright M. 2013. Social capital and entrepreneurship: a schema and research agenda. Entrep. Theory Pract., 37 (3): 455-478.

[150] Narayan D, Cassidy M F. 2001. A dimensional approach to measuring social capital: development and validation of a social capital inventory. Curr. Sociol., 49 (2): 59-102.

[151] Sabatini F. 2009. Social capital as social networks: a new framework for measurement and an empirical analysis of its determinants and consequences. J. Socio-Econ., 38 (3): 429-442.

[152] Nahapiet J, Ghoshal S. 1998. Social capital, intellectual capital, and the organizational advantage. Acad. Manag. Rev., 23 (2): 242-266.

[153] Burt R S. 2000. The network structure of social capital. Res. Organ. Behav., 22: 345-423.

[154] Burt R S. 2004. Structural holes and good ideas. Am. J. Sociol., 110 (2): 349-399.

[155] Butler B, Purchase S. 2008. Use of social capital among Russian managers of a new generation. Ind. Mark. Manag., 37 (5): 531-538.

[156] Partanen J, Möller K, Westerlund M, Rajala R, Rajala A. 2008. Social capital in the growth of science-and-technology-based SMEs. Ind. Mark. Manag., 37 (5): 513-522.

[157] Tsai W, Ghoshal S. 1998. Social capital and value creation: the role of intrafirm networks. Acad. Manag. J., 41 (4): 464-476.

[158] Chetty S, Agndal H. 2007. Social capital and its influence on changes in

internationalization mode among small and medium-sized enterprises. J. Int. Mark., 15 (1): 1-29.

[159] Sasi V, Arenius P. 2008. International new ventures and social networks: advantage or liability? Eur. Manag. J., 26 (6): 400-411.

[160] Theingi N V, Purchase S, Phungphol Y. 2008. Social capital in Southeast Asian business relationships. Ind. Mark. Manag., 37 (5): 523-530.

[161] Camarero C, Hernández C, San Martín S. 2008. Developing relationships within the framework of local economic developmentin Spain. Entrep. Reg. Dev., 20 (1): 41-65.

[162] Van Der Gaag M, Snijders T A B. 2005. The Resource Generator: social capital quantification with concrete items. Soc. Netw., 27 (1): 1-29.

[163] Hernández-Carrión C, Camarero-Izquierdo C, Gutiérrez-Cillán J. 2017. Entrepreneurs' social capital and the economic performance of small businesses: the moderating role of competitive intensity and entrepreneurs' experience. Strateg. Entrep. J., 11 (1): 61-89.

[164] Stam W, Arzlanian S, Elfring T. 2014. Social Capital of entrepreneurs and small firm performance: a meta-analysis of temporal and contextual contingencies. J. Bus. Ventur., 29 (1): 152-173.

[165] Davidsson P, Honig B. 2003. The role of social and human capital among nascent entrepreneurs. J. Bus. Ventur., 18 (3): 301-331.

[166] Adler P S, Kwon SW. 2002. Social capital: prospects for a new concept. Acad. Manag. Rev., 27 (1): 17-40.

[167] Huggins R. 2010. Forms of network resource: knowledge access and the role of inter-firm networks. Int. J. Manag. Rev., 12 (3): 335-352.

[168] Westerlund M, Svahn S. 2008. A relationship value perspective of social capital in networks of software SMEs. Ind. Mark. Manag., 37 (5): 492-501.

[169] Capaldo A. 2007. Network structure and innovation: the leveraging of a dual network as a distinctive relational capability. Strateg. Manag. J., 28 (6): 585-608.

[170] Lee G K. 2007. The significance of network resources in the race to enter emerging product markets: the convergence of telephony communications and computer networking, 1989-2001. Strateg. Manag. J., 28 (1): 17-37.

[171] Sabatini F. 2009. Social capital as social networks: a new framework for measurement and an empirical analysis of its determinants and consequences. J. Socio-Econ., 38 (3): 429-442.

[172] Kalantaridis C, Bika Z. 2006. In-migrant entrepreneurship in rural England: beyond local embeddedness. Entrep. Reg. Dev., 18 (2): 109-131.

[173] Partanen J, Möller K, Westerlund M, Rajala R, Rajala A. 2008. Social capital in the growth of science-and-technology-based SMEs. Ind. Mark. Manag., 37 (5): 513-522.

[174] Prashahtham S. 2011. Social capital and Indian micromultinationals. Br. J. Manag., 22 (1): 4-20.

[175] Theingi N V, Purchase S, Phungphol Y. 2008. Social capital in Southeast Asian business relationships. Ind. Mark. Manag., 37 (5): 523-530.

[176] Dieleman M, Sachs W. 2008. Economies of connectedness: concept and application. J. Int. Manag., 14 (3): 270-285.

[177] Granovetter M S. 2005. The impact of social structure on economic outcomes. J. Econ. Perspect., 19 (1): 33-50.

[178] Elfring T, Hulsink W. 2003. Networks in Entrepreneurship: The Case of High-technology Firms. Small Business Economics, 21 (4): 409-422.

[179] Birley S. 1985. The role of networks in the entrepreneurial process. Journal of Business Venturing, 1: 107-117.

[180] Johannisson B. 1987. Beyond process and structure: social exchange networks. International Studies of Management and Organization, 17: 3-23.

[181] Baum J A C, Calabrese T, Silverman B S. 2000. Don't go it alone: alliance network composition and startups' performance in Canadian biotechnology. Strategic Management Journal, 21: 267-294.

[182] Steier L, & Greenwood R. 2000. Entrepreneurship and the evolution of angel

financial networks. Organization Studies, 21: 163-192.

[183] Rowley T D, Behrens, Krackhardt D. 2000. Redundant governance structures: An analysis of structural and relational embeddedness in the steel and semiconductor industries. Strategic Management Journal, 21: 369-386.

[184] Littunen H. 2000. Networks and local environmental characteristics in the survival of new firms. Small Business Economics, 15: 59-71.

[185] Abu-Rumman A, Al-Shra'Ah A E M, Al-Madi F, & Alfalah T. 2021. Entrepreneurial Networks, Entrepreneurial Orientation, and Performance of Small and Medium Enterprises: Are Dynamic Capabilities the Missing Link? Journal of Innovation and Entrepreneurship.

[186] Li T. 2019. Engagement in international entrepreneurship: interactive effects of resource-based factors and institutional environments. Journal of Global Entrepreneurship Research, 9 (1): 1-17.

[187] Kiyabo K, & Isaga N. 2020. Entrepreneurial orientation, competitive advantage, and SMEs' performance: Application of firm growth and personal wealth measures. Journal of Innovation and Entrepreneurship, 9 (1): 1-15.

[188] Kellermanns F, Walter J, Crook T R, Kemmerer B, & Narayanan V. 2016. The resource-based view in entrepreneurship: A content-analytical comparison of researchers' and entrepreneurs' views. Journal of Small Business Management, 54 (1): 26-48.

[189] Orakwue, A., & Iguisi, O. (2020). Conceptualizing entrepreneurship in human resource management. International Journal of Research in Business and Social Science, 9 (3): 85-93.

[190] Kanini K S, & Muathe S M. 2019. Nexus between social capital and firm performance: A critical literature review and research agenda. International Journal of Business and Management, 14 (8): 70-82.

[191] Frączkiewicz-Wronka A, & Szymaniec K. 2012. Resource based view and resource dependence theory in decision making process of public organization-research findings. Management, 16 (2): 16-29.

[192] Tehseen S, & Sajilan S. 2016. Network competence based on resource-based view and resource dependence theory. International Journal of Trade and Global Markets, 9 (1): 60-82.

[193] Gp A, Sab C, & Ss A. 2021. The sum of its parts: Examining the institutional effects on entrepreneurial nodes in extensive innovation ecosystems. Industrial Marketing Management, 99: 136-152.

[194] Clarysse B, Wright M, Bruneel J, & Mahajan A. 2014. Creating value in ecosystems: Crossing the chasm between knowledge and business ecosystems. Research Policy, 43 (7): 1164-1176.

[195] Laursen K, & Salter A J. 2014. The paradox of openness: Appropriability, external search, and collaboration. Research Policy, 43 (5): 867-878.

[196] Yang Z, & Su C. 2014. Institutional theory in business marketing: A conceptual framework and future directions. Industrial Marketing Management, 43 (5): 721-725.

[197] Freytag P, & Young L C. 2014. Introduction to special issue on innovations and networks: Innovation of, within, through, and by networks. Industrial Marketing Management, 43 (3): 361-364.

[198] Aarikka-Stenroos L, Sandberg B, & Lehtimäki T. 2014. Networks for the commercialization of innovations: A review of how divergent network actors contribute. Industrial Marketing Management, 43 (3): 365-381.

[199] Nambisan S, Siegel D, & Kenney M. 2018. On open innovation, platforms, and entrepreneurship. Strategic Entrepreneurship Journal, 12 (3): 354-368.

[200] Russell M G, & Smorodinskaya N V. 2018. Leveraging complexity for ecosystemic innovation. Technological Forecasting and Social Change, 136: 114-131.

[201] Baraldi E, Havenvid M I, Linn'e Å, & Oberg C. 2019. Start-ups and networks: Interactive perspectives and a research agenda. Industrial Marketing Management, 80: 58-67.

[202] Scott S, Hughes M, & Kraus S. 2019. Developing relationships in innovation

clusters. Entrepreneurship and Regional Development, 31 (1-2): 22-45.

[203] Spigel B. 2017. The relational organization of entrepreneurial ecosystems. Entrepreneurship Theory and Practice, 41 (1): 49-72.

[204] Eva K, Tamás S, Akos T P. 2021. Do specific entrepreneurial ecosystems favor high-level networking while others not? Lessons from the hungarian it sector. Technological Forecasting and Social Change, 175.

[205] Sebesty'en T, Varga A. 2013. Research productivity and the quality of interregional knowledge networks. Ann Reg Sci, 51: 155-189.

[206] Varga A, Sebesty'en T. 2017. Does EU Framework Program Participation Affect Regional Innovation? The Differentiating Role of Economic Development International Regional Science Review, 40 (4): 405-439.

[207] Audretsch D B, Belitski M. 2021. Towards an entrepreneurial ecosystem typology for regional economic development: the role of creative class and entrepreneurship. Regional Studies, 55 (4): 735-756.

[208] Acs Z J, Autio E, Szerb L. 2014. National systems of entrepreneurship: Measurement issues and policy implications. Research Policy 43: 476-494.

[209] Autio A, Szerb L, Koml'osi E, Tiszberger M. 2019. EIDES 2019 - The European Index of Digital Entrepreneurship Systems, EUR 29892 EN. Publications Office of the European Union, Luxembourg, JRC117495. ISBN 978-92-76-12269-2.

[210] Stam E. 2018. Measuring Entrepreneurial Ecosystems, in: A. O'Connor, E. Stam, F. Sussan, D. Audretsch (Eds): Entrepreneurial Ecosystems. International Studies in Entrepreneurship, 38. Springer, Cham.

[211] Sternberg R, von Bloh J, Coduras A. 2019. A new framework to measure entrepreneurial ecosystems at the regional level. Zeitschrift für Wirtschaftsgeographie 63 (2-4): 103-117.

[212] Malecki E J. 2012. Regional Social Capital: Why it Matters. Regional Studies 46 (8): 1023-1039.

[213] Mitrega M, Forkmann S, Zaefarian G, Henneberg S C. 2017. Networking

capability in supplier relationships and its impact on product innovation and firm performance. International Journal of Operations & Production Management, 37 (5): 577-606.

[214] Mu J, Thomas E, Peng G, Di Benedetto A. 2017. Strategic orientation and new product development performance: The role of networking capability and networking ability. Industrial Marketing Management, 64: 187-201.

[215] Moreno A M, Jos'e J C, Casillas C. 2008. Entrepreneurial Orientation and Growth of SMEs: A Causal Model. Entrepreneurship Theory and Practice, 32 (3): 507-528.

[216] Smith D A, & Lohrke F T. 2008. Entrepreneurial network development: trusting in the process. Journal of Business Research, 61 (4): 315-322.

[217] Stinchcombe A. 1965. Social structures of organizations. In: March J, editor. Handbook of organizations. Chicago, IL: Rand McNally, 153-193.

[218] Aldrich H, Zimmer C. 1986. Entrepreneurship through social networks. In: Sexton D, editor. The art and science of entrepreneurship. Cambridge, MA: Ballinger, 3-32.

[219] Katz J, Gartner W. 1988. Properties of emerging organizations. Acad Manage Rev., 13: 429-441.

[220] Hite J. 2005. Evolutionary processes and paths of relationally embedded network ties in emerging entrepreneurial firms. Entrep Theory Pract, 29: 113-144.

[221] Ritter T, Gemünden H. 2003. Interorganizational relationships and networks: an overview. J Bus Res, 56: 691-712.

[222] Singh J, Tucker D, House R. 1986. Organizational legitimacy and the liability of newness. Adm Sci Q, 31: 171-193.

[223] Greve A, Salaff J. 2003. Social networks and entrepreneurship. Entrep Theory Pract, 28 (1): 1-22.

[224] Anderson A, Jack S. 2002. The articulation of social capital in entrepreneurial networks: A glue or a lubricant? Entrep Reg Dev, 14: 193-210.

[225] Brüderl J, Preisendorfer P. 1998. Network support and the success of newly founded businesses. Small Bus Econ, 10: 213-225.

[226] Lorenzoni G, Lipparini A. 1999. The leveraging of interfirm relationships as a distinctive organizational capability: a longitudinal study. Strateg Manag J, 20: 317-338.

[227] Mayer R, Davis J, Schoorman F. 1995. An integrative model of organizational trust. Acad Manage Rev, 20: 709-734.

[228] Aldrich H, Fiol C. 1994. Fools rush in? The institutional context of industry creation. Acad Manage Rev, 19: 645-670.

[229] Das T, Teng B. 1998. Between trust and control: developing confidence in partner cooperation in alliances. Acad Manage Rev, 23: 491-512.

[230] Dyer J, Singh H. 1998. The relational view: cooperative strategy and sources of inte-rorganizational competitive advantage. Acad Manage Rev, 23: 660-679.

[231] Saikou E, SanyangWen-Chi, & Huang. 2010. Entrepreneurship and economic development: the empretec showcase. International Entrepreneurship & Management Journal.

[232] Wennekers S, & Thurik R. 1999. Linking entrepreneurship and economic growth. Small Business Economics, 13 (1): 27-56.

[233] Henrekson M, & Johansson D. 2008. Gazelles as job creators: a survey and interpretation of the evidence Stock-holm: Research Institute of Industrial Economics; Working Paper 733.

[234] Felsenstein D. 2013. Factors affecting regional productivity and innovation in Israel: Some empirical evidence. Regional Studies, 1-12.

[235] Acs Z J, Audretsch D B, & Strom R J. 2009. Entrepreneurship, growth, and public policy. Cambridge: Cambridge University Press.

[236] Acs Z J, & Mueller P. 2008. Employment effects of business dynamics: Mice, gazelles andelephants. Small Business Economics, 30 (1): 85-100.

[237] Mason C, & Brown R. 2013. Creating good public policy to support high-growth firms. Small Business Economics, 40 (2): 211-225.

[238] Shane S. 2009. Why encouraging more people to become entrepreneurs is bad public policy. Small Business Economics, 33 (2): 141-149.

[239] Thurik A R, Wennekers S. 2004. Entrepreneurship, small business and economic growth. Journal of Small Business and Enterprise Development, 11 (1): 140-149.

[240] Schumpeter J A. 1911. The theory of economic development: An inquiry into profits, capital, credit, interest and the business cycle. 1934 translation. Cambridge, MA: Harvard University Press.

[241] Schumpeter J A. 1942. Capitalism, socialism, and democracy (3rd ed.). New York: Harper and Bros1950.

[242] Thurik R, Wennekers S. 2001. A note on entrepreneurship, small business and economic growth. Erasmus Research Institute of Management Report Series. Rotterdam: Erasmus Research Institute of Management.

[243] Schmitz J A. 1989. Imitation, entrepreneurship and long-run growth. The Journal of Political Economy, 97 (3): 721-739.

[244] Soltanifar M, Hughes M, Göcke L. 2021. Digital Entrepreneurship-Impact on Business and Society. Springer.

[245] Hossain M U, & Al Asheq A. 2019. The role of entrepreneurial orientation to SME performance in Bangladesh. International Journal of Entrepreneurship, 23 (1): 1-6.

[246] Qamruzzaman M, Jianguo W. 2018. SME financing innovation and SME development in Bangladesh: An application of ARDL. Journal of Small Business & Entrepreneurship, 31 (6): 1-25.

[247] Mason C, Brown R. 2013 Creating good public policy to support high-growth firms. Small Bus Econ, 40 (2): 211-225.

[248] Uyarra E, Ramlogan R. 2016. The impact of cluster policy on innovation. In: Edler J, Cunningham P, Gök A, Shapira P (eds) Handbook of innovation policy impact. Edward Elgar Publishing, Cheltenham, 196-238.

[249] Barney J. 1991. Firm resources and sustained competitive advantage. Journal of

Management, 17 (1): 99-120.

[250] Tallman S, Jenkins M, Henry N, Pinch S. 2004. Knowledge, clusters and completive advantage. Academy of Management Review, 29 (2): 258-271.

[251] Porter M E. 2000. Location, competition, and economic development: Local clusters in a global economy. Economic Development Quarterly, 14 (1): 15-34.

[252] Johannisson, B. 2017. Networking and entrepreneurial growth. Blackwell Publishers Ltd: The Blackwell Handbook of Entrepreneurship (368-386).

[253] Elfring T, & Hulsink W. 2003. Networks in entrepreneurship: The case of high-technology firms. Small Business Economics, 21 (4): 409-422.

[254] Klyver K, & Grant S. 2010. Gender differences in entrepreneurial networking and participation. International Journal of Gender and Entrepreneurship, 2 (3): 213-227.

[255] Birley S. 1985. The role of networks in the entrepreneurial process. Journal of Business Venturing, 1 (1): 107-117.

[256] Lang J R, Calantone R J, & Gudmundson D. 1997. Small firm information seeking as a response to environmental threats and opportunities. Journal of Small Business Management, 35 (1): 11-23.

[257] Anderson A R, & Jack S L. 2002. The articulation of social capital in entrepreneurial networks: A glue or a lubricant? Entrepreneurship & Regional Development, 14 (3): 193-210.

[258] Rahatullah M. 2010. Achieving competitive advantage in hybrid relationship businesses. UK: Lambert Academic Publishing.

[259] Spigel B. 2017. The relational organization of entrepreneurial ecosystems. Entrepreneurship Theory and Practice, 41 (1): 49-72.

[260] Torres-Coronas T, Vidal-Blasco M A. 2017. The role of trait emotional intelligence in predicting networking behaviour. Revista Brasileira de Gestão de Negócios, 19 (63): 30-47.

[261] Muscanell N L, Guadagno R E. 2012. Make new friends or keep the old:

Gender and personality differences in social networking use. Computers in Human Behavior, 28 (1): 107-112.

[262] Wolff H G, Kim S. 2012. The relationship between networking behaviors and the big five personality dimensions. Career Development International, 17 (1): 43-66.

[263] Correa T, Hinsley A W, & De Zuniga H G. 2010. Who interacts on the web? The intersection ofusers' personality and social mediause. Computers in Human Behavior, 26 (2): 247-253.

[264] Ahmetoglu G, Leutner F, & Chamorro-Premuzic T. 2011. EQ-nomics: Understanding the relationship between individual differences in trait emotional intelligence and entrepreneurship. Personality and Individual Differences, 51 (8): 1028-1033.

[265] Bhattacharyya A. 2010. The networking entrepreneur. The Journal of Entrepreneurship, 19 (2): 209-221.

[266] Bensaou B M, Galunic C, Jonczyk-Sédès C. 2014. Players and purists: networking strategies and agency of service professionals. Organ. Sci. 25: 29-56.

[267] Porter C M, Woo S E. 2015. Untangling the networking phenomenon a dynamic psychological perspective on how and why people network. J. Manag. 41: 1477-1500.

[268] Slotte-Kock S, Coviello N. 2010. Entrepreneurship research on network processes: a review and ways forward. Entrepreneurship Theory and Practice 34: 31-57.

[269] Stuart T E, Sorenson O. 2007. Strategic networks and entrepreneurial ventures. Strateg. Entrep. J. 1: 211-227.

[270] Vissa B. 2011. A matching theory of entrepreneurs' tie formation intentions and initiation of economic exchange. Acad. Manag. J. 54: 137-158.

[271] Vissa B. 2012. Agency in action: entrepreneurs' networking style and initiation of economic exchange. Organ. Sci. 23: 492-510.

[272] Vissa B, Bhagavatula S. 2012. The causes and consequences of churn in entrepreneurs' personal networks. Strateg. Entrep. J. 6: 273-289.

[273] Hallen B L, Eisenhardt K M. 2012. Catalyzing strategies and efficient tie formation: how entrepreneurial firms obtain investment ties. Acad. Manag. J. 55: 35-70.

[274] Hoang H, & Antoncic B. 2003. Network-based research in entrepreneurship: a critical review. Journal of Business Venturing, 18 (2): 165-187.

[275] Fafchamps M, Minten B. 1999. Social capital and the firm: evidence from agricultural trade. Social capital initiative working paper 17. Washington DC: World Bank.

[276] Greve A, & Salaff W. 2003. Social networks and entrepreneurship. Entrepreneurship: Theory and Practice, 28 (1): 1-22.

[277] Elfring T, & Hulsink W. 2007. Networking by entrepreneurs: patterns of tie formation in emerging organization. Organization Studies, 28 (12): 1849-1872.

[278] Butler E, & Hansen S. 1991. Network evolution, entrepreneurial success, and regional development. Entrepreneurship and Regional Development, 3 (1): 1-16.

[279] Batjargal B. 2003. Social capital and entrepreneurial performance in Russia: a longitudinal study. Organization Studies, 24 (1): 535-556.

[280] Jack S L. 2005. The role, use and activation of strong and weak network ties: a qualitative analysis. Journal of Management Studies, 42 (6): 1233-1259.

[281] Welter F. 2012. All you need is trust? A critical review of the trust and entrepreneurship literature. International Small Business Journal, 30 (3): 193-212.

[282] Gedajlovic E, Honig B, Moore B C, Payne G T, & Wright, M. 2013. Social capital and entrepreneurship: a schema and research agenda. Entrepreneurship: Theory and Practice, 37 (3): 455-478.

[283] Riordion W. 2004. Plunkitt of Tammany Hall. Whitefish, MT: Kessinger

Publishing (originally published in 1905).

[284] Shepherd D A, Douglas E J, & Shanley M. 2000. New venture survival: ignorance, external shocks, and risk reduction strategies. Journal of Business Venturing, 15 (5/6): 393-410.

[285] Uzzi B. 1999. Embeddedness in the making of financial capital: how social relations and networks benefit firms seeking financing. American Sociological Review, 64 (4): 481-505.

[286] Alder P, & Kwon S. 2002. Social capital: prospects for a new concept. Academy of Management Review, 27: 17-40.

[287] De Carolis D M, & Saparito P. 2006. Social capital, cognition, and entrepreneurial opportunities: theoretical framework. Entrepreneurship Theory and Practice, 30 (1): 41-56.

[288] Burt R S. 2004. Structural holes and good ideas. American Journal of Sociology, 110: 349-455.

[289] Reagans R, & McEvily B. 2003. Network structure and knowledge transfer: the effects of cohesion and range. Administrative Science Quarterly, 48: 240-267.

[290] Uzzi B, & Lancaster R. 2003. Relational embeddedness and learning: the case of bank loan managers and their clients. Management Science, 49 (4): 383-399.

[291] Davidsson P, & Honig B. 2003. The role of social and human capital among nascent entrepreneurs. Journal of Business V enturing, 18: 301-331.

[292] Ozgen E, & Baron R A. 2007. Social sources of information in opportunity recognition: effects of mentors, industry networks, and professional forums. Journal of Business Venturing, 22: 174-192.

[293] Baker T, Gedajlovic E, & Lubatkin M. 2005. A framework for comparing entrepreneurship processes across nations. Journal of International Business Studies, 36: 492-504.

[294] Lechner C, Dowling M, & Welpe I. 2006. Firm networks and firm development: the role of the relational mix. Journal of Business Venturing, 21

(4): 514-540.

[295] Starr J A, & MacMillan I C. 1990. Resource cooptation via social contracting: resource acquisition strategies for new ventures. Strategic Management Journal, 11: 79-92.

[296] Slotte-Kock S, & Coviello N. 2010. Entrepreneurship research on network processes: A review and ways forward. Entrepreneurship: Theory and Practice, 34 (1): 31-57.

[297] Larson A, & Starr J. 1993. A network model of organization formation. Entrepreneurship: Theory and Practice, 17 (2): 5-15.

[298] Jack S L. 2010. Approaches to studying network: Implications and outcomes. Journal of Business Venturing, 25 (1): 120-137.

[299] Gedajlovic E, Honig B, Moore C B, Payne G T, & Wright M. 2013. Social capital and entrepreneurship: A schema and research agenda. Entrepreneurship: Theory and Practice, 37 (3): 455-478.

[300] Jonsson S. 2015. Entrepreneurs' network evolution e the relevance of cognitive social capital. International Journal of Entrepreneurial Behavior & Research, 21 (2): 197-223.

[301] Hite J. 2005. Evolutionary processes and paths of relationally embedded network ties in emerging entrepreneurial firms. Entrepreneurship: Theory and Practice, 29 (1): 113-144.

[302] MacAdam M, & Marlow S. 2008. A preliminary investigation into networking activities within the university incubators. International Journal of Entrepreneurial Behaviour & Research, 14 (4): 219-241.

[303] Ibarra H, Kilduff M, & Tsai W. 2005. Zooming in and out: Connecting individuals and collectivities at the frontiers of organizational network research. Organization Science, 16 (4): 359-371.

[304] Eniola A A, & Entebang H. 2016. Financial literacy and SME firm performance. International Journal of Research Studies in Management, 5 (1): 31-43.

[305] Na-Nan K, Chaiprasit K, & Pukkeree P. 2017. Performance management in SME high growth sectors and high-impact sectors in Thailand: Mixed method research. International Journal of Engineering Business Management, 9: 1-8.

[306] Mackey A, Mackey T B, Barney J B. 2007. Corporate social responsibility and firm performance: Investor preferences and corporate strategies. Academy of Management Review, 32 (2): 817 - 835.

[307] Pfeffer J, & Salancik G R. 2003. The External Control of Organizations: A Resource Dependence Perspective: A Resource Dependence Perspective Stanford University Press.

[308] Alexy O, West J, Klapper H, & Reitzig M. 2018. Surrendering control to gain advantage: Reconciling openness and the resource - based view of the firm. Strategic Management Journal, 39 (6): 1704-1727.

[309] Bosse D A, Phillips R A, & Harrison J S. 2009. Stakeholders, reciprocity, and firm performance. Strategic Management Journal, 30 (4): 447-456.

[310] Chong L L, Ong H B, & Tan S H. 2018. Corporate risk-taking and performance in Malaysia: the effect of board composition, political connections and sustainability practices. Corporate Governance: The international journal of business in society.

[311] Agyapong D, & Attram A B. 2019. Effect of owner-manager's financial literacy on the performance of SMEs in the Cape Coast Metropolis in Ghana. Journal of Global Entrepreneurship Research, 9 (67).

[312] Ipinnaiye O, Dineen D, & Leniham H. 2017. Drivers of SME performance: a holistic and multivariate approach. Small Business Economics volume 48: 883-911.

[313] Beheshti H M, & Beheshti C M. 2010. Improving productivity and firm performance with enterprise resource planning. Enterprise Information Systems, 4 (4): 445-472.

[314] Bruderl J, & Preisendorfer P. 1998. Network support and the success of newly founded businesses. Small Business Economics, 10: 213-225.

[315] Jarillo J C. 1989. Entrepreneurship and growth: The strategic use of external resources. Journal of Business Venturing, 4: 133-147.

[316] Ostgaard T A, & Birley S. 1996. New venture growth and personal networks. Journal of Business Research, 36: 37-50.

[317] Pennings J M, Lee K, & Van Witteloostuijin A. 1998. Human capital, social capital, and firm dissolution. Academy of Management Journal, 41: 425-440.

[318] Bates T M. 1994. Social resources generated by group support networks may not be beneficial toAsian immigrant-owned small businesses. Social Forces, 72: 671-689.

[319] Yoon I. 1991. The changing significance of ethnic and class resources in immigrant business: The case of Korean immigrant businesses in Chicago. International Migration Review, 25: 303-331.

[320] Littunen H. 2000. Networks and local environmental characteristics in the survival of new firms. Small Business Economics, 15: 59-71.

[321] Sanders J, & Nee V. 1996. Immigrant self-employment: The family as social capital and the value of human capital. American Sociological Review, 61: 231-249.

[322] Fernandes A J, & Ferreira J J. 2022. Entrepreneurial ecosystems and networks: a literature review and research agenda. Review of Mangerial Science, 16: 189-247.

[323] Spigel B, Harrison R. 2018. Toward a process theory of entrepreneurial ecosystems. Strateg Entrepreneurship J, 12 (1): 151-168.

[324] Roig-Tierno N, Kraus S, Cruz S. 2018. The relation between coopetition and innovation entrepreneurship. RMS, 12 (2): 379-383.

[325] Theodoraki C, Messeghem K, Rice M P. 2018. A social capital approach to the development of sustainable entrepreneurial ecosystems: an explorative study. Small Bus Econ, 51 (1): 153-170.

[326] Bouncken R B, Laudien S M, Fredrich V, Görmar L. 2018. Coopetition in coworking-spaces: value creation and appropriation tensions in an

entrepreneurial space. RMS, 12 (2): 385-410.

[327] Motoyama Y, Knowlton K. 2017. Examining the connections within the startup ecosystem: a case study of st. Louis Entrepreneurship Res J, 7 (1): 1-32.

[328] McAdam M, Harrison R T, Leitch C M. 2019. Stories from the field: women's networking as gender capital in entrepreneurial ecosystems. Small Bus Econ, 53: 459-474.

[329] Carter D R, DeChurch L A, Braun M T, Contractor N S. 2015 Social network approaches to leadership: an integrative conceptual review. J Appl Psychol, 100 (3): 597-622.

[330] Salancik G R. 1995. WANTED: A Good Network Theory of Organization. Administrative Science Quarterly, 40 (2): 345-349.

[331] Hoang H, & Antoncic B. 2003. Network-based research in entrepreneurship A critical review. Journal of Business Venturing, 18 (2): 165-187.

[332] Granovetter M S. 1973. The Strength of Weak Ties. American Journal of Sociology, 78 (6): 1360-1380.

[333] Lin N. 1999. Social Networks and Status Attainment. Annual Review of Sociology, 25: 467-487.

[334] Nahapiet J, & Goshal S. 1998. Social Capital, Intellectual Capital, and the Organizational Advantage. Academy of Management Review, 23 (2): 242-266.

[335] Greve A, & Salaff J W. 2003. Social Networks and Entrepreneurship. Entrepreneurship: Theory and Practice, 28 (1): 1-22.

[336] Hallen B L, & Eisenhardt K M. 2012. Catalyzing strategies and efficient tie formation: How entrepreneurial firms obtain investment ties. Academy of Management Journal, 55 (1): 35-70.

[337] Ho V T, & Pollack J M. 2014. Passion isn't always a good thing: Examining entrepreneurs' network centrality and financial performance with a dualistic model of passion. Journal of Management Studies, 51 (3): 433-459.

[338] Schott T, & Sedaghat M. 2014. Innovation embedded in entrepreneurs'

networks and national educational systems. Small Business Economics, 43 (2): 463-476.

[339] Shu R, Ren S, & Zheng Y. 2018. Building networks into discovery: The link between entrepreneur network capability and entrepreneurial opportunity discovery. Journal of Business Research, 85: 197-208.

[340] Slotte-Kock S, & Coviello N. 2010. Entrepreneurship research on network processes: A review and ways forward. Entrepreneurship: Theory and Practice, 34 (1): 31-57.

[341] Burt R S. 2019a. Network Disadvantaged Entrepreneurs: Density, Hierarchy, and Success in China and the West. Entrepreneurship: Theory and Practice, 43 (1): 19-50.

[342] Goes J B, Park S H. 1997. Interorganizational links and innovation: the case of hospital services. Acad. Manag. J., 40 (3): 673-696.

[343] Lee R P, Ginn G O, Naylor G. 2009. The impact of network and environmental factors on service innovativeness. J. Serv. Mark., 23 (6): 397-406.

[344] Menor L J, Roth A V. 2008. New service development competence and performance: an empirical investigation in retail banking. Prod. Oper. Manag. Soc, 17 (3): 267-284.

[345] Lien, C H, Cao Y. 2014. Examining WeChat users' motivations, trust, attitudes, and positive word-of-mouth: evidence from China. Comput. Hum. Behav, 41: 104-111.

[346] Batt P J. 2008. Building social capital in networks. Ind. Mark. Manag, 37 (5): 487-491.

[347] Gedajlovic E, Honing B, Moore C B, Payne G T, Wright M. 2013. Social capital and entrepreneurship: a schema and research agenda. Entrep. Theory Pract, 37 (3): 455-478.

[348] Narayan D, Cassidy M F. 2001. A dimensional approach to measuring social capital: development and validation of a social capital inventory. Curr. Sociol, 49 (2): 59-102.

[349] Sabatini F. 2009. Social capital as social networks: a new framework for measurement and an empirical analysis of its determinants and consequences. J. Socio-Econ, 38 (3): 429-442.

[350] Nahapiet J, Ghoshal S. 1998. Social capital, intellectual capital, and the organizational advantage. Acad. Manag. Rev, 23 (2): 242-266.

[351] Butler B, Purchase S. 2008. Use of social capital among Russian managers of a new generation. Ind. Mark. Manag, 37 (5): 531-538.

[352] Partanen J, Möller K, Westerlund M, Rajala R, Rajala A. 2008. Social capital in the growth of science-and-technology-based SMEs. Ind. Mark. Manag, 37 (5): 513-522.

[353] Cousins P D, Handfield R B, Lawson B, Petersen K J, 2006. Creating supply chain relational capital: the impact of formal and informal socialization processes. J. Oper. Manag, 24 (6): 851-863.

[354] Chetty S, Agndal H. 2007. Social capital and its influence on changes in internationalization mode among small and medium-sized enterprises. J. Int. Mark, 15 (1): 1-29.

[355] Butler B, Purchase S. 2008. Use of social capital among Russian managers of a new generation. Ind. Mark. Manag, 37 (5): 531-538.

[356] Sasi V, Arenius P. 2008. International new ventures and social networks: advantage or liability? Eur. Manag. J, 26 (6): 400-411.

[357] Van Der Gaag M, Snijders T A B. 2005. The Resource Generator: social capital quantification with concrete items. Soc. Netw, 27 (1): 1-29.

[358] Burt R S. 2007. Secondhand brokerage: Evidence on the importance of local structure for managers, bankers and analysts. Academy of Management Journal, 50 (1): 119-148.

[359] Soda G, Tortoriello M, & Iorio A. 2018. Harvesting value from brokerage: Individual strategic orientation, structural holes, and performance. Academy of Management Journal, 61 (3): 896-918.

[360] Borgatti S P, & Halgin D. 2011. On Network Theory. Organization Science, 22

(5): 1168-1181.

[361] Swann G, Prevezer M, & Stout D. 1998. The dynamics of industrial clustering: International comparisons in computing and biotechnology. Oxford: Oxford University Press.

[362] Schmitz H, & Nadvi K. 1999. Clustering and industrialization: Introduction. World Development, 27 (9): 1503-1514.

[363] Morosini P. 2004. Industrial clusters, knowledge integration and performance. World Development, 32 (2): 305-326.

[364] Liu Q, Wan J, Zhou K. 2014. Cloud manufacturing service system for industrial-cluster-oriented application. J. Internet Technol, 15 (3): 373-380.

[365] Cheng H, Niu M S, Niu K H. 2014. Industrial cluster involvement, organizational learning, and organizational adaptation: an exploratory study in high technology industrial districts. J. Knowl. Manag, 18 (5): 971-990.

[366] Mayangsari L, Novani S, Hermawan P. 2015. Batik solo industrial cluster analysis as entrepreneurial system: a viable co-creation model perspective. Procedia Soc. Behav. Sci, 169: 281-288.

[367] Novani S, Putro U S, Hermawan P. 2014. An application of soft system methodology in batik industrial cluster solo by using service system science perspective. Procedia Soc. Behav. Sci, 115 (115): 324-331.

[368] Chi-Han A I, Hung-Che W U. 2016. Where does the source of external knowledge come from? A case of the Shanghai ICT chip industrial cluster in China. J. Organ. Chang. Manag, 29 (2): 150-175.

[369] Daddi T, Nucci B, Iraldo F, et al. 2016. Enhancing the adoption of life cycle assessment by small and medium enterprises grouped in an industrial cluster: a case study of the tanning cluster in Tuscany (Italy) . J. Ind. Ecol, 20 (5): 1199-1211.

[370] Singh A P, Vidyarthi A K, Madan K, et al. 2017. Status of environmental pollution in AGRA industrial cluster: an IEPI approach. Pollut. Res, 36 (3): 580-589.

[371] Yuan T, Zhang Y. 2017. Strategies for promoting brand image of Tianmu lei bamboo shoots based on industrial cluster. Asian Agric. Res, 5: 1-4.

[372] Dezfoulian H R, Afrazeh A, Karimi B. 2017. A new model to optimize the knowledge exchange in industrial cluster: a case study of Semnan plaster production industrial cluster. Sci. Iran, 24 (2): 834-846.

[373] Denisi A S, Murphy K R. 2017. Performance appraisal and performance management: 100 years of progress. J. Appl. Psychol, 102 (3): 421.

[374] Babkin A, Kudryavtseva T, & Utkina S. 2013. Formation of industrial clusters using method of virtual enterprises. Procedia Economics and Finance, 5: 68-72.

[375] Karaev A, Koh S C L, & Szamosi L T. 2007. The cluster approach and SME competitiveness: A review. Journal of Manufacturing Technology Management, 18 (7): 818-835.

[376] Danesh Shakib M, Toloie Eshlaghy A, & Alborzi M. 2017. Identification and evaluations of factors involved in industrial clusters development, applying fuzzy DEMATEL. International Journal of Applied Management Science, 9 (2): 135-152.

[377] Gordon I, & McCann P. 2000. Industrial clusters: Complexes, agglomeration and/or social networks? Urban Studies, 37 (3): 513-532.

[378] Grabher G. 2006. Trading routes, bypasses, and risky intersections: Mapping the travels ofnetworks' between economic sociology and economic geography. Progress in Human Geography, 30 (2): 163-189.

[379] Dıéz-Vial I, & Ferna'ndez-Olmos M. 2012. How do local knowledge spillovers and experience affect export performance? European Planning Studies, 22 (1): 143-163.

[380] Li W, Veliyath R, & Tan J. 2013. Network characteristics and firm performance: An examination of the relationships in the context of a cluster. Journal of Small Business Management, 51 (1): 1-22.

[381] Parker R. 2010. Evolution and change in industrial clusters: An analysis of

Hsinchu and Sophia Antipolis. European Urban and Regional Studies, 17 (3): 245-260.

[382] Turner S. 2010. Networks of learning within the English wine industry. Journal of Economic Geography, 10 (5): 685-715.

[383] Hoffmann V E, Molina-Morales F X, & Marti'nez-Ferna'ndez M T. 2011. Evaluation of competitiveness in ceramic industrial districts in Brazil. European Business Review, 23 (1): 87-105.

[384] Herva's-Oliver J L, & Albors-Garrigo's J. 2007. Do clusters capabilities matter? An empirical application of the resource-based view in clusters. Entrepreneurship and Regional Development, 19 (2): 113-136.

[385] Feldman, M. P. (2001) . The enterpreneurial event revisited: Firm formation in a regional context. Industrial and Corporate Change, 10 (4): 861-891.

[386] Lee C, Lee K, & Pennings J M. 2001. Internal capabilities, external networks, and performance: A study on technology-based ventures. Strategic Management Journal, 22 (6-7): 615-640.

[387] Kim H D, Lee D H, Choe H, Seo I W. 2014. The evolution of cluster network structure and firm growth: a study of industrial software clusters. Scientometrics, 99 (1): 77-95.

[388] Biggiero L. 2006. Industrial and knowledge relocation strategies under the challenges of globalization and digitalization: The move of small and medium enterprises among territorial systems. Entrepreneurship and Regional Development, 18 (6): 443-471.

[389] Cooke P, Clifton N, & Oleaga M. 2005. Social capital, firm embeddedness and regional development. Regional Studies, 39 (8): 1065-1077.

[390] Julien P A. 2007. A theory of local entrepreneurship in the knowledge economy. Cheltenham: Edward Elgar Publishing.

[391] Li J, & Geng S. 2012. Industrial clusters, shared resources and firm performance. Entrepreneurship and Regional Development, 24 (5-6): 357-381.

[392] Lechner C, & Leyronas C. 2012. The competitive advantage of cluster firms: The priority of regional network position over extra-regional networks—A study of a French hight-ech cluster. Entrepreneurship and Regional Development, 24 (5-6): 457-473.

[393] Hoang H, & Yi A. 2015. Network-based research in entrepreneurship: A decade in review. Foundations and Trends® in Entrepreneurship, 11 (1): 1-54.

[394] Czernek-Marszałek K. 2020. Social embeddedness and its benefits for cooperation in a tourism destination. Journal of Destination Marketing & Management, 15: 100401.

[395] Sullivan D M, & Ford C M. 2014. How entrepreneurs use networks to address changing resource requirements during early venture development. Entrepreneurship Theory and Practice, 38 (3): 551-574.

[396] Venkatesh V, Shaw J D, Sykes T A, Wamba S F, & Macharia M. 2017. Networks, technology, and entrepreneurship: A field quasi-experiment among women in rural India. Academy of Management Journal, 60 (5): 1709-1740.

[397] Carlsson B, Braunerhjelm P, McKelvey M, Olofsson C, Persson L, Ylinenpää H. 2013. The evolving domain of entrepreneurship research. Small Bus Econ, 41 (4): 913-930.

[398] Ferreira J J M, Fernandes C I, Kraus S. 2019 Entrepreneurship research: mapping intellectual structures and research trends. RMS, 13 (1): 181-205.

[399] Frank H, Landström H. 2016. What makes entrepreneurship research interesting? Reflections on strategies to overcome the rigour-relevance gap. Entrepreneurship Regional Develop, 28 (1-2): 51-75.

[400] Colombo M G, Dagnino G B, Lehmann E E, Salmador M P. 2019. The governance of entrepreneurial eco-systems. Small Bus Econ, 52 (2): 419-428.

[401] Kang Q, Li H, Cheng Y, Kraus S. 2019. Entrepreneurial ecosystems: analyzing the status quo. Knowl Manage Res Practice.

[402] Malecki E J. 2018. Entrepreneurship and entrepreneurial ecosystems. Geography Compass, 12 (3): 1-21.

[403] Maroufkhani P, Wagner R, Wan Ismail W K. 2018. Entrepreneurial ecosystems: a systematic review. J Enterpris Commun, 12 (4): 545-564.

[404] Motoyama Y, Knowlton K. 2017. Examining the connections within the startup ecosystem: a case study of st. Louis Entrepreneurship Res J, 7 (1): 1-32.

[405] Muldoon J, Bauman A, Lucy C. 2018. Entrepreneurial ecosystems: do you trust or distrust? J Enterprising Commun People Places Global Econ, 12 (2): 158-177.

[406] Pollack J M, Coy A, Green J D, Davis J L. 2015a. Satisfaction, investment, and alternatives predict entrepreneurs' networking group commitment and subsequent revenue generation. Entrep. Theory Pract, 39: 817-837.

[407] Gielnik M M, Krämer A C, Kappel B, Frese M. 2012. Antecedents of business opportunity identification and innovation: investigating the interplay of information processing and information acquisition. Appl. Psychol, 63: 344-381.

[408] Rauch A, Rosenbusch N, Unger J, Frese M. 2016. The effectiveness of cohesive and diversified networks: a meta-analysis. J. Bus. Res, 69: 554-568.

[409] Vissa B. 2012. Agency in action: entrepreneurs' networking style and initiation of economic exchange. Organ. Sci, 23: 492-510.

[410] Baert C, Meuleman M, Debruyne M, Wright M. 2016. Portfolio entrepreneurship and resource orchestration. Strateg. Entrep. J, 10: 346-370.

[411] de Lange D, Dodds R. 2017. Increasing sustainable tourism through social entrepreneurship. Int. J. Contemp. Hosp. Manage, 29 (7): 1977-2002.

[412] Fadda N, Sørensen J F L. 2017. The importance of destination attractiveness and entrepreneurial orientation in explaining firm performance in the Sardinian accommodation sector. Int. J. Contemp. Hosp. Manage, 29 (6): 1684-1702.

[413] Kallmuenzer A, Peters M. 2018. Entrepreneurial behaviour, firm size and financial performance: the case of rural tourism family firms. Tour. Recreat.

Res, 43: 2-14.

[414] Miller D, Le Breton-Miller I. 2017. Underdog entrepreneurs: a model of challenge-based entrepreneurship. Entrep. Theory Pract, 41: 7-17.

[415] Servantie V, Cabrol M, Guieu G, Boissin J P. 2016. Is international entrepreneurship a field? A bibliometric analysis of the literature (1989-2015). J. Int. Entrep, 14: 168-212.

[416] Schuckerts M, Kim T T, Paek S, Lee G. 2018. Motivate to innovate: How authentic and transformational leaders influence employees' psychological capital and service innovation behavior. Int. J. Contemp. Hosp. Manage, 30 (2): 776-796.

[417] Agyapong D & Attram A B. 2019. Effect of owner-manager's financial literacy on the performance of SMEs in the Cape Coast Metropolis in Ghana. Journal of Global Entrepreneurship Research, 9 (67).

[418] Cai L, Hughes M, & Yin M. 2014. The relationship between resource acquisition methods and firm performance in Chinese new ventures: The intermediate effect of learning capability. Journal of Small Business Management, 52 (3): 365-389.

[419] Cui L, Fan D, Guo F, & Fan Y. 2018. Explicating the relationship of entrepreneurial orientation and firm performance: Underlying mechanisms in the context of an emerging market. Industrial Marketing Management, 71: 27-40.

[420] Hughes M, Eggers F, Kraus S, & Hughes P. 2015. The relevance of slack resource availability and networking effectiveness for entrepreneurial orientation. International Journal of Entrepreneurship & Small Business, 16 (1): 116-138.

[421] Ying Q, Hassan H, & Ahmad H. 2019. The role of a manager's intangible capabilities in resource acquisition and sustainable competitive performance. Sustainability, 11 (2): 527.

[422] Li T. 2019. Engagement in international entrepreneurship: interactive effects of resource-based factors and institutional environments. Journal of Global Entrepreneurship Research, 9 (1): 1-17.

[423] Kellermanns F, Walter J, Crook T R, Kemmerer B, & Narayanan V. 2016. The resource-based view in entrepreneurship: A content-analytical comparison of researchers' and entrepreneurs' views. Journal of Small Business Management, 54 (1): 26-48.

[424] Kiyabo K, & Isaga N. 2020. Entrepreneurial orientation, competitive advantage, and SMEs'performance: Application of firm growth and personal wealth measures. Journal of Innovation and Entrepreneurship, 9 (1): 1-15.

[425] Frączkiewicz-Wronka A, & Szymaniec K. 2012. Resource based view and resource dependence theory in decision making process of public organisation-research findings. Management, 16 (2): 16-29.

[426] Orakwue A, & Iguisi O. 2020. Conceptualizing entrepreneurship in human resource management. International Journal of Research in Business and Social Science (2147-4478), 9 (3): 85-93.

[427] Tehseen S, & Sajilan S. 2016. Network competence based on resource-based view and resource dependence theory. International Journal of Trade and Global Markets, 9 (1): 60-82.

[428] Lechner C, Dowling M, & Welpe I. 2006. Firm networks and firm development: the role of the relational mix. Journal of Business Venturing, 21 (4): 514-540.

[429] Schutjens V, & Stam E. 2003. The evolution and nature of young firm networks: a longitudinal perspective" . Small Business Economics, 21: 115-134.

[430] Slotte-Kock S, Coviello N. 2010. Entrepreneurship Research on Network Processes: A Review and Ways Forward. Entrepreneurship Theory and Practice, 34 (1): 31-57.

[431] Stuart T E, & Sorenson O. 2007. Strategic networks and entrepreneurial ventures. Strategic Entrepreneurship Journal, 1: 211-227.

[432] Gulati R & Higgins M C. 2003. Which ties matter when? the contingent effects of Interorganizational partnerships on IPO success. Strategic Management

Journal, 24: 127-144.

[433] Audretsch D B, Heger D, & V eith T. 2014. Infrastructure and entrepreneurship. Small Business Economics, 44 (2): 219-230.

[434] Holmes R M, Zahra S, Hoskisson R, DeGhetto K, & Sutton T. 2016. Two way streets: the role of institutions and technology policy for firms' corporate entrepreneurship and political strategies. Academy of Management Perspectives, 30 (3): 247-272.

[435] Meyers M. 2015. Making (and measuring) an entrepreneurial ecosystem. Economic Development Journal, 14 (3): 28-36.

[436] O'Connor A. 2013. A conceptual framework for entrepreneurship education policy: meeting government and economic purposes. Journal of Business Venturing, 28 (4): 546-563.

[437] Shirokova G, Osiyevskyy O, & Bogatyreva K. 2016. Exploring the intention-behavior link in student entrepreneurship: Moderating effects of individual and environmental characteristics. European Management Journal, 34 (4): 386-399.

[438] Frank H, Lueger M, & Korunka C. 2007. The significance of personality in business start-up intentions, start-up realization and business success. Entrepreneurship & Regional Development: An International Journal, 19 (3): 227-251.

[439] Hamidi D Y, Wennberg K, & Berglund H. 2008. Creativity in entrepreneurship education. Journal of Small Business and Enterprise Development, 15 (2): 304-320.

[440] Hanlon D, & Saunders C. 2007. Marshaling resources to form small new ventures: Toward a more holistic understanding of entrepreneurial support. Entrepreneurship Theory and Practice, 31 (4): 619-641.

[441] Nieto M, & González-Álvarez N. 2016. Social capital effects on the discovery and exploitation of entrepreneurial opportunities. International Entrepreneurship Management Journal, 12: 507-530.

[442] Fernández-Pérez V, Alonso-Galicia P E, Rodriguez-Ariza L, & Fuentes-Fuentes M M. 2015. Professional and personal social networks: A bridge to entrepreneurship for academics? European Management Journal, 33 (1): 37-47.